图书在版编目(CIP)数据

集合与对应/单墫著. —上海:上海科技教育出版社,2021.6
(2025.7重印)

(数学奥林匹克命题人讲座:升级版)

ISBN 978-7-5428-7455-9

Ⅰ.①集… Ⅱ.①单… Ⅲ.①中学数学课-高中-教学参考资料
Ⅳ.①G634.603

中国版本图书馆 CIP 数据核字(2021)第 023190 号

责任编辑　卢　源
封面设计　符　劼

数学奥林匹克命题人讲座(升级版)

集合与对应

单　墫　熊　斌　主编
单　墫　著

出版发行	上海科技教育出版社有限公司 (上海市闵行区号景路159弄A座8楼　邮政编码201101)
网　　址	www.sste.com　　www.ewen.co
经　　销	各地新华书店
印　　刷	启东市人民印刷有限公司
开　　本	720×1000　1/16
印　　张	22.75
版　　次	2021年6月第1版
印　　次	2025年7月第3次印刷
书　　号	ISBN 978-7-5428-7455-9/O·1137
定　　价	70.00元

第一版序

读书,是天下第一件好事。

书,是老师。他循循善诱,传授许多新鲜知识,使你的眼界与思路大开。

书,是朋友。他与你切磋琢磨,研讨问题,交流心得,使你的见识与能力大增。

书的作用太大了!

这里举一个例子:常庚哲先生的《抽屉原则及其他》(上海教育出版社,1980年)问世后,很快地,连小学生都知道了什么是抽屉原则。而在此以前,几乎无人知道这一名词。

读书,当然要读好书。

常常有人问我:哪些奥数书好?希望我能推荐几本。

我看过的书不多。最熟悉的是上海的出版社出过的几十本小册子。可惜现在已经成为珍本,很难见到。幸而上海科技教育出版社即将推出一套"数学奥林匹克命题人讲座"丛书,帮我回答了这个问题。

这套丛书的书名与作者初定如下:

黄利兵　陆洪文　《解析几何》

王伟叶　熊　斌　《函数迭代与函数方程》

陈　计　季潮丞　《代数不等式》

田廷彦　　　　　《圆》

冯志刚　　　　　《初等数论》

单　墫　　　　　《集合与对应》《数列与数学归纳法》

刘培杰　张永芹　《组合问题》

任　韩　　　　　《图论》

田廷彦　　　　　《组合几何》

唐立华　　　　　《向量与立体几何》

杨德胜　　　　　《三角函数·复数》

显然,作者队伍非常之强。老辈如陆洪文先生是博士生导师,不仅在代数数论等领域的研究上取得了卓越的成绩,而且十分关心数学竞赛。中年如陈计先生于不等式,是国内公认的首屈一指的专家。其他各位也都是当下国内数学奥林匹克的领军人物。如熊斌、冯志刚是2008年IMO中国国家队的正副领队、中国数学奥林匹克委员会委员。他们为我国数学奥林匹克做出了重大的贡献,培养了很多的人才。2008年9月14日,"国际数学奥林匹克研究中心"在华东师范大学挂牌成立,担任这个研究中心主任的正是多届IMO中国国家队领队、华东师范大学数学系副教授熊斌。

这些作者有一个共同的特点:他们都为数学竞赛命过题。

命题人写书,富于原创性。有许多新的构想、新的问题、新的解法、新的探讨。新,是这套丛书的一大亮点。读者一定会从这套丛书中学到很多新的知识,产生很多新的想法。

新,会不会造成深、难呢?

这套书当然会有一定的深度,一定的难度。但作者是命题人,充分了解问题的背景(如刘培杰先生就曾专门研究过一些问题的背景),写来能够深入浅出,"百炼钢化为绕指柔"。另一方面,倘若一本书十分浮浅,一点难度没有,那也就失去了阅读的价值。

读书,难免遇到困难。遇到困难,不能放弃。要顶得住,坚持下去,锲而不舍。这样,你不但读懂了一本好书,而且也学会了读书,享受到读书的乐趣。

书的作者,当然要努力将书写好。但任何事情都难以做到完美无缺。经典著作尚且偶有疏漏,富于原创的书更难免有考虑不足的地方。从某种意义上说,这种不足毋宁说是一种优点:它给读者留下了思考、想象、驰骋的空间。

如果你在阅读中,能够想到一些新的问题或新的解法,能够发现书中的不足或改进书中的结果,那就是古人所说的"读书得间",值得祝贺!

我们欢迎各位读者对这套丛书提出建议与批评。

感谢上海科技教育出版社,特别是编辑卢源先生,策划组织编写了这套书。卢编辑认真把关,使书中的错误减至最少,又在书中设置了一些栏目,使这套书增色很多。

单 墫

2008年10月

升级版序

数学竞赛活动的开展，其目的是激发青少年学习数学的兴趣，发现和培养具有数学天赋的学生，因材施教。数学竞赛是中小学生的课外活动，也是一种特殊的素质教育——思维训练。

数学竞赛，可以让学生养成独立思考问题的习惯、建立对数学知识的看法及求知能力、初步具有创新意识。一个人对某个专业领域的兴趣与创新意识应该从青少年时代就开始培养。

在近 20 年的菲尔兹奖(Fields Medal)获得者中，有一半以上是 IMO 的优胜者。

我国的数学竞赛选手中已经涌现出许多优秀的青年数学人才，如获得著名的拉马努金奖(Ramanujan Prize)的张伟、恽之玮、许晨阳、刘一峰等，并且有不少学者在国内外知名高校或科研机构从事数学研究工作，如：朱歆文、刘若川、何宏宇、何斯迈、袁新意、肖梁、张瑞祥等。2008 年、2009 年 IMO 的满分金牌获得者韦东奕，在研究生一二年级时就做出了很好的成果。无论从整体还是从个别、从国外还是从国内来看，数学竞赛对数学与科学英才的教育都有非常重要的价值。

"数学奥林匹克命题人讲座"丛书自 2009 年起陆续出版，受到了广大数学竞赛爱好者以及数学竞赛教练员的欢迎和好评。

近十年来，在各级各类数学竞赛中又有不少好题与精妙的解法，为了与广大数学爱好者分享这些妙题与巧解，在第一版的基础上，我们组织了第一版的原作者和一些新作者编写了"数学奥林匹克命题人讲座(升级版)"。

"数学奥林匹克命题人讲座(升级版)"包括《集合与对应》(单墫)、《数列与数学归纳法》(单墫)、《函数迭代与函数方程》(王伟叶、熊斌)、《初等数论》(冯志刚)、《组合问题》(刘培杰、张永芹、杜莹雪)、《平面几何(圆)》(田廷彦)、《组合几何》(田廷彦)、《三角函数与复数》(杨德胜)、《向量与立体几何》(唐立华)、《图论》(任韩)、《不等式的证明》(熊斌、罗振华)、《平面几何(直线型)》(金磊)。其中《不等式的证明》和《平面几何(直线型)》为新增加的两本。

  本丛书中既有传统的具有典型性的数学问题,也有选自近年高校自主招生、全国高中数学联赛、中国数学奥林匹克、中国西部数学邀请赛、中国女子数学奥林匹克、国际数学奥林匹克以及国外数学竞赛中的好题,还有一些是作者自编的问题。

  感谢上海科技教育出版社和本丛书责任编辑卢源先生的精心策划与组织。

  感谢各位读者自第一版出版以来提出了不少好的建议,希望大家继续对升级版提出建议和批评,使本丛书不断完善。

熊 斌
2021 年 1 月

前 言

这本《集合与对应》分为两个部分,第一部分为集合,第二部分为对应,由以前写的两本小册子《集合及其子集》与《对应》合并后经适当修订而成。

集合论,是全部数学的基础。

数学大师康托尔(Cantor)建立了基数、序型等重要概念,将研究从有限集推进到无限集,创立了集合论这一数学分支。

近30年来,随着组合数学的蓬勃发展,关于有限集及其子集族,又有很多的研究,得出了很多重要而且优美的结果。

"对应"也是一个极基本的数学概念。

人类在上古时代就已经知道把自己的手指或石子与货物(牛、羊等等)对应起来,进行计数。随着时间的推移,对应的作用越来越大,地位越来越重要。

几何中的各种变换,数学分析中的各种函数,都是对应的例子。

现代数学中,同态、同构、同伦、同胚、……,无一不是具有某种性质的对应。各种各样的"表示",实质上也就是各种各样的对应。

为了计算一个集合的元素个数,在组合数学中,常常利用这个集合与另一个集合之间的对应关系,这种方法称为"对应原理"。

数学证明中,也常常出现"对应"这个幽灵。

法尔廷斯(G.Faltings)解决莫德尔猜想,怀尔斯(A.J.Wiles)证明费马大定理,其中都运用了一系列的对应。

这本小册子通过许多初等问题介绍了集合与对应,希望能起到抛砖引玉的作用。

特别说明,本书中所谓自然数及符号 N 均指正整数,不包括"0"。

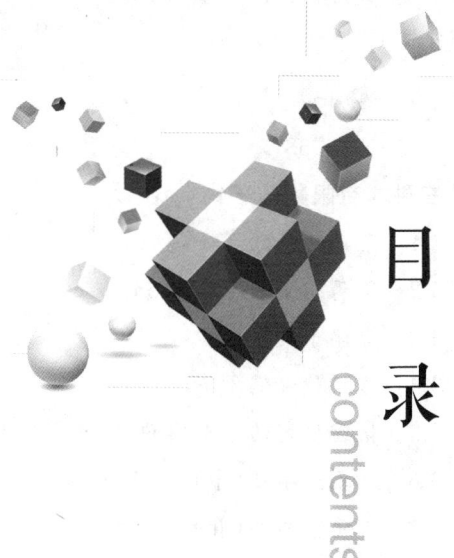

目录

第一部分 集合

第一讲 集合 / 1

1.1 集合 / 1

1.2 从属关系 / 3

1.3 包含 / 5

1.4 并与交 / 6

1.5 差与补 / 8

1.6 维恩图 / 9

1.7 有关集合的等式（Ⅰ）/ 11

1.8 对称差 / 14

1.9 有关集合的等式（Ⅱ）/ 17

1.10 有关集合的等式（Ⅲ）/ 21

1.11 容斥原理（Ⅰ）/ 24

1.12 容斥原理（Ⅱ）/ 28

第二讲 映射 / 31

2.1 映射 / 31

2.2 复合映射 / 33

2.3 有限集到自身的映射 / 35

2.4 构造映射（Ⅰ）/ 36

2.5 构造映射（Ⅱ）/ 39

2.6 函数方程（Ⅰ）/ 42

2.7 函数方程（Ⅱ）/ 46

2.8 函数方程（Ⅲ）/ 51

2.9 链 / 54

2.10 图 / 58

第三讲　有限集的子集 / 61

3.1 子集的个数 / 61

3.2 两两相交的子集 / 63

3.3 奇偶子集 / 64

3.4 另一种奇偶子集 / 66

3.5 格雷厄姆的一个问题 / 68

3.6 三元子集族（Ⅰ）/ 72

3.7 三元子集族（Ⅱ）/ 75

3.8 施泰纳三元系 / 79

3.9 构造 / 83

3.10 分拆（Ⅰ）/ 87

3.11 分拆（Ⅱ）/ 90

3.12 覆盖 / 94

3.13 斯特林数 / 96

3.14 $M_{(n,k,h)}$ / 101

第四讲　各种子集族 / 105

4.1 S 族 / 105

4.2 链 / 109

4.3 迪尔沃思定理 / 114

4.4 李特尔伍德-奥福德问题 / 117

4.5 I 族 / 121

4.6 EKR 定理的推广 / 126

4.7 影 / 130

4.8 米尔纳定理 / 134

4.9 上族与下族 / 137

4.10 四函数定理 / 141

4.11 H 族 / 146

4.12 相距合理的族 / 151

第五讲　无限集 / 156

5.1 无限集 / 156

5.2 可数集 / 159

5.3 连续统的基数 / 163

5.4 基数的比较 / 166

5.5 直线上的开集与闭集 / 171

5.6 康托尔的完备集 / 174

5.7 库拉托夫斯基定理 / 177

第二部分 对应

第六讲 映射的应用 / 187

6.1 映射与一一对应 / 187

6.2 淘汰赛 / 190

6.3 锯立方体 / 191

6.4 棋盘上的方格 / 192

6.5 对称 / 194

6.6 集合自身的对称 / 195

6.7 自然数的因数 / 197

6.8 国际象棋中的象 / 199

6.9 "连城"游戏 / 201

6.10 加德纳的游戏 / 203

6.11 穿过多少个方格 / 204

6.12 恒等映射 / 206

6.13 复合映射 / 207

6.14 逆映射 / 208

6.15 单射 / 210

6.16 密码 / 211

6.17 魔术师 / 213

6.18 让你猜不出 / 214

6.19 一个较复杂的例子 / 216

第七讲 计数 / 219

7.1 阿凡提的驴 / 219

7.2 乘法原理 / 220

7.3 因数的个数 / 222

7.4 映射的个数 / 223

7.5 吃巧克力的方案 / 225

7.6 排列 / 226

7.7 河马 / 228

7.8 圆周上的排列 / 230

7.9 组合 / 232

7.10 加法原理 / 235

7.11 问题举隅（Ⅰ）/ 238

7.12 问题举隅（Ⅱ）/ 242

7.13 两个几何问题 / 244

7.14 最短路线 / 246

7.15 允许重复的组合 / 248

7.16 线性方程的整数解 / 250

7.17 关于集合的一个问题 / 252

第八讲　卡塔兰数 / 255

8.1 n 边形的剖分 / 255

8.2 添括号 / 256

8.3 惠特沃思路线 / 258

8.4 圆周上的点 / 260

8.5 互不相交的弦 / 262

8.6 找零钱的问题 / 264

8.7 有序数组的个数 / 266

8.8 排队问题 / 268

8.9 不与 $y=x$ 相交的路线 / 270

8.10 投票记录 / 271

8.11 夏皮罗路线 / 274

第九讲　表示 / 277

9.1 表示与坐标 / 277

9.2 猜年龄的奥妙 / 279

9.3 自然数的其他表示 / 280

9.4 斐波那契数 / 283

9.5 两种状态 / 286

9.6 奇偶性 / 287

9.7 抽屉原则 / 290

9.8 表数为 $2^j \cdot i$ / 293

9.9 运算 / 294

9.10 同余 / 296

9.11 同态 / 297

9.12 中国剩余定理 / 298

9.13 群 / 299

9.14 缩系 / 301

9.15 洗牌问题 / 303

9.16 紧凑的日程表 / 304

9.17 图形的妙用 / 306

9.18 横竖一样 / 308

9.19 图论问题 / 310

9.20 外切的圆 / 312

9.21 兰福德问题 / 314

9.22 斯科伦问题 / 318

参考答案及提示 / 326

第一部分 集 合

第一讲 集 合

1.1 集 合

知识桥

具有某种性质的事物,它们的全体称为一个**集合**.这些事物称为这个集合的**元素**.

集合简称为**集**.元素简称为**元**.

例如,某一学校的学生组成一个集合.某国的官员组成一个集合.地球上的老鼠组成一个集合等等.

正整数(自然数)组成一个集合,通常记为 **N**.

整数组成一个集合,通常记为 **Z**.

有理数组成一个集合,通常记为 **Q**.

实数组成一个集合,通常记为 **R**.

复数组成一个集合,通常记为 **C**.

平面上的点组成一个集合,通常称为平面点集.

集合 A 中的元素,如果有无限多个,那么 A 称为无限集;如果 A 中的元素仅有有限多个,那么 A 称为有限集.

用$|A|$表示A的元数(即元素的个数). 对于无限集, $|A|=\infty$(无穷大).

不含任何元素的集合, 称为**空集**. 通常记为$\varnothing$. 显然, $|A|=0$是$A=\varnothing$的充分必要条件.

1.2 从属关系

> **知识桥**

如果事物 a 是集合 A 的元素,那么就说"a 属于 A"或"a 在 A 中",并记为
$$a \in A.$$

如果 a 不是 A 的元素,那么就说"a 不属于 A",并记为
$$a \notin A (也有些书上写成 a \overline{\in} A).$$

在 A 为有限集时,我们常常将 A 的元素全部列举出来,例如
$$A = \{1, 2, 3\},$$
表示 A 是三元集(三个元素的集合),它的元素是 $1, 2, 3$(即 $1 \in A, 2 \in A, 3 \in A$).又如
$$B = \{a, b, c, d\},$$
表示 B 是四元集,它的元素是 a, b, c, d.

在上述记号中,花括号内写出的元素应当互不相同,即每个元素恰出现一次.至于元素出现的顺序,不必考虑.我们认为
$$\{1, 2, 3\}, \{1, 3, 2\}, \{2, 1, 3\},$$
$$\{2, 3, 1\}, \{3, 1, 2\}, \{3, 2, 1\}$$
都是同一个集.

仅含一个元素的集称为单元素集,例如
$$A = \{5\}.$$

对于元素较多的集合或者无限集,常常采用下面的记号.例如
$$A = \{a \mid a \text{ 为正偶数}\},$$
表示 A 是正偶数组成的集.又如
$$B = \{(x, y) \mid x, y \text{ 均为整数}\},$$
表示 B 是平面上整点(格点)的集合.

在上述记法中,竖线前写一个代表元素,在竖线后面写明它所具有的性质.

在同时讨论几个集合时,下面的从属关系表是很有用的:

表 1.2.1

集合＼元素	a_1	a_2	a_3	⋯	a_{n-1}	a_n
A_1	1	0	1	⋯	1	0
A_2	1	1	0	⋯	1	1
⋮	⋮	⋮	⋮	⋮	⋮	⋮
A_m	1	1	1	⋯	1	0

表的 m 行(最上面一行除外)表示 m 个集合 $A_1, A_2, \cdots, A_m$；表的 n 列(最左面一列除外)表示 n 个元素 $a_1, a_2, \cdots, a_n$.

若 $a_i \in A_j (1 \leqslant i \leqslant n, 1 \leqslant j \leqslant m)$，则在 a_i 所在列与 A_j 所在行的交叉处写上 1；若 $a_i \notin A_j$，则写上 0. 例如表 1.2.1 中，

$$a_1 \in A_1, a_1 \in A_2, \cdots, a_1 \in A_m,$$
$$a_2 \notin A_1, a_2 \in A_2, a_3 \notin A_2, \cdots, a_n \notin A_1.$$

还可看出

$$A_1 = \{a_1, a_3, \cdots, a_{n-1}\},$$
$$A_2 = \{a_1, a_2, \cdots, a_{n-1}, a_n\},$$
$$\cdots$$
$$A_m = \{a_1, a_2, a_3, \cdots, a_{n-1}\}.$$

当然，也可以用行表示元素，列表示集合，这没有实质性的不同.

1.3 包 含

> **知识桥**

如果集合 A 的元素都在集合 B 中,那么 A 称为 B 的**子集**,并记为
$$A \subseteq B (或 B \supseteq A),$$
读做 B 包含 A 或 A 包含于 B 中.

显然有 $A \subseteq A$,即每个集合都是它自身的子集.

如果 $A \subseteq B$,并且 B 中至少有一个元素不属于 A,那么称 A 为 B 的**真子集**,并记为
$$A \subset B (或 B \supset A)$$
(也有些书上用 $A \subset B$ 表示 A 是 B 的子集,而用 $A \subsetneqq B$ 表示 A 是 B 的真子集),读做 B 真包含 A 或 A 真包含于 B 中.例如
$$\mathbf{N} \subset \mathbf{Z} \subset \mathbf{Q} \subset \mathbf{R} \subset \mathbf{C},$$
即自然数集是整数集的真子集,整数集是有理数集的真子集,有理数集是实数集的真子集,实数集是复数集的真子集.

如果 $A \subseteq B$ 并且 $B \subseteq A$,那么 A 的元素都是 B 的元素,B 的元素也都是 A 的元素.因此 A,B 是同一个集合,即 $A = B$.

约定空集 $\varnothing$ 为每一个集合的子集.

并不是任意两个集合之间都有包含关系.例如
$$A = \{1, 2\}, B = \{4, 5, 6\},$$
则 A 不是 B 的子集,B 也不是 A 的子集.

显然,当 $A \subseteq B, B \subseteq C$ 时,$A \subseteq C$,即 $\subseteq$ 关系具有传递性.

综上所述,$\subseteq$ 关系具有:

(i) **反身性**,即 $A \subseteq A$;

(ii) **传递性**,即 $A \subseteq B, B \subseteq C$ 推出 $A \subseteq C$;

(iii) $A \subseteq B, B \subseteq A$ 推出 $A = B$.

我们称这样的关系为**偏序关系**(或**半序关系**).

1.4 并与交

知识桥

1. 给定两个集合 A,B,称集合
$$C=\{c\mid c \text{ 属于 } A \text{ 或 } B\}$$
为 A,B 的**并集**(简称为**并**),记为 $A\cup B$.例如,

(i) 若 $A=\{1,2,3,4\}$, $B=\{1,4,5,6\}$,则
$$A\cup B=\{1,2,3,4,5,6\}.$$

(ii) 若 A 是猫的集合,B 是黑猫的集合,则 $A\cup B=A$(因为黑猫是猫).一般地,若
$$A\supseteq B,$$
则
$$A\cup B=A,$$
反之亦真.

(iii) 若 A 是正实数的集合,B 是负实数的集合,则 $A\cup B$ 是非零实数的集合.

显然 $A\cup B\supseteq A$, $A\cup B\supseteq B$,并且
$$A\cup B=B\cup A.$$

类似地,可以定义多个集合 $A_1,A_2,\cdots,A_n$ 的并集:
$$\bigcup_{i=1}^{n}A_i=A_1\cup A_2\cup\cdots\cup A_n=\{a\mid a \text{ 至少属于一个 } A_i, 1\leqslant i\leqslant n\}.$$

例如对(iii)中的 A,B,有
$$A\cup B\cup\{0\}=\mathbf{R}.$$

2. 对于给定的两个集合 A,B,称集合
$$C=\{c\mid c \text{ 同时属于 } A,B\}$$
为 A,B 的**交集**(简称为**交**),记为 $A\cap B$.例如,

(i) 若 $A=\{1,2,3,4\}$, $B=\{1,4,5,6\}$,则
$$A\cap B=\{1,4\}.$$

(ii) 若 A 是猫的集合，B 是白猫的集合，则 $A \cap B = B$. 一般地，若
$$A \supseteq B,$$
则
$$A \cap B = B,$$
反之亦真.

(iii) 若 A 是正实数的集合，B 是负实数的集合，则
$$A \cap B = \varnothing.$$
显然 $A \cap B \subseteq A, A \cap B \subseteq B$，并且
$$A \cap B = B \cap A.$$
交集符号可以省去，例如 $A \cap B$ 常写成 AB.

类似地，可以定义多个集合 $A_1, A_2, \cdots, A_n$ 的交集：
$$\bigcap_{i=1}^{n} A_i = A_1 \cap A_2 \cap \cdots \cap A_n = \{a \mid a \text{ 属于每一个 } A_i, 1 \leqslant i \leqslant n\}.$$
显然 $A \cup \varnothing = A, A \cap \varnothing = \varnothing, A \cup A = A \cap A = A$.

1.5 差与补

知识桥

给定两个集合 A, B,称集合
$$C = \{c \mid c \in A \text{ 并且 } c \notin B\}$$
为 A 减 B,记为 $A - B$. 例如,

(i) 若 $A = \{1, 2, 3, 4\}$, $B = \{1, 4, 5, 6\}$,则
$$A - B = \{2, 3\}.$$

(ii) 若 A 是猫的集合,B 是黑猫的集合,则 $A - B$ 为不是黑色的猫的集合.

(iii) 若 A 是正实数的集合,B 是负实数的集合,则 $A - B = A$.

注意差不具有对称性,即一般说来 $A - B$ 与 $B - A$ 是不相同的. 例如上面的三个例子,在(i)中,$B - A = \{5, 6\}$. 在(ii)中,$B - A = \emptyset$. 在(iii)中,$B - A = B$.

为了方便,常常将一个集合作为**全集合**,它由一切事物(或我们所考虑的一切事物)组成. 例如,考虑平面上的点集时,可以将平面点集(即平面上所有点组成的点集)作为全集. 考虑实数时,可将实数集 **R** 作为全集,而考虑复数时,应将复数集 **C** 作为全集.

全集通常用 I 表示.

对任一集 A,称 $I - A$ 为 A 的**补集**,并用 A' 表示. 显然
$$A \cap A' = \emptyset, \quad A \cup A' = I.$$

A' 由不属于 A 的元素组成,因此
$$(A')' = A,$$
即补集的补集是原集,所以 A 与 A' 互为补集. 显然 $\emptyset' = I, I' = \emptyset$.

由定义,$A - B = A \cap B'$.

1.6 维恩图

知识桥

利用圆(这里指圆盘)来表示集合的维恩图(Venn diagram),是帮助理解集合之间关系的直观工具.

例如,图 1.6.1 中,两个圆分别表示集合 A 与 B,阴影部分表示 $A \cup B$.图 1.6.2 中的阴影部分表示 $A \cap B$.图 1.6.3,1.6.4 中的阴影部分分别表示 $A-B$ 与 $B-A$.图 1.6.5 表示 $A \subseteq B$.在图 1.6.6 中,大圆表示全集 I,阴影部分是 A 的补集 A'.

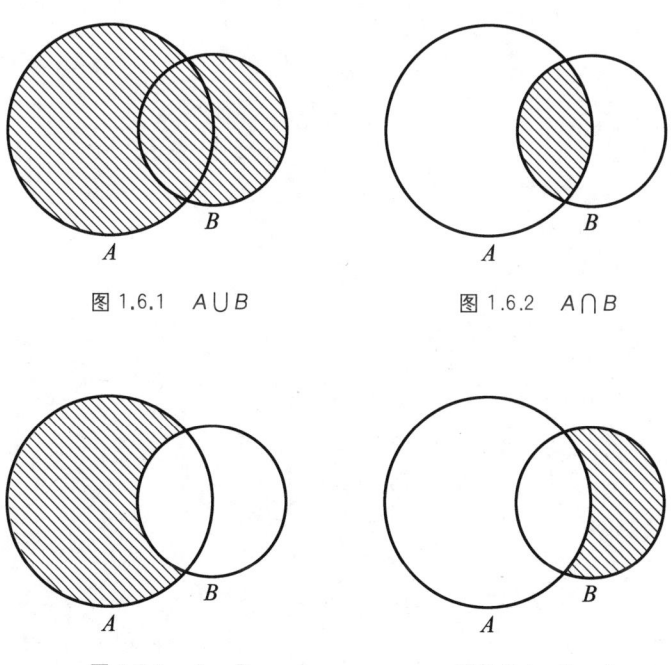

图 1.6.1 $A \cup B$ 图 1.6.2 $A \cap B$

图 1.6.3 $A-B$ 图 1.6.4 $B-A$

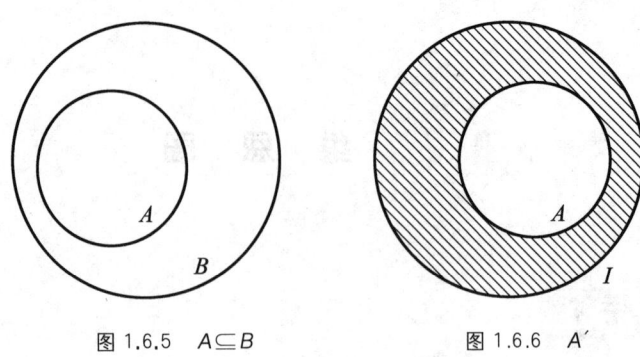

图 1.6.5　$A \subseteq B$　　　　图 1.6.6　A'

将圆改为矩形也无不可,这并不影响问题的实质(即谁包含谁).

1.7 有关集合的等式（Ⅰ）

本节讨论一些有关集合的等式.

▶ **例1**（德摩根（De Morgan）公式） 证明:对任意两个集 A,B,均有

$$(A \cup B)' = A' \cap B', \tag{1}$$

$$(A \cap B)' = A' \cup B'. \tag{2}$$

解

首先证明(1). $A \cup B$ 是在 A 或在 B 中的元素组成的集,因此 $(A \cup B)'$ 由不在 A 也不在 B 中的元素组成.这也就是 $A' \cap B'$.

如果考虑维恩图,那么 $(A \cup B)'$ 与 $A' \cap B'$ 都是图 1.7.1 中的阴影部分(为方便起见,全集 I 用一矩形表示).

同样可证(2).图 1.7.2 中的阴影部分表示(2)的左边,也表示(2)的右边.

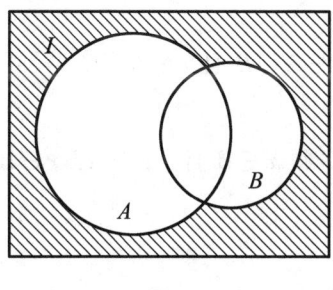

图 1.7.1

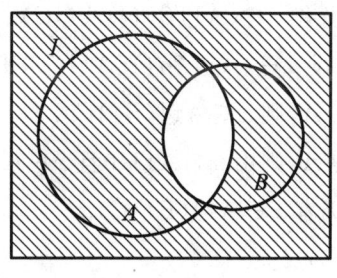

图 1.7.2

▶ **例2**（并与交的结合律） 证明:对任意集合 A,B,C 均有

$$A \cup (B \cup C) = (A \cup B) \cup C, \tag{3}$$

$$A \cap (B \cap C) = (A \cap B) \cap C. \tag{4}$$

解

只需注意到(3)两边均表示至少属于 A,B,C 之一的那些元素组成的集合,

(4) 两边均表示同时属于 A, B, C 的那些元素组成的集合.

(3),(4)也不难用维恩图证明.

点评

证明有关集合的等式,已经有两种方法:

(i) 考虑等式两边(或其他有关式子)的意义;

(ii) 利用维恩图.

▶ **例3**(并与交的分配律) 证明:对于任意集合 A, B, C 均有
$$A \cup (B \cap C) = (A \cup B) \cap (A \cup C), \tag{5}$$
$$A \cap (B \cup C) = (A \cap B) \cup (A \cap C). \tag{6}$$

解

仍可用前面所说的两种方法证明,但这里介绍第三种方法,即

(iii) 考虑两边的元素,证明左边的元素必属于右边,右边的元素也必属于左边.

设 $x \in A \cup (B \cap C)$,则 $x \in A$ 或 $x \in B \cap C$.

$x \in A$ 时,$x \in A \cup B$,$x \in A \cup C$,所以 $x \in (A \cup B) \cap (A \cup C)$.

$x \in B \cap C$ 时,$x \in B$ 并且 $x \in C$,所以 $x \in A \cup B$,$x \in A \cup C$.

从而仍有 $x \in (A \cup B) \cap (A \cup C)$.

反之,设 $x \in (A \cup B) \cap (A \cup C)$,则 $x \in A \cup B$ 且 $x \in A \cup C$.

若 $x \in A$,则 $x \in A \cup (B \cap C)$.

若 $x \notin A$,则由 $x \in A \cup B$ 且 $x \in A \cup C$ 得 $x \in B$ 且 $x \in C$,即 $x \in B \cap C$.

从而仍有 $x \in A \cup (B \cap C)$.

于是(5)成立.

类似地可以证明(6).但也可以由(5)得
$$A' \cup (B' \cap C') = (A' \cup B') \cap (A' \cup C') \tag{7}$$
(将(5)中 A, B, C 用 A', B', C' 代替),然后在两边取补.根据德摩根公式
$$(A' \cup (B' \cap C'))' = (A')' \cap (B' \cap C')'$$
$$= A \cap (B \cup C),$$
$$((A' \cup B') \cap (A' \cup C'))' = (A' \cup B')' \cup (A' \cup C')'$$
$$= (A \cap B) \cup (A \cap C).$$

因此(6)成立.

这就是证明有关集合的等式时常用的第四种方法,即

(iv) 利用已知的有关集合的等式或公式.

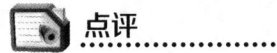
点评

从上述三个例题可以看出并与交是对偶的.即由一个有关集合的等式,将其中并改为交,交改为并,便可产生另一个有关集合的等式.例如(1)与(2),(3)与(4),(5)与(6)都是互相对偶的等式.

以上的(1)~(6),都可以推广至更多的集合.例如

$$(A_1 \cup A_2 \cup \cdots \cup A_n)' = A_1' \cap A_2' \cap \cdots \cap A_n', \tag{8}$$

$$A_1 \cup A_2 \cup \cdots \cup A_n = A_1 \cup (A_2 \cup \cdots \cup A_n)$$
$$= (A_1 \cup A_2 \cup \cdots \cup A_{n-1}) \cup A_n, \tag{9}$$

$$A_1 \cup (A_2 \cap A_3 \cap \cdots \cap A_n)$$
$$= (A_1 \cup A_2) \cap (A_1 \cup A_3) \cap \cdots \cap (A_1 \cup A_n), \tag{10}$$

等等.

本节的结论都是常用的,应当牢记.

1.8 对称差

知识桥

设 A, B 是两个集合,称

$$(A-B) \cup (B-A)$$

为 A, B 的**对称差**,并记为 $A \triangle B$. 它由恰属于 A, B 之一的那些元素组成.

采用维恩图, $A \triangle B$ 可用图 1.8.1 中的阴影部分表示.

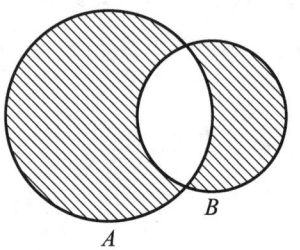

图 1.8.1 $A \triangle B$

根据定义或维恩图,当且仅当 $A = B$ 时, $A \triangle B = \varnothing$. 又易知 $A \triangle \varnothing = A$.

显然,对称差是可以交换的(对称性),即

$$A \triangle B = B \triangle A. \tag{1}$$

▶**例 1**(结合律) 证明:对任意集合 A, B, C,均有

$$(A \triangle B) \triangle C = A \triangle (B \triangle C). \tag{2}$$

解

用维恩图.等式两边均由图 1.8.2 中阴影部分表示(即恰属于 A, B, C 之一或同时属于 A, B, C 的元素所成的集合).

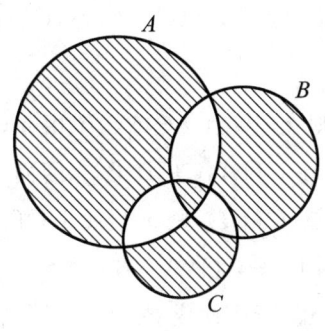

图 1.8.2

▶ 例 2　证明:对任意集合 A, B,均有
$$A \triangle B = (A \cup B) - (A \cap B), \tag{3}$$
$$A \triangle B = A' \triangle B'. \tag{4}$$

解

(3)可由图 1.8.1 立即看出.

$A \triangle B$ 是由恰属于 A, B 之一的那些元素组成的集合.同样,$A' \triangle B'$ 由恰属于 A', B' 之一的那些元素组成,即由属于 A' 而不属于 B' 的元素,或不属于 A' 而属于 B' 的元素组成.换句话说,$A' \triangle B'$ 由不属于 A 而属于 B 的元素,或属于 A 而不属于 B 的元素组成,亦即 $A' \triangle B'$ 由恰属于 A, B 之一的元素组成.所以(4)成立.

▶ 例 3　A, B, C 是三个集合.证明:
$$(A \triangle B) \triangle (B \triangle C) = A \triangle C. \tag{5}$$

解

由(2),
$$(A \triangle B) \triangle (B \triangle C) = A \triangle (B \triangle (B \triangle C))$$
$$= A \triangle ((B \triangle B) \triangle C)$$
$$= A \triangle (\varnothing \triangle C)$$
$$= A \triangle C.$$

▶ 例 4　A, B, C 是任意集合.以下等式是否恒成立?
$$C \cap (A \triangle B) = (C \cap A) \triangle (C \cap B), \tag{6}$$

$$C \cup (A \triangle B) = (C \cup A) \triangle (C \cup B). \tag{7}$$

解

设 $x \in C \cap (A \triangle B)$，则 $x \in C$ 且 $x \in A \triangle B$. 由 $x \in A \triangle B$ 得 x 恰属于 A, B 之一. 结合 $x \in C$ 得 x 恰属于 $C \cap A, C \cap B$ 之一. 因而 $x \in (C \cap A) \triangle (C \cap B)$.

反之，若 $x \in (C \cap A) \triangle (C \cap B)$，则 x 恰属于 $C \cap A, C \cap B$ 之一. 因而 $x \in C$ 并且 x 恰属于 A, B 之一，即 $x \in C \cap (A \triangle B)$.

于是(6)成立. 即 $\cap$ 对 $\triangle$ 的分配律成立.

(6)也可以用维恩图证明(我们有意采取多种证法).

一般说来，(7)不成立. 例如对于 $C = A$，

$$A \cup (A \triangle B) = A \cup B\,(\text{请考虑维恩图}),$$

而

$$(A \cup A) \triangle (A \cup B) = A \triangle (A \cup B) = B - A.$$

当 A 不是空集时，$A \cup B \neq B - A$.

因此，$\cup$ 对 $\triangle$ 的分配律不成立.

1.9 有关集合的等式(Ⅱ)

本节再讨论一些有关集合的等式.证明所用的方法已在 1.7 节中说过.
所有英文大写字母均表示集合.

▶ **例1** 证明:
$$A\triangle(A\cup B)=B\triangle(A\cap B)=B-(A\cap B), \tag{1}$$
$$A\cup B=A\triangle B\triangle(A\cap B). \tag{2}$$

解

(1)中 $A\triangle(A\cup B),B\triangle(A\cap B),B-(A\cap B)$ 均为图 1.9.1 的阴影部分.

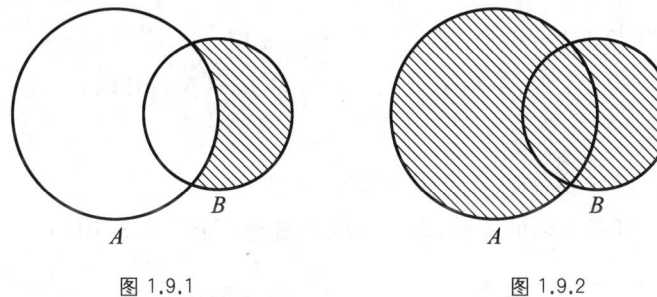

图 1.9.1   图 1.9.2

(2)的两边均为图 1.9.2 的阴影部分.
特别地,当 $A\cap B=\varnothing$ 时,由(2)得
$$A\cup B=A\triangle B. \tag{3}$$

▶ **例2** 证明以下关系:
$$(A-K)\cup(B-K)=(A\cup B)-K, \tag{4}$$
$$A-(B-C)=(A-B)\cup(A\cap C), \tag{5}$$
$$A-(A-B)=A\cap B, \tag{6}$$
$$(A-B)-C=(A-C)-(B-C), \tag{7}$$

$$A-(B\cap C)=(A-B)\cup(A-C), \tag{8}$$
$$A-(B\cup C)=(A-B)\cap(A-C), \tag{9}$$
$$A-B=(A\cup B)-B=A-(A\cap B). \tag{10}$$

解

利用补集,可将差 $A-B$ 写成 $A\cap B'$. 在证明中采用这种形式往往更为方便.

$$(A-K)\cup(B-K)=(A\cap K')\cup(B\cap K')$$
$$=(A\cup B)\cap K'=(A\cup B)-K,$$

即(4)成立.

$$A-(B-C)=A\cap(B\cap C')'=A\cap(B'\cup C)$$
$$=(A\cap B')\cup(A\cap C)=(A-B)\cup(A\cap C),$$

即(5)成立.

$$(A-C)-(B-C)=(A\cap C')\cap(B\cap C')'=A\cap C'\cap(B'\cup C)$$
$$=A\cap((C'\cap B')\cup(C'\cap C))=A\cap(C'\cap B')$$
$$=(A\cap C')\cap B'=(A-C)-B,$$

即(7)成立.

$$A-(B\cap C)=A\cap(B\cap C)'=A\cap(B'\cup C')$$
$$=(A\cap B')\cup(A\cap C')=(A-B)\cup(A-C),$$

即(8)成立.

(9)的证法与(8)类似. 它与(8)对偶.

(6),(10)可用上面的证法,也可用维恩图. 参看图 1.9.3,1.9.4.

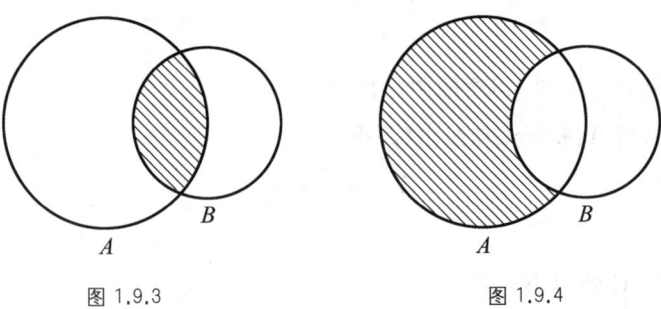

图 1.9.3　　　　　　　　图 1.9.4

例 3　证明:

$$A-D\subseteq(A-B)\cup(B-C)\cup(C-D), \tag{11}$$

$$A \triangle C \subseteq (A \triangle B) \cup (B \triangle C), \tag{12}$$
$$(A \cup B) \cap (B \cup C) \cap (C \cup A)$$
$$= (A \cap B) \cup (B \cap C) \cup (C \cap A), \tag{13}$$
$$(A - B) \triangle B = A \cup B. \tag{14}$$

解

设 $x \in A - D$，则 $x \in A, x \notin D$. 若 $x \notin B$，则 $x \in A - B$. 若 $x \in B, x \notin C$，则 $x \in B - C$. 若 $x \in C$，则 $x \in C - D$. 总之，$x \in (A - B) \cup (B - C) \cup (C - D)$. 因此 (11) 成立. 设 $x \in A \triangle C$，则 x 恰属于 A, C 之一. 不妨设 $x \in A, x \notin C$. 若 $x \notin B$，则 $x \in A \triangle B$. 若 $x \in B$，则 $x \in B \triangle C$. 故总有 $x \in (A \triangle B) \cup (B \triangle C)$. 因此 (12) 成立.

若 x 至少属于 A, B, C 中的两个集，则 x 既属于 (13) 左边，也属于 (13) 右边. 若 x 至多属于 A, B, C 中的一个集，例如 $x \notin A, B$，则 $x \notin A \cap B, B \cap C, C \cap A$，因此 $x \notin$ (13) 的右边；又 $x \notin A \cup B$，因此 $x \notin$ (13) 的左边. 所以 (13) 成立.

显然 $A - B$ 与 B 的交为空集，利用 (3) 得
$$(A - B) \triangle B = (A - B) \cup B = A \cup B,$$
即 (14) 成立.

证明有关集合的等式（或关系式）需灵活运用各种方法，切忌执一.

▶ **例 4** 证明下列各对等价关系：
$$A \cup B = \varnothing \Leftrightarrow A = \varnothing \text{ 且 } B = \varnothing, \tag{15}$$
$$A \cup B = A - B \Leftrightarrow B = \varnothing, \tag{16}$$
$$A - B = A \cap B \Leftrightarrow A = \varnothing, \tag{17}$$
$$A \cup B \subseteq C \Leftrightarrow A \subseteq C \text{ 且 } B \subseteq C, \tag{18}$$
$$C \subseteq A \cap B \Leftrightarrow C \subseteq A \text{ 且 } C \subseteq B, \tag{19}$$
$$A - B = B - A \Leftrightarrow A = B, \tag{20}$$
$$A \cap B = A \cup B \Leftrightarrow A = B, \tag{21}$$
$$A \subseteq B \text{ 且 } C \subseteq D \Leftrightarrow (A - B) \cup (C - D) = \varnothing, \tag{22}$$
$$A - B = A \Leftrightarrow B - A = B, \tag{23}$$
$$A \subseteq B \cup C \Leftrightarrow A - B \subseteq C, \tag{24}$$

$$A \subseteq B \subseteq C \Leftrightarrow A \cup B = B \cap C, \tag{25}$$

$$A = B \Leftrightarrow (A-B) \cup (B-A) = \varnothing, \tag{26}$$

$$A - K = B - K \Leftrightarrow (A \triangle B) \subseteq K. \tag{27}$$

解

(15)~(22)都是显然的.稍想一想(可结合维恩图)就可知道各对关系等价.应当养成这种直观的洞察力,一目了然.如果极简单的问题不能迅速解决,那么复杂的问题就难于措手.这就是学习数学应具备的基本功.

(23)的两个关系都等价于 $A \cap B = \varnothing$.

对于(24),如果 $A \subseteq B \cup C$,那么 A 不被 B "覆盖"的部分一定被 C 覆盖,即 $A - B \subseteq C$.反之亦然.

对于(25),如果 $A \subseteq B \subseteq C$,那么 $B \cap C$ 与 $A \cup B$ 都等于 B.反之,如果 $A \cup B = B \cap C$,那么 $B \subseteq A \cup B = B \cap C \subseteq B$,从而 $A \cup B, B \cap C$ 都等于 B,并由此得出 $A \subseteq B, B \subseteq C$.

(26)的 $(A-B) \cup (B-A)$ 即对称差 $A \triangle B$.对称差为 $\varnothing$ 即没有元素恰属于 A, B 之一.换句话说,属于 A 的元素必属于 B,属于 B 的元素也必属于 A.因此(26)成立.

在 $A \triangle B \subseteq K$ 时,恰属于 A, B 之一的元素都属于 K,因此 $A - K, B - K$ 都等于 $(A \cap B) - K$;反之,若 $A - K = B - K$,则恰属于 A, B 之一的元素都在 K 中,即 $A \triangle B \subseteq K$.所以(27)成立.

1.10 有关集合的等式(Ⅲ)

本节所介绍的等式均与对称差有关.

▶例1 若 $A\triangle K=B\triangle K$,证明:$A=B$.

解

由 1.8 节例1(结合律),
$$A=A\triangle\varnothing=A\triangle(K\triangle K)=(A\triangle K)\triangle K$$
$$=(B\triangle K)\triangle K=B\triangle(K\triangle K)=B\triangle\varnothing=B.$$

▶例2 证明:
$$(A\triangle B)'=A'\triangle B=A\triangle B', \tag{1}$$
$$(A\triangle K)\cup(B\triangle K)=(A\cap B)\triangle(K\cup(A\triangle B)). \tag{2}$$

解

$A\triangle B=(A-B)\cup(B-A)=(AB')\cup(BA'),$

所以由德摩根公式,
$$(A\triangle B)'=(AB')'\cap(BA')'=(A'\cup B)\cap(B'\cup A)$$
$$=(A'\cup B)B'\cup(A'\cup B)A$$
$$=(A'B'\cup BB')\cup(A'A\cup BA)=A'B'\cup BA, \tag{3}$$

而
$$A'\triangle B=(A'-B)\cup(B-A')=A'B'\cup BA,$$

同样
$$A\triangle B'=A'B'\cup BA,$$

于是(1)成立.

为了证明(2),取补集.
$$((A\triangle K)\cup(B\triangle K))'$$

$$= (A \triangle K)' \cap (B \triangle K)' = (A \triangle K') \cap (B \triangle K') \quad \text{(利用(1))}$$
$$= (A \cap (B \triangle K')) \triangle (K' \cap (B \triangle K')) \quad \text{(1.8 节(6))}$$
$$= AB \triangle AK' \triangle K'B \triangle K'$$
$$= AB \triangle K'(A \triangle B \triangle I)$$
$$= AB \triangle K'(A \triangle B)', \quad ((A \triangle B) \triangle I = (A \triangle B)')$$
$$(AB \triangle (K \cup (A \triangle B)))'$$
$$= AB \triangle (K \cup (A \triangle B))' \quad \text{(利用(1))}$$
$$= AB \triangle (K'(A \triangle B)'),$$

于是(2)成立.

点评

为了方便,交 $A \cap B$ 简写作 AB.并约定交(在没有括号时)比其他运算先进行,类似于数的四则运算中的乘法.

定义 $(A \triangle B)'$ 为 $A \times B$.显然
$$A \times B = B \times A. \quad (4)$$

又由(1)及(3),
$$A \times B = A' \triangle B = A \triangle B' = A'B' \cup BA, \quad (5)$$

从而
$$A \times B = A' \times B', \quad (6)$$

又
$$(A \times B) \times C = (A \times B)' \triangle C = (A \triangle B) \triangle C,$$
$$A \times (B \times C) = A \triangle (B \times C)' = A \triangle (B \triangle C),$$

所以
$$(A \times B) \times C = A \times (B \times C). \quad (7)$$

▶ **例3** 证明:
$$(A \triangle B) \times C = (A \times C) \triangle B = A \triangle (B \times C), \quad (8)$$
$$(A \times C) \triangle (B \times C) = A \triangle B. \quad (9)$$

解
$$(A \triangle B) \times C = (A \triangle B) \triangle C' \quad \text{(由(5))}$$
$$= (A \triangle C') \triangle B = (A \times C) \triangle B$$

$$= (A\triangle C')\triangle B = A\triangle(C'\triangle B)$$
$$= A\triangle(B\times C),$$
$$(A\times C)\triangle(B\times C) = (A\triangle C')\triangle(B\triangle C')$$
$$= A\triangle B. \qquad (1.8 节例 3)$$

▶ **例 4** 证明方程组：
$$\begin{cases} X\cap(A\cup B)=X, & (10) \\ A\cap(B\cup X)=A, & (11) \\ B\cap(A\cup X)=B, & (12) \\ X\cap A\cap B=\varnothing & (13) \end{cases}$$
有唯一解，并求出这唯一的 X.

解

由(10)得 $X\subseteq A\cup B$. 由(13)，$X\cap(A\cap B)=\varnothing$. 从而 $X\subseteq A\triangle B$.

由(11)，$X\supseteq A-B$. 由(12)，$X\supseteq B-A$. 从而 $X\supseteq A\triangle B$.

于是，$X=A\triangle B$. 它显然满足(10)~(13).

1.11 容斥原理（Ⅰ）

知识桥

有限集合 $A_1, A_2, \cdots, A_n$ 并集的元数满足
$$|A_1 \cup A_2 \cup \cdots \cup A_n| \leqslant |A_1| + |A_2| + \cdots + |A_n|, \tag{1}$$
当且仅当 $A_1, A_2, \cdots, A_n$ 中两两的交均为空集时等号成立.

又有
$$|A_1 \cup A_2 \cup \cdots \cup A_n| \geqslant \sum_{i=1}^{n} |A_i| - \sum_{1 \leqslant i < j \leqslant n} |A_i \cap A_j|, \tag{2}$$
当且仅当 $A_1, A_2, \cdots, A_n$ 中每三个的交均为空集时等号成立.

一般地，
$$\begin{aligned}|A_1 \cup A_2 \cup \cdots \cup A_n| = &\sum_{i=1}^{n} |A_i| - \sum_{1 \leqslant i < j \leqslant n} |A_i \cap A_j| \\ &+ \sum_{1 \leqslant i < j < k \leqslant n} |A_i \cap A_j \cap A_k| - \cdots \\ &+ (-1)^{n-1} |A_1 \cap A_2 \cap \cdots \cap A_n|.\end{aligned} \tag{3}$$

事实上，设元素 x 恰在 $A_1, A_2, \cdots, A_n$ 的 m 个中，则 x 对(3)右边的贡献为
$$C_m^1 - C_m^2 + \cdots + (-1)^{m-1} C_m^m = 1 - (1-1)^m$$
$$= 1.$$

由于 C_m^k 在 $k \leqslant \dfrac{m}{2}$ 时递增，在 $k \geqslant \dfrac{m}{2}$ 时递减，如果(3)的右边略去一个正项及它以后的各项，那么(3)的左边大于右边（某些元素 x 对右边的贡献非正或被略去的贡献非负）. 如果(3)的右边略去一个负项及它以后的各项，那么(3)的左边小于右边.

(3)称为容斥原理.

训练营

▶ **例 1** 某班学生中数、理、化优秀的分别有 30 人、28 人、25 人. 数理、理

化、数化两科优秀的分别有 20 人、16 人、17 人.数理化三科全优的有 10 人.问:数理两科至少有一科优秀的有多少人?数理化三科至少有一科优秀的有多少人?

解

用 A_1, A_2, A_3 分别表示数、理、化优秀的学生组成的集合.由题意,
$$|A_1|=30, |A_2|=28, |A_3|=25,$$
$$|A_1 \cap A_2|=20, |A_2 \cap A_3|=16, |A_3 \cap A_1|=17,$$
$$|A_1 \cap A_2 \cap A_3|=10.$$

由容斥原理,
$$|A_1 \cup A_2|=|A_1|+|A_2|-|A_1 \cap A_2|$$
$$=30+28-20=38,$$

即数理两科至少有一科优秀的学生为 38 人.

同样,由容斥原理,
$$|A_1 \cup A_2 \cup A_3|=|A_1|+|A_2|+|A_3|-|A_1 \cap A_2|$$
$$-|A_2 \cap A_3|-|A_3 \cap A_1|+|A_1 \cap A_2 \cap A_3|$$
$$=30+28+25-20-16-17+10$$
$$=40,$$

即数理化三科至少有一科优秀的学生为 40 人.

▶ **例 2** $n \geqslant 3$.用数字 $1, 2, 3$ 组成 n 位数(每个数字可以重复),其中 $1, 2, 3$ 均至少出现一次.求这种 n 位数的个数.

解

用数字 $1, 2, 3$ 组成的 n 位数的集合记为 I(全集),其中不含数字 i 的 n 位数的集合记为 A_i $(i=1, 2, 3)$,则
$$|I|=3^n, |A_1|=|A_2|=|A_3|=2^n,$$
$$|A_i \cap A_j|=1 (1 \leqslant i < j \leqslant 3), |A_1 \cap A_2 \cap A_3|=0.$$

由容斥原理,
$$|(A_1 \cup A_2 \cup A_3)'|=|I|-|A_1 \cup A_2 \cup A_3|$$
$$=3^n-(2^n+2^n+2^n-1-1-1+0)$$
$$=3^n-3 \times 2^n+3.$$

▶ **例 3** 9 名乘客进入 4 个车厢,每个车厢都不空,有多少种分配方法?

解 用 A_i 表示第 i 个车厢空着的分配方法的集合($1 \leqslant i \leqslant 4$),$I$ 表示所有分配方法的集合,则

$$|I| = 4^9, |A_i| = 3^9 (1 \leqslant i \leqslant 4),$$
$$|A_i \cap A_j| = 2^9 (1 \leqslant i < j \leqslant 4),$$
$$|A_i \cap A_j \cap A_k| = 1 (1 \leqslant i < j < k \leqslant 4),$$
$$|A_1 \cap A_2 \cap A_3 \cap A_4| = 0.$$

由容斥原理,

$$|(A_1 \cup A_2 \cup A_3 \cup A_4)'|$$
$$= 4^9 - C_4^1 \times 3^9 + C_4^2 \times 2^9 - C_4^3 \times 1 + C_4^4 \times 0$$
$$= 186\,480,$$

即每个车厢都不空的分配方法有 186 480 种.

点评

例 2、例 3 所用的容斥原理也可以这样表述:

设全集 I 中,不具有性质 P_i 的元素组成集合 $A_i (i = 1, 2, \cdots, n)$,则具有性质 $P_1, P_2, \cdots, P_n$ 的元素共有

$$|I| - \sum |A_1| + \sum |A_i \cap A_j| - \sum |A_i \cap A_j \cap A_k|$$
$$+ \cdots + (-1)^n |A_1 \cap A_2 \cap \cdots \cap A_n| \tag{4}$$

个.特别地,在和式中各项相等时,上述个数为

$$|I| - C_n^1 |A_1| + C_n^2 |A_1 \cap A_2| - C_n^3 |A_1 \cap A_2 \cap A_3|$$
$$+ \cdots + (-1)^n |A_1 \cap A_2 \cap \cdots \cap A_n|. \tag{5}$$

(4)或(5)也称为**逐步淘汰原则**.

▶**例 4** 从自然数数列

$$1, 2, 3, 4, 5, \cdots \tag{6}$$

中依次划去 3 的倍数,4 的倍数,但其中凡是 5 的倍数均保留不划去.剩下的数中第 1995 个是几?

解

3,4,5 的最小公倍数是 60.在 $1, 2, \cdots, 60$ 中,3 的倍数有 $20\left(= \dfrac{60}{3}\right)$ 个,4 的倍

数有 $15\left(=\dfrac{60}{4}\right)$ 个,3 与 4 的公倍数有 $5\left(=\dfrac{60}{3\times 4}\right)$ 个,3 与 5 的公倍数有 $4\left(=\dfrac{60}{3\times 5}\right)$ 个,4 与 5 的公倍数有 $3\left(=\dfrac{60}{4\times 5}\right)$ 个,3,4,5 的公倍数有 1 个.因此在 1,2,…,60 中留下
$$60-20-15+5+4+3-1=36$$
个数.同样道理,在
$$60m+1,60m+2,\cdots,60m+60 \quad (m\in \mathbf{N})$$
中也留下 36 个数.因为
$$1995=55\times 36+15,$$
而 1,2,…,60 中留下的第 15 个数是 25,所以数列(6)中留下的第 1995 个数是
$$55\times 60+25=3325.$$

1.12 容斥原理(Ⅱ)

本节再介绍一些利用容斥原理的问题.

▶ **例1** 一次会议有 500 名代表参加,每名代表认识的人数 >400.证明:一定能找到 6 名代表,每两名互相认识(本题中认识是互相的,即甲认识乙,则乙认识甲).

解 设代表 v_i 认识的人所成的集合为 A_i.不妨设 $v_2 \in A_1$.因为
$$|A_1 \cap A_2| = |A_1| + |A_2| - |A_1 \cup A_2|$$
$$> 400 + 400 - 500 > 0,$$
所以 $A_1 \cap A_2$ 不是空集.不妨设 $v_3 \in A_1 \cap A_2$.

因为
$$|A_1 \cap A_2 \cap A_3| = |A_1 \cap A_2| + |A_3| - |(A_1 \cap A_2) \cup A_3|$$
$$> (400 \times 2 - 500) + 400 - 500$$
$$= 400 \times 3 - 500 \times 2 > 0,$$
所以 $A_1 \cap A_2 \cap A_3$ 不是空集,不妨设 $v_4 \in A_1 \cap A_2 \cap A_3$.

同样,
$$|A_1 \cap A_2 \cap A_3 \cap A_4| = |A_1 \cap A_2 \cap A_3|$$
$$+ |A_4| - |(A_1 \cap A_2 \cap A_3) \cup A_4|$$
$$> 400 \times 4 - 500 \times 3 > 0.$$

不妨设 $v_5 \in A_1 \cap A_2 \cap A_3 \cap A_4$.再由
$$|A_1 \cap A_2 \cap A_3 \cap A_4 \cap A_5| > 400 \times 5 - 500 \times 4 = 0,$$

不妨设 $v_6 \in A_1 \cap A_2 \cap A_3 \cap A_4 \cap A_5$.这样得到的 6 个人 $v_1, v_2, v_3, v_4, v_5, v_6$ 互相认识.

▶ **例2** 设 n 是正整数. 我们说集 $\{1,2,\cdots,2n\}$ 的一个排列 $(x_1,x_2,\cdots,x_{2n})$ 具有性质 P. 如果在 $\{1,2,\cdots,2n-1\}$ 中至少有一个 i, 使 $|x_i-x_{i+1}|=n$ 成立, 证明: 具有性质 P 的排列比不具有性质 P 的排列多.

解

对于 $k=1,2,\cdots,n$, 令 A_k 为 k 与 $k+n$ 相邻的排列组成的集合, 则
$$|A_k|=2\times(2n-1)!$$
(k 与 $k+n$ 排在一起作为一个"数", $2n-1$ 个数有 $(2n-1)!$ 种排列. k 与 $k+n$ 的位置可以交换, 因此这样的排列共 $2\times(2n-1)!$ 种),
$$|A_k\cap A_h|=2^2\times(2n-2)! \quad (1\leqslant k<h\leqslant n)$$
(将 k 与 $k+n$, h 与 $h+n$ 并在一起, $2n-2$ 个"数"有 $(2n-2)!$ 种排列, k 与 $k+n$, h 与 $h+n$ 可以交换, 各有 2 种可能).

由容斥原理, 具有性质 P 的排列个数
$$\begin{aligned}m&\geqslant\sum_{k=1}^n|A_k|-\sum_{1\leqslant k<h\leqslant n}|A_k\cap A_h|\\&=2\times(2n-1)!\times n-C_n^2\times2^2\times(2n-2)!\\&=2n\times(2n-2)!\times n\\&>(2n)!\times\frac{1}{2}.\end{aligned}$$

m 超过排列总数 $(2n)!$ 的一半, 即具有性质 P 的排列多于不具有性质 P 的排列.

▶ **例3** 在正 $6n+1$ 边形中, k 个顶点染红色, 其余顶点染蓝色. 证明: 具有同色顶点的等腰三角形的个数与染色方法无关.

解

设 k 个点染红色, 其余点染蓝色时, 顶点同为蓝色的等腰三角形个数为 a_k, 顶点同为红色的等腰三角形个数为 b_k.

因为 $3\nmid 6n+1$, 任三个顶点不构成正三角形. 以任一顶点作为等腰三角形的"尖"——两腰的公共点, 有 $6n+1$ 种方法. 其余 $6n$ 个顶点两两成对, 每一对关于过"尖"与(正 $6n+1$ 边形)中心的直线对称, 它们与"尖"组成等腰三角形. 因此, 共能构成 $(6n+1)\times 3n$ 个(以 $6n+1$ 边形的顶点为顶点的)等腰三角形, 即 $a_0=(6n+1)\times 3n$.

a_0-a_1 即恰有一个红点 A 时, 顶点不同为蓝色的等腰三角形的个数. 其中

以 A 为尖的有 $3n$ 个,以其他点为尖(以 A 为一个顶点)的有 $6n$ 个.因此 $a_0 - a_1 = 9n$.

现在设 k 个点染成红色.这时全部等腰三角形的个数即 a_0,以红点 A 为顶点的等腰三角形的个数是 $a_0 - a_1$.以两个红点 A, B 为顶点的等腰三角形有 3 个.因此,由容斥原理,
$$a_k = a_0 - C_k^1(a_0 - a_1) + C_k^2 \cdot 3 - b_k,$$
即顶点同色的等腰三角形的个数为
$$a_k + b_k = a_0 - C_k^1(a_0 - a_1) + 3C_k^2$$
$$= 3n(6n+1) - 9kn + \frac{3}{2}k(k-1).$$

另一种解法见集合部分习题第 4 题.

 点评

上节的例题只需套用容斥原理,依样画葫芦.本节的例题,需要根据情况,灵活运用原理,值得细细体会.

第二讲 映 射

2.1 映 射

知识桥

设 X,Y 为两个集合,如果对于每一个元 $x\in X$,有一个元 $y\in Y$ 与它对应,那么就说定义了一个从 X 到 Y 的**映射**(也称为**函数**),记作 $f:X\to Y$.元 y 称为元 x 在映射 f 下的**像**,记作 $x\longmapsto y$ 或 $y=f(x)$. X 称为 f 的**定义域**.

用 $f(X)$ 表示集合 $\{f(x)|x\in X\}$,称为**像集合**.显然 $f(X)\subseteq Y$.

如果 $f(X)=Y$,那么对于每一个 $y\in Y$,至少有一个 $x\in X$,使得 $f(x)=y$.这时称 f 为**满射**或 f 是从 X 到 Y 上的映射.如果 X、Y 是有限集,对于满射,显然有 $|X|\geqslant|Y|$.

如果对 X 中任意两个不同的元 x_1,x_2,均有 $f(x_1)\neq f(x_2)$,那么 f 称为**单射**.如果 X、Y 是有限集,对于单射,显然有 $|X|\leqslant|Y|$.

一个映射既是单射又是满射,就称为**一一对应**.如果 X、Y 是有限集,这时 $|X|=|Y|$.并且,对每个 $y\in Y$,有唯一的 $x\in X$ 满足 $f(x)=y$.令 $y\longmapsto x$,就得到一个从 Y 到 X 的映射,称为 f 的**逆映射**(即函数 f 的反函数),记作 f^{-1}. f^{-1} 也是一一对应,而且 $f^{-1}(f(x))=x$,$f(f^{-1}(y))=y$.

训练营

▶ **例1** $X=\{1,2,3,4\}$,$Y=\{0,1\}$,映射 $f:X\to Y$ 为 $1,3\longmapsto 1$;$2,4\longmapsto 0$.这是满射,不是单射.

▶ **例2** $X = \mathbf{R}, Y = \mathbf{R}. x \longmapsto \sin x (x \in \mathbf{R})$ 所表示的映射 f（即 sin）不是满射也不是单射.

▶ **例3** $X = \mathbf{R}, Y = \{y \mid -1 \leqslant y \leqslant 1\}. x \longmapsto \sin x (x \in \mathbf{R})$ 所表示的映射是满射，不是单射.

▶ **例4** $X = \left\{ x \mid -\dfrac{\pi}{2} \leqslant x \leqslant \dfrac{\pi}{2} \right\}, Y = \{y \mid -1 \leqslant y \leqslant 1\}. x \longmapsto \sin x$ 所表示的映射是一一对应. 它的逆映射（反函数）是 $y \longmapsto \arcsin y$.

当 $X = Y$ 时，映射 $f: X \to X$ 是 X 到自身的映射.

若 $f: X \to X$ 使得对每个 $x \in X$，均有 $f(x) = x$，则称 f 为**恒等映射**，记为 I_X. 在不致混淆时，也写成 I.

若 f 不是恒等映射，则不是每个 $x \in X$ 均满足 $f(x) = x$. 称满足 $f(x) = x$ 的 x 为映射 f 的不动点.

▶ **例5** 设 X 是 n 元集，Y 是 m 元集. 求：

(i) 从 X 到 Y 的映射的个数；

(ii) 从 X 到 Y 的满射的个数.

解

(i) 每个 $x \in X$ 的像可为 m 个 $y \in Y$ 中的任意一个，因此从 X 到 Y 的映射共有

$$\underbrace{m \times m \times \cdots \times m}_{n \text{ 个}} = m^n$$

个.

(ii) 上述 m^n 个映射中，y_i 不是像的有 $(m-1)^n$ 个，y_i, y_j 不是像的有 $(m-2)^n$ 个，…… 根据容斥原理，满射的个数为

$$m^n - C_m^1 (m-1)^n + C_m^2 (m-2)^n + \cdots + (-1)^k C_m^k (m-k)^n$$
$$+ \cdots + (-1)^{m-1} C_m^{m-1}.$$

2.2 复合映射

知识桥

设 X,Y,Z 为集合,$f:X\to Y, g:Y\to Z$ 为映射,则产生一个映射 $x \longmapsto g(f(x))$,称为 f,g 的**复合映射**,用 $g\circ f:X\to Z$ 表示(也可简记为 gf).

对于 $X\to Y$ 的一一对应 f,显然有
$$f^{-1}\circ f = I_X, \quad f\circ f^{-1} = I_Y. \tag{1}$$

训练营

▶**例 1** 设 $f:X\to Y, g:Y\to Z$.证明:

(i) 若 $g\circ f$ 是单射,则 f 是单射;

(ii) 若 $g\circ f$ 是满射,则 g 是满射.

解

(i) 若有 $f(x_i)=f(x_j)$,则
$$g(f(x_i))=g(f(x_j)).$$
已知 $g\circ f$ 是单射,故由上式得 $x_i=x_j$,即 f 为单射.

(ii) 因为 $g\circ f$ 是满射,所以对任一 $z\in Z$,有 $x\in X$ 使 $g(f(x))=z$.于是有 $y=f(x)\in Y$,使 $g(y)=z$.从而 g 为满射.

▶**例 2** 设 $f:X\to X$ 满足
$$\underbrace{f\circ f\circ \cdots \circ f}_{k\text{个}} = I_X, \tag{2}$$
证明:f 是一一对应.

解

I_X 是满射,所以由例 1(ii)(那里的 g,f 分别为现在的 $f, \underbrace{f\circ f\circ\cdots\circ f}_{k-1\text{个}}$),$f$ 为满射.

又 I_X 是单射,所以由例 1(i)(那里的 g,f 分别为现在的 $\underbrace{f\circ f\circ\cdots\circ f}_{k-1\text{个}},f$),$f$ 为单射.

于是 f 是一一对应.

$\underbrace{f\circ f\circ f\circ\cdots\circ f}_{k\text{个}}$ 常简记为 $f^{(k)}$.

例 3 映射 $f:X\to X$.若对所有 $x\in X$,$f(f(x))=f(x)$ 成立,则称其为幂等的.设 $|X|=n$,试求出幂等映射的个数.

解

设 $|f(X)|=k$,则 $f(X)$ 有 C_n^k 种选择.对于 $f(X)$ 中任一元 x,显然有 $f(x)=x$.而 $X-f(X)$ 中的每个元,它的像有 k 种选择,所以共有幂等映射 $\sum_{k=1}^{n} C_n^k k^{n-k}$ 个.

▶ **例 4** 若 $f:X\to X$ 满足 $f(f(x))=x$(所有 $x\in X$),则称 f 为对合.设 $|X|=n$,求 $X\to X$ 的对合的个数.

解

设 n 个元中有 j 个对 x,y,满足 $f(x)=y,f(y)=x$,其余的满足 $f(x)=x$.

$j=0$ 时,仅一种映射,即 $f=I$;

$j>0$ 时,每次取两个作为一对,共取 j 对,有 $C_n^2 C_{n-2}^2 \cdots C_{n-2j+2}^2$ 种取法.不考虑 j 对的顺序,有 $\dfrac{1}{j!} C_n^2 C_{n-2}^2 \cdots C_{n-2j+2}^2 = C_n^{2j} \cdot (2j-1)!!$ 种.

因此 f 的个数为 $1+\sum_{j=1}^{[\frac{n}{2}]} C_n^{2j}(2j-1)!!$.

2.3 有限集到自身的映射

▶**例 1** 设 X 为有限集,映射 $f:X\to X$.这时单射、满射、一一对应三个概念是相同的.证明:

(i) 若 f 为单射,则 f 为一一对应;

(ii) 若 f 为满射,则 f 为一一对应.

解

(i) 设 X 中元素为 $x_1,x_2,\cdots,x_n$.由于 f 为单射,$f(x_1),f(x_2),\cdots,f(x_n)$ 各不相同.因此,$f(x_1),f(x_2),\cdots,f(x_n)$ 就是 X 的全部元素,$f(X)=X$,f 为满射.

(ii) 设 X 中元素为 $x_1,x_2,\cdots,x_n$.由于 f 为满射,$f(X)=X$,所以 $f(x_1)$,$f(x_2),\cdots,f(x_n)$ 这 n 个元各不相同,它们就是 X 的全部元素.f 是单射.

f 既是单射又是满射,因而是一一对应.

点评

若 $f:X\to Y$,其中 X,Y 为有限集,并且 $|X|=|Y|$,则(i),(ii)同样成立.

▶**例 2** 设自然数 a 与 m 互素,$m>1$,则对任意整数 b,同余方程
$$ax\equiv b \pmod{m} \tag{1}$$
有解.即有一个整数 x,使 $ax-b$ 能被 m 整除.

解

考虑 $\bmod m$ 的剩余类 $X=\{0,1,2,\cdots,m-1\}$ 到自身的映射 f,定义为
$$x\longmapsto ax \text{(所在的剩余类)}.$$

f 是单射:因为 a 与 m 互素,所以当 $ax\equiv ax'\pmod{m}$ 即 $a(x-x')$ 能被 m 整除时,$x-x'$ 能被 m 整除,即 $x\equiv x'\pmod{m}$.

根据例 1,f 是满射.从而对任意的整数 b,方程(1)有解.

2.4 构造映射（Ⅰ）

许多问题需要构造一个合乎要求的映射.

▶例1 是否有一个映射 $f: \mathbf{R}^+ \to \mathbf{R}$，满足

$$f^{(1989)}(x) = \frac{x}{x+1} \tag{1}$$

（$\mathbf{R}^+$ 表示正实数所成的集）？

解

映射 $f(x) = \dfrac{1}{\dfrac{1}{x} + \dfrac{1}{1989}}$ 满足要求．事实上，

$$\frac{1}{f(x)} = \frac{1}{x} + \frac{1}{1989},$$

$$\frac{1}{f^{(2)}(x)} = \frac{1}{f(x)} + \frac{1}{1989} = \frac{1}{x} + \frac{2}{1989}, \cdots,$$

$$\frac{1}{f^{(k)}(x)} = \frac{1}{x} + \frac{k}{1989}, \cdots,$$

$$\frac{1}{f^{(1989)}(x)} = \frac{1}{x} + 1.$$

▶例2 是否有一个映射 $f: \mathbf{R}^+ \to \mathbf{R}$，满足

$$f^{(64)}(x) = (\sqrt{x} + 1)^2 ? \tag{2}$$

解

映射 $f(x) = \left(\sqrt{x} + \dfrac{1}{64}\right)^2$ 满足要求．事实上，

$$\sqrt{f(x)} = \sqrt{x} + \frac{1}{64},$$

$$\sqrt{f^{(2)}(x)} = \sqrt{f(x)} + \frac{1}{64} = \sqrt{x} + \frac{2}{64}, \cdots,$$

$$\sqrt{f^{(k)}(x)} = \sqrt{x} + \frac{k}{64}, \cdots,$$

$$\sqrt{f^{(64)}(x)} = \sqrt{x} + 1.$$

点评

更一般地,$f(x) = g(g^{-1}(x) + b)$ 满足
$$f^{(n)}(x) = g(g^{-1}(x) + nb), \tag{3}$$
其中 g 是一一对应,b 为任意常数.事实上,
$$g^{-1}(f(x)) = g^{-1}(x) + b,$$
$$g^{-1}(f^{(2)}(x)) = g^{-1}(f(x)) + b = g^{-1}(x) + 2b,$$
$$\cdots$$
$$g^{-1}(f^{(n)}(x)) = g^{-1}(x) + nb.$$

例 1,例 2 分别是 $g(x) = \frac{1}{x}, x^2$ 的特殊情况.

▶ **例 3** 是否存在映射 $f: \mathbf{N} \to \mathbf{N}$,同时满足
$$f(f(n)) = f(n) + n, \tag{4}$$
$$f(1) = 2, \tag{5}$$
$$f(n+1) > f(n)? \tag{6}$$

解

常见的线性函数 $f(x) = ax$ 若满足(4),则
$$f(f(n)) = a^2 n = an + n,$$
从而 $a = \frac{\sqrt{5}+1}{2}$.但 $\frac{\sqrt{5}+1}{2} x$ 不是 $\mathbf{N} \to \mathbf{N}$ 的映射.为保证 f 取整值,令 $f(x) = \left[\frac{\sqrt{5}+1}{2} x\right]$.它满足(6),不满足(5),(4)(左边比右边小 1).因此还需适当修改.令
$$f(x) = \left[\frac{\sqrt{5}+1}{2} x + b\right], \tag{7}$$
其中 $0 < b < 1$ 是一个待定的常数.这时
$$f(f(n)) = \left[\frac{\sqrt{5}+1}{2} f(n) + b\right] = \left[\frac{\sqrt{5}-1}{2} f(n) + b\right] + f(n)$$

$$= \left[\frac{\sqrt{5}-1}{2}\left[\frac{\sqrt{5}+1}{2}n+b\right]+b\right]+f(n)$$

$$= f(n)+n+\left[\frac{\sqrt{5}+1}{2}b-\frac{\sqrt{5}-1}{2}\left\{\frac{\sqrt{5}+1}{2}n+b\right\}\right], \quad (8)$$

其中 $\{x\}=x-[x]$ 为 x 的小数部分. 我们希望(8)的最后一式中[ ]的项为0,即

$$0<\frac{\sqrt{5}+1}{2}b-\frac{\sqrt{5}-1}{2}\left\{\frac{\sqrt{5}+1}{2}n+b\right\}<1, \quad (9)$$

这只要令 $\frac{\sqrt{5}+1}{2}b=1$ 即 $b=\frac{\sqrt{5}-1}{2}$. 此时

$$f(x)=\left[\frac{\sqrt{5}+1}{2}x+\frac{\sqrt{5}-1}{2}\right] \quad (10)$$

满足全部要求.

点评

例1~例3中的映射都不是唯一的.

2.5 构造映射(Ⅱ)

训练营

▶ **例 1** 试求出所有的映射 $f: \mathbf{R} \to \mathbf{R}$,使得对于一切 $x, y \in \mathbf{R}$,都有
$$f(x^2+f(y))=y+f^2(x). \tag{1}$$

解

$f(x)=x$ 显然满足(1). 问题是有没有其他满足要求的映射.

设 f 满足要求,则由(1)及其中 y 可取一切实数得 f 为满射.

若 $f(y_1)=f(y_2)$,则由(1)得
$$y_1+f^2(x)=f(x^2+f(y_1))=f(x^2+f(y_2))=y_2+f^2(x),$$
从而 $y_1=y_2$. 于是 f 为单射.

在(1)中将 x 换为 $-x$,得
$$y+f^2(-x)=f(x^2+f(y))=y+f^2(x),$$
从而
$$f^2(-x)=f^2(x),$$
$$f(-x)=f(x) \text{ 或 } f(-x)=-f(x).$$

由于 f 是单射,当 $x \neq 0$ 时,$f(-x) \neq f(x)$. 所以,当 $x \neq 0$ 时,$f(-x)=-f(x)$,并且 $f(-x), f(x)$ 均非 0.

由于 f 是满射,必有 $f(0)=0$.

在(1)中令 $x=0$,得
$$f(f(y))=y. \tag{2}$$

因此,对任一实数 y,由(1),(2)得
$$f(x^2+y)=f(x^2+f(f(y)))=f(y)+f^2(x) \geqslant f(y),$$
这表明 f 是递增的,即对于 $y'(=x^2+y)>y$,恒有
$$f(y')>f(y). \tag{3}$$

若有 x 使 $f(x)>x$,则由(2),(3),
$$x=f(f(x))>f(x)>x,$$

矛盾.所以恒有 $f(x) \leqslant x$.同理有 $f(x) \geqslant x$.因此,$f(x)=x$ 是唯一满足要求的映射.

▶**例2** 构造一个整系数多项式 $f(x)$,使得 $f:\mathbf{Q} \to \mathbf{Q}$ 是单射,而 $f:\mathbf{R} \to \mathbf{R}$ 不是单射.

解

一次多项式在 $\mathbf{R}$ 上是单射,二次多项式(图像为抛物线)在 $\mathbf{Q}$ 上不是单射.因此 f 至少是三次多项式.

令 $f(x)=x^3-2x$.我们证明它满足要求.

若有 $f(x)=f(t)$,即 $x^3-2x=t^3-2t$,则

$$(x-t)(x^2+xt+t^2-2)=0. \tag{4}$$

当 $x \neq t$ 并且 $x^2 \leqslant \dfrac{8}{3}$ 时,$t=\dfrac{-x \pm \sqrt{8-3x^2}}{2}$ 使(4)成立.因此在 $\mathbf{R}$ 上,f 不是单射.

对于有理数 x,若 $\sqrt{8-3x^2}$ 为有理数 y,则 $8-3x^2=y^2$.不妨设 $x=\dfrac{n}{m}$,$y=\dfrac{l}{m}$,m,n,l 为整数.去分母得

$$8m^2-3n^2=l^2. \tag{5}$$

于是(5)有整数解 l,m,n,其中 m 不等于 0.

若 m,n 有大于 1 的公因数 d,则由(5),$d^2 | l^2$,从而 $d | l$.可在(5)的两边同时除以 d.因此可设(5)中 m,n 互素$\left(\text{否则用 } \dfrac{m}{d},\dfrac{n}{d},\dfrac{l}{d} \text{ 代替 } m,n,l \text{ 进行讨论}\right)$.

若 $3 | m$,则由(5),$3 | l$,从而 $3^2 | 3n^2$,$3 | n^2$,$3 | n$.与 m,n 互素矛盾.若 $3 \nmid m$,则 $3 \nmid l$.由(5)mod 3 得

$$2 \equiv 1 \pmod{3},$$

矛盾.因此(5)没有整数解 l,m,n,其中 m 不等于 0.

这样,$\sqrt{8-3x^2}$ 不是有理数.在 $\mathbf{Q}$ 上,(4)仅当 $t=x$ 时成立.即在 $\mathbf{Q}$ 上 f 为单射.

▶**例3** 是否存在函数 $f:\mathbf{R} \to \mathbf{R}$,使得

$$f(f(x))=x^2-2 \tag{6}$$

对所有 $x\in\mathbf{R}$ 成立?

解

考虑映射 $f^{(2)}$ 与 $f^{(4)}$ 的不动点. 由
$$x=f^{(2)}(x)=x^2-2,$$
得 $f^{(2)}$ 的不动点为 $2,-1$. 由
$$x=f^{(4)}(x)=f^{(2)}(f^{(2)}(x))=(f^{(2)}(x))^2-2=(x^2-2)^2-2,$$
得 $(x^2-x-2)(x^2+x-1)=0$. 从而 $f^{(4)}$ 的不动点为
$$2,-1,\alpha=\frac{\sqrt{5}-1}{2},\beta=\frac{-\sqrt{5}-1}{2}.$$

因为 $f^{(4)}(f(\alpha))=f(f^{(4)}(\alpha))=f(\alpha)$, 所以 $f(\alpha)$ 也是 $f^{(4)}$ 的不动点.

若 $f(\alpha)=2$, 则 $\alpha=f^{(4)}(\alpha)=f^{(3)}(2)=f(2)=f(f(\alpha))=f^{(2)}(\alpha)$. 从而 $\alpha=2$ 或 -1, 矛盾. 因此 $f(\alpha)\neq 2$.

同理 $f(\alpha)\neq -1$.

若 $f(\alpha)=\alpha$, 则 $f^{(2)}(\alpha)=f(\alpha)=\alpha$, 仍得 $\alpha\in\{2,-1\}$, 矛盾.

于是 $f(\alpha)=\beta$. 同理 $f(\beta)=\alpha$. 这样就有
$$f^{(2)}(\alpha)=f(\beta)=\alpha,$$
仍得矛盾.

所求的映射不存在.

点评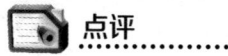

若限制定义域为 $\{x\mid |x|\geq 2\}$, 则 f 存在. 如
$$f(x)=2\operatorname{ch}\left(\sqrt{2}\operatorname{ch}^{-1}\frac{|x|}{2}\right),$$
其中 $\operatorname{ch}x=\dfrac{\mathrm{e}^x+\mathrm{e}^{-x}}{2}$ 称为双曲余弦, ch^{-1} 是它的反函数.

2.6 函数方程（Ⅰ）

训练营

求映射的问题也常称为**函数方程**.

函数方程形形色色,没有固定的解法.前两节已经介绍了一些例题.本节再举几个例子.

▶ **例1** 求所有函数 $f: \mathbf{R} \to \mathbf{R}$,对任意实数 x, y,均有
$$f(x)f(y) = f(x^2 + y^2). \tag{1}$$

解

常数函数 $f(x) = 1$ 或 $f(x) = 0$ 显然满足要求.但不知有无其他函数满足要求.

设 f 满足要求.我们希望通过(1)(应充分利用这个条件)来确定 f.

令 $x = y = 0$,由(1)得 $f^2(0) = f(0)$,所以 $f(0) = 0$ 或 1.

若 $f(0) = 0$,则由(1)得
$$f(x^2) = f(x)f(0) = 0,$$
即当 $x \geq 0$ 时, $f(x) = f((\sqrt{x})^2) = 0$. 又在(1)中将 y 与 x 都换成 $-x$,得
$$f^2(-x) = f(2x^2) = f((\sqrt{2}x)^2) = 0,$$
所以 $f(x)$ 为常数函数 0.

若 $f(0) = 1$,则 $f(x) = f(x)f(0) = f(x^2)$. 只需考虑 f 在正实数上的值. 这时
$$\begin{aligned} f(x+y) &= f((\sqrt{x})^2 + (\sqrt{y})^2) = f(\sqrt{x})f(\sqrt{y}) \\ &= f(x)f(y). \end{aligned} \tag{2}$$

在(2)中令 $y = x$,得
$$f(2x) = f^2(x) = f(2x^2),$$
又
$$f(2x) = f((2x)^2) = f(4x^2),$$
所以 $f(2x^2) = f(4x^2)$. 令 $2x^2 = y$, 则 $f(y) = f(2y)$ 对一切 $y > 0$ 成立. 所以

$f^2(x) = f(2x) = f(x), f(x) = 0$ 或 1.

若有某个 y 使 $f(y) = 0$,则由(2),$f(x+y) = 0$,即对比 y 大的 x,$f(x) = 0$.由于

$$f\left(\frac{y}{2^k}\right) = f\left(\frac{y}{2^{k-1}}\right) = \cdots = f(y) = 0,$$

所以对一切 $x > 0, f(x) = 0$.

从而本题的解为 $f(x) = 0$ 或 $f(x) = 1$ 或

$$f(x) = \begin{cases} 0, & \text{若 } x \neq 0, \\ 1, & \text{若 } x = 0. \end{cases}$$

(易知最后这个函数也满足条件.)

▶ **例 2** 设函数 $f: \mathbf{R} \to \mathbf{R}$ 不恒为 0,且满足条件:对所有 $x, y \in \mathbf{R}$,

(i) $f(xy) = f(x)f(y)$;

(ii) $f(x + \sqrt{2}) = f(x) + f(\sqrt{2})$.

求 $f(x)$.

解

显然 $f(x) = x$ 满足要求.下面证明这是唯一的解.

首先,在(i)中令 $x = y = 0$,得

$$f(0) = f^2(0),$$

从而 $f(0) = 0$ 或 $f(0) = 1$.

若 $f(0) = 1$,则对任一 $y \in \mathbf{R}$,

$$f(y) = f(0)f(y) = f(0) = 1.$$

但这时 $f(x + \sqrt{2}) = f(x) = f(\sqrt{2}) = 1$,与(ii)矛盾.所以 $f(0) = 0$.

同样,在(i)中令 $x = y = 1$,得

$$f(1) = f^2(1),$$

从而 $f(1) = 1$ 或 $f(1) = 0$.

若 $f(1) = 0$,则对任一 $y \in \mathbf{R}$,

$$f(y) = f(1)f(y) = 0,$$

与 $f(x)$ 不恒为 0 矛盾.所以 $f(1) = 1$.

其次,我们来"改进"(ii).对任一 $y \neq 0$,

$$f(x + y) = f\left(\frac{y}{\sqrt{2}}\left(x \cdot \frac{\sqrt{2}}{y} + \sqrt{2}\right)\right)$$

$$= f\left(\frac{y}{\sqrt{2}}\right) f\left(x \cdot \frac{\sqrt{2}}{y} + \sqrt{2}\right)$$
$$= f\left(\frac{y}{\sqrt{2}}\right) \left(f\left(x \cdot \frac{\sqrt{2}}{y}\right) + f(\sqrt{2})\right)$$
$$= f\left(\frac{y}{\sqrt{2}}\right) f\left(x \cdot \frac{\sqrt{2}}{y}\right) + f\left(\frac{y}{\sqrt{2}}\right) f(\sqrt{2})$$
$$= f(x) + f(y).$$

上式对 $y=0$ 显然成立. 所以有

(iii) $f(x+y) = f(x) + f(y)$.

于是 $f(x) + f(-x) = f(0) = 0$. 从而 $f(x)$ 是奇函数, 只需考虑 $x > 0$.

由 $f(1) = 1$ 及 (iii), 易知对 $n \in \mathbf{N}$,

$$f(n) = f(n-1) + f(1) = f(n-2) + 2f(1)$$
$$= \cdots = nf(1) = n.$$

并且对 $m, n \in \mathbf{N}$, 有

$$mf\left(\frac{n}{m}\right) = \underbrace{f\left(\frac{n}{m}\right) + f\left(\frac{n}{m}\right) + \cdots + f\left(\frac{n}{m}\right)}_{m\text{个}}$$
$$= f\underbrace{\left(\frac{n}{m} + \frac{n}{m} + \cdots + \frac{n}{m}\right)}_{m\text{个}} = f(n) = n,$$

即

$$f\left(\frac{n}{m}\right) = \frac{n}{m}.$$

于是对一切有理数 x, 恒有

$$f(x) = x. \tag{3}$$

只要证明此式在 x 为无理数时也成立.

因为 $f(x^2) = f(x)f(x) = f^2(x) \geqslant 0$, 所以当 $x > 0$ 时, $f(x)$ 非负. 当 $y > 0$ 时,

$$f(x+y) = f(x) + f(y) \geqslant f(x),$$

即 $f(x)$ 递增.

对任一无理数 c, 可以找到与 c 任意接近的有理数 $r_1, r_2, r_1 < c < r_2$. 由单调性,

$$r_1 = f(r_1) \leqslant f(c) \leqslant f(r_2) = r_2.$$

因为 r_1, r_2 可与 c 任意接近,所以
$$f(c)=c.$$
于是 $f(x)=x$ 对一切 x 均成立.

 **点评**

在得到(iii)后,根据 $f(1)=1$ 推出对一切有理数 x,(3)成立.这种方法称为柯西法.但要证明(3)对一切实数成立,仅有(iii)是不够的,必须依靠单调性或连续性,而(i)正好提供了这种性质.

2.7 函数方程（Ⅱ）

函数方程中的条件,可以有各种不同的运用,巧拙相差很大.不应满足于"解出来",还应寻求优雅的解法,并仔细琢磨领悟这些优雅的解法.

▶ **例 1** 设 S 表示所有大于 -1 的实数构成的集合.确定所有的函数 $f: S \to S$,满足以下两个条件:

(i) 对于 S 内的所有 x 和 y,
$$f(x+f(y)+xf(y))=y+f(x)+yf(x);$$

(ii) 在区间 $-1<x<0$ 与 $x>0$ 的每一个内,$\dfrac{f(x)}{x}$ 是严格递增的.

解

由(i)得
$$f(x+f(x)+xf(x))=x+f(x)+xf(x). \tag{1}$$

对固定的 x,令 $x+f(x)+xf(x)=c$,则上式即
$$f(c)=c. \tag{2}$$

将 c 代入(1)并利用(2),得
$$f(2c+c^2)=2c+c^2. \tag{3}$$

因为 $2+c>2+(-1)=1$,所以 $2c+c^2=c(2+c)$ 与 c 同号.

若 $c>0$,则 $2c+c^2>c$,但由(2)(3)导出
$$\frac{f(2c+c^2)}{2c+c^2}=\frac{f(c)}{c}=1,$$

与 $\dfrac{f(x)}{x}$ 在 $x>0$ 时严格递增矛盾.

若 $c<0$,同样导出矛盾.

因此 $c=0$.从而对一切 $x \in S$,
$$x+f(x)+xf(x)=0,$$

即
$$f(x) = -\frac{x}{x+1}.$$
不难验证这一函数满足要求.

点评

这一解法巧妙地利用了 $\frac{f(x)}{x}$ 的严格递增,迅速地达到了目的.

▶ **例2** (i) 设函数 $f:[0,1] \to [0,1]$ 严格增(减),f^{-1} 是它的反函数,并且对所有定义域中的 x 均有
$$f(x) + f^{-1}(x) = 2x, \tag{4}$$
求出 f;

(ii) 若 $f:\mathbf{R} \to \mathbf{R}$,其余条件同(i),求出 f.

解

(i) 显然 $f(x) = x$ 满足所有要求.但是否仅有这一个解呢?这唯一性需要证明.

对任一 $x_0 \in [0,1]$,定义
$$x_n = f(x_{n-1}), n = 1, 2, \cdots.$$
在(4)中令 $x = x_n$,则
$$x_{n+1} + x_{n-1} = 2x_n,$$
即
$$x_{n+1} - x_n = x_n - x_{n-1} (n = 1, 2, \cdots).$$
从而
$$x_n - x_{n-1} = x_{n-1} - x_{n-2} = \cdots = x_2 - x_1 = x_1 - x_0,$$
$$x_n - x_0 = (x_n - x_{n-1}) + (x_{n-1} - x_{n-2}) + \cdots + (x_1 - x_0)$$
$$= n(x_1 - x_0).$$
因为 $x_n \in [0,1]$,所以
$$|x_1 - x_0| = \frac{1}{n}|x_n - x_0| \leqslant \frac{1}{n}.$$
由此得 $x_1 = x_0$,即 $f(x_0) = x_0$.

由 x_0 的任意性,$f(x) = x$.

(ii) 上面的证明不再适用.实际上,解也不唯一.容易验证:
$$f(x)=x+c, c \text{ 为任意实数},$$
满足要求.

下面证明只有这种形式的解.

令 $g(x)=f(x)-x$.在(4)中用 $f(x)$ 代替 x 得
$$f(f(x))=2f(x)-x. \tag{5}$$

显然当 $k=0$ 时,
$$f(x+kg(x))=f(x)+kg(x). \tag{6}$$

假设上式对 k 成立,则
$$\begin{aligned}
f(x+(k+1)g(x)) &= f(f(x)+kg(x)) \\
&= f(f(x+kg(x))) && \text{(由(6))} \\
&= 2f(x+kg(x))-(x+kg(x)) && \text{(由(5))} \\
&= 2(f(x)+kg(x))-(x+kg(x)) && \text{(由(6))} \\
&= f(x)+(k+1)g(x).
\end{aligned}$$

于是(6)对一切非负整数 k 均成立.

(6)对于负整数 k 也成立.事实上,$x-g(x)=f^{-1}(x)$,$f^{-1}(f^{-1}(x))=2f^{-1}(x)-x$,所以由(6)可得
$$\begin{aligned}
f^{-1}(x+kg(x)) &= f^{-1}(f^{-1}(f(x)+kg(x))) \\
&= 2f^{-1}(f(x)+kg(x))-(f(x)+kg(x)) \\
&= 2(x+kg(x))-(f(x)+kg(x)) \\
&= kg(x)+x-g(x),
\end{aligned}$$
即
$$f(x+(k-1)g(x))=x+kg(x)=f(x)+(k-1)g(x).$$

这表明从(6)对 k 成立可导出(6)对 $k-1$ 也成立.

于是(6)对一切整数 k 成立.

不妨设 $f(x)$ 递增.用 $\wedge$ 表示 $>$,$=$,$<$ 三者之一,$\vee$ 表示与 $\wedge$ 方向相反的不等号.对任意 $x_2>x_1$,
$$\begin{aligned}
& x_2-x_1 \wedge k(g(x_1)-g(x_2)) \\
\Leftrightarrow\, & x_2+kg(x_2) \wedge x_1+kg(x_1) \\
\Leftrightarrow\, & f(x_2+kg(x_2)) \wedge f(x_1+kg(x_1)) \\
\Leftrightarrow\, & f(x_2)+kg(x_2) \wedge f(x_1)+kg(x_1) && \text{(由(6))}
\end{aligned}$$

$$\Leftrightarrow x_2+(k+1)g(x_2) \wedge x_1+(k+1)g(x_1)$$
$$\Leftrightarrow x_2-x_1 \wedge (k+1)(g(x_1)-g(x_2)).$$

若 $g(x_1) \ne g(x_2)$，则总可选择整数 m，使
$$m(g(x_1)-g(x_2))<0<x_2-x_1.$$

由上面的证明，
$$(m\pm 1)(g(x_1)-g(x_2))<x_2-x_1.$$

$m\pm 1$ 又可换成 $m\pm 2,\cdots$. 这样继续下去，左边可变成任意大的正数，矛盾. 所以
$$g(x)=C, C \text{ 为常数},$$

从而
$$f(x)=x+C.$$

点评

上面的解法固然有很高的技巧，但显得臃肿，下面的解法较为轻灵.

又解

若 $f(x_0)=x_0+t$，则 $f^{-1}(x_0+t)=x_0$，
$$f(x_0+t)=2(x_0+t)-x_0=x_0+2t,$$
$$f^{-1}(x_0)=2x_0-(x_0+t)=x_0-t,$$
$$f(x_0-t)=x_0,$$

于是有链
$$\cdots x_0-2t \xmapsto{f} x_0-t \xmapsto{f} x_0 \xmapsto{f} x_0+t \xmapsto{f} x_0+2t \xmapsto{f} \cdots,$$

其中 $a \xmapsto{f} b$ 表示 $f(a)=b$.

(i) 因为 $f(x)$ 的值限制在区间 $[0,1]$ 内，必有 $t=0$（否则存在正整数 k，使 x_0+kt 溢出区间 $[0,1]$）. 所以 $f(x)=x$.

(ii) 设 $x_0' \ne x_0$，$f(x_0')=x_0'+t'$. 又有一链
$$\cdots x_0'-2t' \xmapsto{f} x_0'-t' \xmapsto{f} x_0' \xmapsto{f} x_0'+t' \xmapsto{f} x_0'+2t' \xmapsto{f} \cdots.$$

若 $t' \ne t$，不妨设 $t'>t$. 当自然数 k 充分大时，

$$x_0' + kt' - (x_0 + kt) = (x_0' - x_0) + k(t' - t) > 0.$$

由单调性得

$$x_0' + (k-1)t' > x_0 + (k-1)t,$$
$$x_0' + (k-2)t' > x_0 + (k-2)t,$$
$$\cdots$$
$$x_0' > x_0,$$
$$\cdots$$
$$x_0' - ht' > x_0 - ht.$$

但当自然数 h 充分大时,$x_0' - ht' < x_0 - ht$,矛盾.因此必有 $t' = t$.

从而 $f(x) = x + C$,C 为常数.

点评

(i) 不需要单调性.(ii) 没有单调性时,函数值可形成许多条链,不同链上 $f(x) - x$ 的值可以不同,如

$$f(x) = \begin{cases} x, & x \in \mathbf{Q}, \\ x + C, & x \in \mathbf{R} - \mathbf{Q} \end{cases}$$

等等,均符合要求.

2.8 函数方程（Ⅲ）

地中海边的阿尔巴尼亚,近来也开展了数学竞赛,其中有一道函数方程颇为有趣.

▶ **例** 求所有函数 $f:\mathbf{R}\to\mathbf{R}$,满足任取 $x,y\in\mathbf{R}$,
$$f(y-f(x))=f(f(x))+yf(x)+f(y).$$

解
$f(x)$ 恒为 0,当然是解.以下设 $f(x)$ 不恒为 0.
令 $y=f(x)$,得
$$f(0)=2f(f(x))+f^2(x),$$
即
$$f(f(x))=\frac{-f^2(x)+f(0)}{2}. \tag{1}$$

于是有
$$f(t)=\frac{-t^2+f(0)}{2},\ t\in f(\mathbf{R}). \tag{2}$$

假如 $0\in f(\mathbf{R})$,则 $f(0)=\dfrac{f(0)}{2}$,从而 $f(0)=0$.猜想的确有 $f(0)=0$,并且
$$f(t)=\frac{-t^2}{2},\ t\in \mathbf{R}. \tag{3}$$

满足(3)的函数显然满足已知条件:
$$f(y-f(x))=-\frac{(y-f(x))^2}{2}$$
$$=-\frac{y^2}{2}+yf(x)-\frac{f^2(x)}{2}$$
$$=f(y)+yf(x)+f(f(x)).$$

不过证明满足已知条件的函数 f 不恒为 0 时一定是(3),却不容易.

首先,在 $u=f(y), v=f(x)$ 时,由已知
$$f(u-v) = f(f(x)) + f(y)f(x) + f(f(y))$$
$$= \frac{-f^2(x)+f(0)}{2} + f(y)f(x) + \frac{-f^2(y)+f(0)}{2}$$
$$= -\frac{(f(x)-f(y))^2}{2} + f(0)$$
$$= -\frac{(u-v)^2}{2} + f(0). \tag{4}$$

而由已知条件,令 $y=0$,得
$$f(-f(x)) = f(f(x)) + f(0),$$
因此
$$f(0) = f(-f(x)) - f(f(x)), \tag{5}$$
$$f(f(0)) = f(u-v). \quad (u=f(-f(x)), v=f(f(x))) \tag{6}$$

由(2)和(4)知,(6)即
$$\frac{-f^2(0)+f(0)}{2} = \frac{-(u-v)^2}{2} + f(0)$$
$$= \frac{-f^2(0)}{2} + f(0),$$

从而 $f(0)=0$. 于是(2)成为
$$f(t) = -\frac{t^2}{2}, \ t \in f(\mathbf{R}). \tag{7}$$

对于 $u=f(y), v=f(x), w=f(z)$,由已知
$$f(u-v-w) = f(w) + (u-v)w + f(u-v)$$
$$= -\frac{w^2}{2} + (u-v)w - \frac{(u-v)^2}{2}$$
$$= -\frac{(u-v-w)^2}{2}. \tag{8}$$

设 a 使 $f(a) \neq 0$. 对任意 x,取 $y=\dfrac{x}{f(a)}$,则由于
$$yf(a) = f(y-f(a)) - f(f(a)) - f(y),$$
$$f(x) = f(yf(a)) = f(f(y-f(a)) - f(f(a)) - f(y))$$
$$= -\frac{(f(y-f(a)) - f(f(a)) - f(y))^2}{2}$$

$$= -\frac{(yf(a))^2}{2}$$
$$= -\frac{f^2(x)}{2}.$$

即我们的猜测已被证实.

2.9 链

2.7 节例 2 中出现的链在构造映射时非常有用.

▶ **例 1** 是否存在函数 $f: \mathbf{N} \to \mathbf{N}$,使得对每一个 $n \in \mathbf{N}$,都有
$$f^{(1995)}(n) = 2n? \tag{1}$$

解
所述函数是存在的,而且有无穷多个.

为了作出这样的函数,任取一个奇数 j,从 j 出发可以得到一条链
$$j \longmapsto 2j \longmapsto 4j \longmapsto 8j \longmapsto \cdots \tag{2}$$

这样的链有无穷多条($j = 1, 3, 5, 7, 9, 11, \cdots$).

将每 1995 条链组成一条新链,如图 2.9.1 所示:

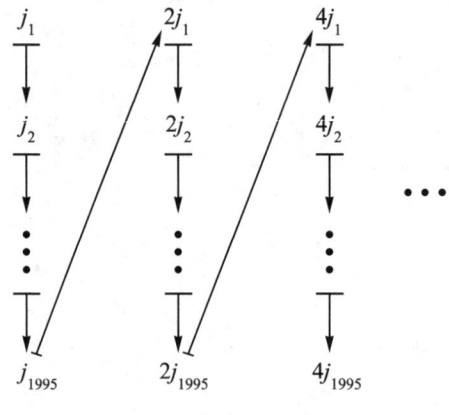

图 2.9.1

这时每一个自然数 n 恰在一条新链中出现.

令 $f(n)$ 为与 n 在同一条新链中的 n 后面的那个数,显然 f 满足要求.

由于新链组成的任意性(任 1995 条组合在一起),合乎要求的 f 有无穷多个.

点评

解决例1的关键是从常见的公式法中跳出来(不能只想到线性函数或其他用公式表示的函数),考虑一般的映射,其中的对应关系可用 $\longmapsto$ 表示.

上面的(2),每一项 n 的后一项恰好是 $f^{(1995)}(n)$,所以这样的链就表示了函数 $f^{(1995)}$ 的对应关系.同样地,新链表示函数 f,它是利用 $f^{(1995)}$ 的链作成的(虽然从定义来说,先有 f,后有 $f^{(1995)}$,但在构造时,恰恰将这个顺序反过来,这有些像"分析法").

▶ **例2** $f(n)$ 定义在自然数集 **N** 上,并且

(i) 对所有 $n \in \mathbf{N}, f(f(n)) = 4n+9$;

(ii) 对所有 $k \in \mathbf{N}, f(2^{k-1}) = 2^k + 3$.

问:是否一定有 $f(n) = 2n+3$?

解

$f(n) = 2n+3$ 显然满足(i),(ii).但满足(i),(ii)的函数并非只有一个.为了说明这一点,我们构造一个满足(i),(ii),并且不同于 $2n+3$ 的函数.

为此,当 $3 \nmid n$ 时,令 $f(n) = 2n+3$.而当 $3 \mid n$ 时,依照例1编链.

首先作链(链中每一项为前一项的4倍加9):

$$3 \times 1 \longmapsto 3 \times (4 \times 1 + 3) \longmapsto 3 \times (4^2 + 15) \longmapsto \cdots$$

设已作了 m 条链.在这些链外还有形如 $3k(k \in \mathbf{N})$ 的数(事实上,有无穷多个被12整除的正整数 $3k$,而每条链中只有链首可能是这种数),取其中最小的 $3k$ 作链(规律同前)

$$3k \longmapsto 3(4k+3) \longmapsto 3(16k+15) \longmapsto \cdots$$

这样,每一个被3整除的 n 均在且仅在一条链中出现.

将每两条链 $\{a_n\}, \{b_n\}$ 编成一条新链:

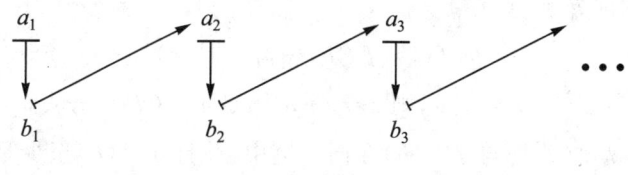

图 2.9.2

对每个被3整除的 n,令 $f(n)$ 为新链上紧接着 n 的项,则 $f(f(n)) = 4n$

+9.

这样就得出无穷多个合乎要求的函数 f，而 $f(n)=2n+3$ 并不恒成立.

每一个函数均可用链表示，所以链不仅可用于构造函数，也可用于有关函数的证明题.

▶**例 3** 求证：存在 $f:\mathbf{N}\to\mathbf{N}$，满足
$$f^{(k)}(n)=n+a \quad (n\in\mathbf{N}) \tag{3}$$
的充分必要条件是 a 为非负整数，并且 $k\mid a$.

解

条件是充分的. 当 $k\mid a$ 时，令
$$f(n)=n+\frac{a}{k}, \tag{4}$$
则
$$f^{(k)}(n)=n+\underbrace{\frac{a}{k}+\frac{a}{k}+\cdots+\frac{a}{k}}_{k\text{个}}=n+a.$$

条件也是必要的. 因为 $f:\mathbf{N}\to\mathbf{N}$，所以 a 为整数. 因为 $f^{(k)}(1)=1+a\in\mathbf{N}$，所以 a 为非负整数. 为了证明(4)成立，不妨设 $a>0$. 首先注意 f 是单射，即对于不同的自然数 n，函数值 $f(n)$ 也互不相同. 事实上，若
$$f(n_1)=f(n_2),$$
那么由(3)得
$$n_1+a=f^{(k)}(n_1)=f^{(k)}(n_2)=n_2+a,$$
导出 $n_1=n_2$（这一结论亦可由 2.2 节例 1 推出，因为 $f^{(k)}(n)=n+a$ 是单射）.

自然数集 $\mathbf{N}$ 可以分为若干条链，链中每一项 n 的后面是 $f(n)$.

由于 f 是单射，每两条链不相交.

每条链的前 k 项
$$b, f(b), f^{(2)}b, \cdots, f^{(k-1)}(b)$$
均不大于 a（若 $f^{(j)}(b)=c>a$，则 $d=c-a$ 满足 $f^{(k)}(d)=c$. 从而 $d, f(d), \cdots, f^{(k)}(d)=c=f^{(j)}(b)$ 均与 $f^{(j)}(b)$ 在同一链中，并且 $f^{(j)}(b)$ 至少是链中的第 $k+1$ 项），其余的项均大于 a（等于在它前面 k 项的那个数加 a）. 因此，$1,2,\cdots,a$ 这 a 个数分在 l 条链中，每条恰含 k 个这样的数，所以

$$kl=a,$$

即(4)成立.

点评

这种表示函数(对应)关系的链也可称为**轨道**,以免与第四讲中集合的链混淆.

2.10 图

知识桥

如果将元素用**点**表示,某两个元素之间存在一种关系就用一条**线**(段)相连,那么就得到一个反映这种关系的**图**.其中的线通常称为**边**.

训练营

▶**例1** 某地,若一个人的朋友少于 10 个,称其为寡合者;若一个人的朋友都是寡合者,称其为怪杰.证明:怪杰的人数不大于寡合者的人数.

解

设不是怪杰的寡合者所成的集为 A,不是寡合者的怪杰所成的集为 B,既是怪杰又是寡合者所成的集为 C.又设 $|A|=m, |B|=n$.要证

$$m \geqslant n. \tag{1}$$

将人用点表示.若两个人是朋友,就在相应的两个点之间连一条边.这样得到一个图.

B 的元素,因为都是怪杰,所以只能与 A, C 中的元素相连.又因为 C 中的元素是怪杰,而 B 中的元素不是寡合者,所以 B, C 中的元素不相连.于是 B 中元素只与 A 中元素相连.

B 中每个元素至少引出 10 条边(因为他们都不是寡合者),所以 A, B 之间至少有 $10n$ 条边.

另一方面,A 中每个元素都是寡合者,所以引出的边数少于 10 条,从而 A, B 之间的边数不超过 $10m$ 条.

因而 $10n \leqslant 10m$,即(1)成立.

当 A, B 都是空集时,(1)成为等式.

▶ **例 2** 对于任一自然数 k,若 k 为偶数,将它除以 2;若 k 为奇数,将它加上 1,这称为一次运算.设恰经过 n 次运算变成 1 的数有 a_n 个,试求 a_{15}.

解

将自然数 k 用点表示.若 k 经一次运算得到 h,就作一条从 k 到 h 的向量.这样得到的图称为有向图.如图 2.10.1 所示(这个图应有无穷多个点,我们只作到第 6 层).

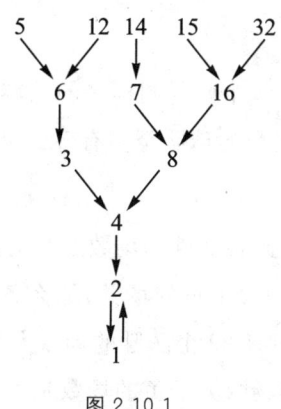

图 2.10.1

显然 $a_1=1$(只有第 2 层的 2 恰经过一次运算变成 1),$a_2=1$(只有第 3 层的 4 恰经过两次运算变成 1).

对于 $n\geq 2$,第 $n+1$ 层的 a_n 个恰经过 n 次运算变成 1 的数中,每一个奇数 m,只有 $2m$ 恰经过一次运算变成 m;每一个偶数 m,有 $2m$ 与 $m-1$ 两个数恰经过一次运算变成 m.因此,更上一层的 a_{n+1} 个数比这一层的 a_n 个数多出的个数 $a_{n+1}-a_n$ 就是这 a_n 个数中偶数的个数.

第 $n+1$ 层的偶数经一次运算变为第 n 层的 a_{n-1} 个数.因此

$$a_{n+1}-a_n=a_{n-1},$$

即

$$a_{n+1}=a_n+a_{n-1}. \quad (2)$$

由递推关系(2)及初始条件 $a_1=a_2=1$,不难逐步推出

n	1	2	3	4	5	6	7	8	9	10	11	12	13	14	15
a_n	1	1	2	3	5	8	13	21	34	55	89	144	233	377	610

点评

序列 $\{a_n\}$ 就是著名的斐波那契数列.在项数不太大时,用递推公式计算 a_n 比用通项公式简单.

此外,将此题稍加改变,就成为"角谷猜想":若 k 为偶数,将它除以 2;若 k 为奇数,将它乘以 3 再加 1.每一个自然数都可以经过有限步这样的运算变为 1.这个猜想至今未能得到证明.

▶ **例 3** 30 个足球队,每个队与同样多的队赛过,每次比赛都决出胜负(无平局).胜的场数大于负的场数的球队至多有多少个?

解

每场比赛一胜一负,因此各队胜的场数之和恰好等于各队负的场数之和.

如果每个队胜的场数均大于负的场数,那么各队胜的场数之和大于各队负的场数之和,矛盾.所以至多有 29 个队胜的场数大于负的场数.

我们指出 29 个队胜的场数大于负的场数是可能的.为此,将这 29 个队用 29 个点表示,并记为 $v_1, v_2, \cdots, v_{29}$.约定 $v_{i+29} = v_i$ ($i=1,2,\cdots$).

令 v_i 胜 $v_{i+1}, v_{i+2}, \cdots, v_{i+14}$ ($i=1,2,\cdots$),则这 29 个球队每个队各胜 14 场,负 14 场.再加入一个点 u 表示第 30 个队,它负于 $v_1, v_2, \cdots, v_{29}$,则 $v_1, v_2, \cdots, v_{29}$ 胜的场数均大于负的场数.

点评

如果在胜队与负队之间作一向量,那么上面 30 个点每两个点之间均有一条向量,这样的图称为竞赛图.如果每两个点之间连一条边(而不是向量),这样的图称为完全图.参见 3.9 节例题.

更一般地,将 30 改为 $n(\geqslant 2)$,则胜的场数大于负的场数的队至多为:

$$\begin{cases} n-1, & n \text{ 为偶数}, \\ n-2, & n \text{ 为奇数}. \end{cases}$$

第三讲 有限集的子集

3.1 子集的个数

知识桥

从本节起,考虑集 $X=\{1,2,\cdots,n\}$ 的子集. X 的全体子集所成的族记为 $P(X)$. $P(X)$ 也是集,它的元素是 X 的子集.这种以集为元素的集习惯上称为**族**或**类**.

例如 $X=\{1,2,3\}$,则
$$P(X)=\{\varnothing,\{1\},\{2\},\{3\},\{1,2\},\{1,3\},\{2,3\},\{1,2,3\}\}.$$

训练营

▶ **例** $P(X)$ 有多少个元,即 X 共有多少个子集?

解

为了回答这一问题,我们考虑如何构成 X 的子集.元素 $i(1\leqslant i\leqslant n)$,可以归入某个子集,也可以不归入这个子集,即 i 有两种归属. n 个元 $1,2,\cdots,n$ 共有
$$\underbrace{2\times 2\times \cdots \times 2}_{n\text{个}}=2^n$$
种归属.每一种归属产生 X 的一个子集.不同的归属产生不同的子集,而且每一个子集均由一种归属产生.从而
$$|P(X)|=2^n, \tag{1}$$
即 X 有 2^n 个子集.

点评

上面的解法也可以说成每一个从 X 到 $\{0,1\}$ 的映射产生一个子集 A，它由映射成 1 的那些元素组成. 不同的映射产生不同的子集，每一个子集都可由这种映射产生（对于子集 A，令

$$\lambda_A(x) = \begin{cases} 1, & x \in A, \\ 0, & x \notin A, \end{cases} \qquad (2)$$

则 $\lambda_A(x)$ 是 $X \to \{0,1\}$ 的映射，而且 $\lambda_A(x)$ 产生子集 A). 所以子集的个数就是映射的个数. 而由于每个元均有映为 0 与映为 1 两种可能，所以映射的个数为 2^n（2.1 节例 5(i) $m=2$ 的特例），即 X 的子集的个数为 2^n.

映射(2)称为子集 A 的**特征函数**.

另解

X 的 k 元子集即从 n 个元中取 k 个的组合，共有 C_n^k 个（$k=0,1,\cdots,n$），因此 X 的子集共

$$C_n^0 + C_n^1 + C_n^2 + \cdots + C_n^n = 2^n$$

个，其中包括空集 $\varnothing$ 与 X 本身.

点评

用上面的方法不难得出含 X 中 k 个指定元素的子集共 2^{n-k} 个. 特别地，含一个指定元素（例如 n）的子集共 2^{n-1} 个.

$P(X)$ 的子集 $\mathscr{A}$ 也是 X 的子集族，$\mathscr{A}$ 的元是 X 的子集. 有时为了突出 $\mathscr{A}$ 的元 A 是 X 的子集，我们说 A 是 $\mathscr{A}$ 中的子集. 请注意不要与 $\mathscr{A}$ 的子集混淆. $\mathscr{A}$ 的子集是 X 的子集族，$\mathscr{A}$ 中的子集是 X 的子集，即 $\mathscr{A}$ 的元.

子集族也是集. 因此可以讨论子集族 $\mathscr{A},\mathscr{B}$ 的并、交、对称差等. 子集族的子集也称为子族.

3.2 两两相交的子集

训练营

▶ **例 1** 设 $\mathscr{A} \subseteq P(X)$ 是 X 的一个子集族,即 X 的一些子集所成的集. $\mathscr{A}$ 中的每两个元(X 的两个子集)X_i, X_j 具有性质 $X_i \cap X_j \neq \varnothing$. 问:$\mathscr{A}$ 中至多有多少个元?

解 显然在 $X_i \in \mathscr{A}$ 时,它的补集 $X_i' \notin \mathscr{A}$. 因为 X_i 不同时, X_i' 不同,所以至少有 $|\mathscr{A}|$ 个 X 的子集不属于 $\mathscr{A}$. 从而 $|\mathscr{A}| \leq |P(X)| - |\mathscr{A}|$,

$$|\mathscr{A}| \leq \frac{1}{2}|P(X)| = \frac{1}{2} \times 2^n = 2^{n-1}.$$

另一方面,X 的含 n 的子集共 2^{n-1} 个,每两个的交非空,所以 $\mathscr{A}$ 中至多有 2^{n-1} 个元.

更有趣的,我们有下面的命题:

▶ **例 2** 若子集族 $\mathscr{A}$ 中每两个元 $X_i \cap X_j \neq \varnothing$,并且 $|\mathscr{A}| < 2^{n-1}$. 证明:总可以补充若干个 X 的子集到 $\mathscr{A}$ 中,使得 $\mathscr{A}$ 仍保持每两个元 $X_i \cap X_j \neq \varnothing$ 的性质,并且 $|\mathscr{A}| = 2^{n-1}$.

解 因为 $|\mathscr{A}| < 2^{n-1}$,所以必有一个 X 的子集 $A \notin \mathscr{A}$ 并且 $A' \notin \mathscr{A}$. 如果 A 与 $\mathscr{A}$ 中每个元的交均非空,将 A 加到 $\mathscr{A}$ 中. 否则 $\mathscr{A}$ 中必有一个元 B,满足 $B \cap A = \varnothing$,从而 $B \subset A'$. 将 A' 加到 $\mathscr{A}$ 中,因为 $\mathscr{A}$ 中每个元与 B 有非空交集,所以它们与 A' 有非空交集.

于是总可将 A 或 A' 加入 $\mathscr{A}$ 中,使 $|\mathscr{A}|$ 增加 1,同时 $\mathscr{A}$ 中每两个元有非空交集. 这样继续下去便可使 $|\mathscr{A}|$ 达到最大值 2^{n-1},并且 $\mathscr{A}$ 中每两个元有非空交集.

3.3 奇偶子集

训练营

例 设 A 是 X 的子集.若 A 中所有数的和为奇数,则称 A 为 X 的**奇子集**.若 A 中所有数的和为偶数,则称 A 为 X 的**偶子集**.

(i) 求 X 的奇子集的个数与偶子集的个数;

(ii) 求 X 的所有奇子集的元素和的总和.

解

(i) 设 A 是 X 的奇子集.考虑映射 f:
$$\begin{cases} A \longmapsto A-\{1\}, & \text{若 } 1\in A, \\ A \longmapsto A\cup\{1\}, & \text{若 } 1\notin A. \end{cases}$$

显然 f 是将奇子集映为偶子集的映射.f 是单射,即对不同的 A,$f(A)$ 不同.

f 是满射,即对每一个偶子集 B,都有一个 A,满足 $f(A)=B$.事实上,当 $1\in B$ 时,令 $A=B-\{1\}$;当 $1\notin B$ 时,令 $A=B\cup\{1\}$,则 $f(A)=B$.

于是 f 是从奇子集族到偶子集族的一一对应.从而 X 的奇子集与偶子集个数相等,都等于 $\frac{1}{2}|P(X)|=\frac{1}{2}\times 2^n=2^{n-1}$.

(ii) 作为(i)的推论,X 的含 1 的奇子集有 $2^{n-2}\left(=\frac{1}{2}\times 2^{n-1}\right)$ 个;不含 1 的奇子集也有 2^{n-2} 个.

X 的所有子集的元素和的总和是
$$2^{n-1}\times(1+2+\cdots+n)=2^{n-2}n(n+1)$$

(因为任一元素 i 在 2^{n-1} 个子集中出现).

对应上面的映射 f,每个含 1 的奇子集 A 比偶子集 B 多一个 1,因而元素和多 1.所有含 1 的奇子集(2^{n-2} 个)的元素和的总和比所有不含 1 的偶子集的元素和的总和多 2^{n-2}.

同样,所有不含 1 的奇子集的元素和的总和比所有含 1 的偶子集的元素和的总和少 2^{n-2}.

因此,所有奇子集的元素和的总和与所有偶子集的元素和的总和相等,都等于

$$\frac{1}{2} \times 2^{n-2} n(n+1) = 2^{n-3} n(n+1).$$

3.4 另一种奇偶子集

训练营

例 设集合 $X=\{1,2,\cdots,n\}$. 若 X 的非空子集 A 中奇数的个数大于偶数的个数,则称 A 是奇子集.

(i) 求 X 的奇子集的个数;

(ii) 求 X 的所有奇子集的元素和的总和.

解

(i) 若 $n=2k+1$(k 为非负整数). 设 A 为 X 的子集(包括空集),则 A 与 A' 中恰有一个为奇子集,从而奇子集的个数为 $\frac{1}{2}\times 2^n = 2^{n-1}$.

若 $n=2k$(k 为正整数). 这时一个奇子集有 i($1\leqslant i\leqslant k$)个奇数,j($0\leqslant j<i$)个偶数,所以奇子集的个数

$$M=\sum_{i=1}^{k}C_k^i\sum_{j=0}^{i-1}C_k^j=\sum_{i=1}^{k}C_k^i\sum_{j=k+1-i}^{k}C_k^j=\sum_{i+j\geqslant k+1}C_k^iC_k^j$$

$=((1+x)^k\cdot(1+x)^k)$ 中次数大于 k 的项的系数和

$=(1+x)^{2k}$ 中次数大于 k 的项的系数和

$$=\sum_{t=k+1}^{2k}C_{2k}^t=\sum_{t=0}^{k-1}C_{2k}^t=\frac{1}{2}\left(\sum_{t=0}^{2k}C_{2k}^t-C_{2k}^k\right)$$

$$=2^{2k-1}-\frac{1}{2}C_{2k}^k=2^{n-1}-\frac{1}{2}C_n^{\frac{n}{2}}.$$

(ii) 若 $n=2k+1$(k 为非负整数). 含有奇数 t 的奇子集有 $\sum_{i=0}^{k}C_k^i\sum_{j=0}^{i}C_k^j$ 个. 与(i)类似,

$$\sum_{i=0}^{k}C_k^i\sum_{j=0}^{i}C_k^j=\sum_{i=0}^{k}C_k^i\sum_{j=k-i}^{k}C_k^j=\sum_{i+j\geqslant k}C_k^iC_k^j$$

$=(1+x)^{2k}$ 中次数大于 $k-1$ 的项的系数和

$$=\sum_{j=k}^{2k}C_{2k}^j=2^{2k-1}+\frac{1}{2}C_{2k}^k.$$

含有偶数 s 的奇子集有 $\sum\limits_{i=2}^{k} C_{k+1}^{i} \sum\limits_{j=0}^{i-2} C_{k-1}^{j}$ 个,

$$\sum_{i=2}^{k} C_{k+1}^{i} \sum_{j=0}^{i-2} C_{k-1}^{j} = \sum_{i=2}^{k} C_{k+1}^{i} \sum_{j=k+1-i}^{k-1} C_{k-1}^{j} = \sum_{i+j \geqslant k+1} C_{k+1}^{i} C_{k-1}^{j}$$

$= (1+x)^{k+1} (1+x)^{k-1}$ 中次数大于 k 的项的系数和

$$= \sum_{j=k+1}^{2k} C_{2k}^{j} = 2^{2k-1} - \frac{1}{2} C_{2k}^{k}.$$

因此,所求的和为

$$\left(2^{2k-1} + \frac{1}{2} C_{2k}^{k}\right)(1+3+5+\cdots+(2k+1))$$

$$+ \left(2^{2k-1} - \frac{1}{2} C_{2k}^{k}\right)(2+4+\cdots+2k)$$

$$= 2^{2k-1} \cdot \frac{(2k+1)(2k+2)}{2} + \frac{1}{2} C_{2k}^{k} \cdot (k+1)$$

$$= n(n+1) \cdot 2^{n-3} + \frac{n+1}{4} C_{n-1}^{\frac{n-1}{2}}.$$

若 $n=2k$(k 为正整数),类似地,所求和为

$$n(n+1) \cdot 2^{n-3} - \frac{n}{2}\left(\frac{n}{2}+1\right) C_{n-1}^{\frac{n}{2}}.$$

3.5 格雷厄姆的一个问题

美国数学家格雷厄姆(Graham)曾提出一个问题：

对 X 的一个子集族 $\mathscr{A}$，定义

$$\mathscr{A}^* = \{A \mid A \text{ 是 } \mathscr{A} \text{ 中奇数个集的子集}\}.$$

(例如 $X=\{1,2,3\}, \mathscr{A}=\{\{1\},\{1,2\},\{1,2,3\}\}$，则 $\mathscr{A}^*=\{\{1\},\varnothing,\{1,2,3\},\{3\},\{1,3\},\{2,3\}\}$.) 证明：

$$(\mathscr{A}^*)^* = \mathscr{A}. \tag{1}$$

这里提供三种解法.

解法一

对于 $\mathscr{A}$，我们令 f 为它的特征函数. 即 f 是从 $P(X)$ 到 $\{0,1\}$ 的映射，满足：

$$f(A) = \begin{cases} 1, & A \in \mathscr{A}, \\ 0, & A \notin \mathscr{A}. \end{cases}$$

同样，$\mathscr{A}^*$ 的特征函数 f^* 满足：

$$f^*(A) = \begin{cases} 1, & A \in \mathscr{A}^*, \\ 0, & A \notin \mathscr{A}^* \end{cases}$$

$$= \begin{cases} 1, & \mathscr{A} \text{ 中奇数个集含 } A, \\ 0, & \text{其他情况} \end{cases}$$

$$= \begin{cases} 1, & |\{B \mid B \supseteq A, f(B)=1\}| \text{ 为奇数}, \\ 0, & \text{其他情况} \end{cases}$$

$$= \sum_{B \supseteq A} f(B).$$

(这里的和应 mod 2，即和为奇数时，它就是 1；和为偶数时，它就是 0.)

$(\mathscr{A}^*)^*$ 的特征函数 f^{**} 满足：

$$f^{**}(A) = \begin{cases} 1, & A \in (\mathscr{A}^*)^*, \\ 0, & A \notin (\mathscr{A}^*)^*. \end{cases}$$

根据上面所说，

$$f^{**}(A) = \sum_{B \supseteq A} f^*(B) = \sum_{B \supseteq A} \sum_{C \supseteq B} f(C)$$
$$= \sum_{C \supseteq A} f(C) \sum_{C \supseteq B \supseteq A} 1,$$

后一个和号表示满足 $C \supseteq B \supseteq A$ 的子集 B 的个数. 容易知道这个和应为 $2^{|C|-|A|}$ (相当于 3.1 节点评中所说的 2^{n-k}). 于是

$$f^{**}(A) = \sum_{C \supseteq A} f(C) \cdot 2^{|C|-|A|}.$$

当 $C = A$ 时, $2^{|C|-|A|}$ 为奇数(即 1); 当 $C \neq A$ 时, $2^{|C|-|A|}$ 为偶数(即 0). 所以,

$$f^{**}(A) = f(A). \tag{2}$$

(2)表明 $\mathscr{A}$ 与 $(\mathscr{A}^*)^*$ 的特征函数相同, 因此(1)成立.

另一种与解法一实质相同的叙述见《数学竞赛研究教程》(单壿著, 江苏教育出版社 1993 年出版).

解法二

利用对称差, 易知

$$X = \{1\} \triangle \{2\} \triangle \cdots \triangle \{n\}, \tag{3}$$

又由 * 的定义, 对任一集 A,

$$(\{A\})^* = P(A), \tag{4}$$

(A 的每个子集都含于 $\{A\}$ 的唯一元素 A 中.)

$$(P(A))^* = A. \tag{5}$$

(A 的子集 C 被 $P(A)$ 中 $2^{|A|-|C|}$ 个元包含, 仅当 $C = A$ 时, $2^{|A|-|C|}$ 是奇数.)

* 与 △ 符合"分配律", 即对 X 的任意两个子集族 $\mathscr{A}, \mathscr{B}$, 有

$$(\mathscr{A} \triangle \mathscr{B})^* = \mathscr{A}^* \triangle \mathscr{B}^*. \tag{6}$$

事实上, $C \in (\mathscr{A} \triangle \mathscr{B})^* \Leftrightarrow C$ 是 $\mathscr{A} \triangle \mathscr{B}$ 中奇数个元(X 的子集)的子集 $\Leftrightarrow C$ 是 $\mathscr{A}$ 或 $\mathscr{B}$ 之一的奇数个元的子集, 但不同时是 $\mathscr{A}$ 与 $\mathscr{B}$ 中奇数个元的子集 $\Leftrightarrow C \in \mathscr{A}^* \triangle \mathscr{B}^*$.

现在证明(1). 设 $\mathscr{A} = \{A_1, A_2, \cdots, A_k\}$, 则由(3), (4), (5), (6)易得

$$\mathscr{A}^* = (\{A_1\} \triangle \{A_2\} \triangle \cdots \triangle \{A_k\})^*$$
$$= (\{A_1\})^* \triangle (\{A_2\})^* \triangle \cdots \triangle (\{A_k\})^*$$
$$= P(A_1) \triangle P(A_2) \triangle \cdots \triangle P(A_k),$$
$$(\mathscr{A}^*)^* = (P(A_1) \triangle P(A_2) \triangle \cdots \triangle P(A_k))^*$$
$$= (P(A_1))^* \triangle (P(A_2))^* \triangle \cdots \triangle (P(A_k))^*$$
$$= \{A_1\} \triangle \{A_2\} \triangle \cdots \triangle \{A_k\}$$

$$= \{A_1, A_2, \cdots, A_k\}$$
$$= \mathscr{A}.$$

解法三

（需知道矩阵的乘法） 令 $N=2^n$. 设 X 的全部子集为 $A_1, A_2, \cdots, A_N$. 考虑一个 $N \times N$ 的矩阵（数表）F, 矩阵 F 的第 i 行第 j 列的元素为 a_{ij},

$$a_{ij} = \begin{cases} 1, & A_i \subseteq A_j, \\ 0, & \text{其他情况}. \end{cases}$$

对于 X 的每一个子集族 $\mathscr{A}$, 定义列向量 $C(\mathscr{A}) = (c_1, c_2, \cdots, c_N)^T$, 其中

$$c_i = \begin{cases} 1, & A_i \in \mathscr{A}, \\ 0, & \text{其他情况}; \end{cases}$$

α^T 表示向量 α 的转置, 即

$$(c_1, c_2, \cdots, c_N)^T = \begin{pmatrix} c_1 \\ c_2 \\ \vdots \\ c_N \end{pmatrix}.$$

由矩阵的乘法,

$$F \times C(\mathscr{A}) = (x_1, x_2, \cdots, x_N)^T,$$

其中 x_i 就是 $\mathscr{A}$ 中包含 A_i 的元数. 因此

$$F \times C(\mathscr{A}) \equiv C(\mathscr{A}^*) \pmod{2},$$

从而

$$F^2 \times C(\mathscr{A}) \equiv F \times C(\mathscr{A}^*) \equiv C((\mathscr{A}^*)^*) \pmod{2}. \tag{7}$$

另一方面, $F^2 = (b_{ij})$, 其中

$$b_{ij} = \sum_{k=1}^{N} a_{ik} a_{kj}.$$

显然, 当且仅当 $a_{ik} = a_{kj} = 1$ 时, $a_{ik} a_{kj} = 1$. 即当且仅当 $A_i \subseteq A_k \subseteq A_j$ 时, $a_{ik} a_{kj} = 1$. 于是 b_{ij} 即满足 $A_i \subseteq A_k \subseteq A_j$ 的 A_k 的个数, 从而

$$b_{ij} = \begin{cases} 2^{|A_j| - |A_i|}, & A_i \subseteq A_j, \\ 0, & \text{其他情况} \end{cases}$$

$$\equiv \begin{cases} 1, & i = j, \\ 0, & i \neq j. \end{cases} \pmod{2}$$

即 $A^2 \pmod 2$ 是恒等矩阵 $\begin{bmatrix} 1 & & & \\ & 1 & & \\ & & \ddots & \\ & & & 1 \end{bmatrix}$.

由(7)得 $C(\mathscr{A}) = C((\mathscr{A}^*)^*)$,即 $\mathscr{A} = (\mathscr{A}^*)^*$.

点评

三种证法各有千秋,值得细细品味.其中特征函数、对称差、$(0,1)$ 矩阵(元素为 0 或 1 的矩阵)都是有用的工具.

3.6 三元子集族(Ⅰ)

知识桥

集 $X=\{1,2,\cdots,n\}$ 的三元子集族,由 X 的全部或部分三元子集组成,在很多问题中出现.这大概是因为除了二元子集族,三元子集族最为简单,而性质又极丰富.

训练营

▶例 1 $n(>4)$ 名学生组成 $n+1$ 个俱乐部,每个俱乐部 3 名学生,并且每两个俱乐部的成员不全相同.证明:必有两个俱乐部恰有一名公共成员.

解

每个俱乐部就是一个三元子集,问题即 $X=\{1,2,\cdots,n\}$ 的 $n+1$ 个三元子集中,必有两个恰有一个公共元.

假设没有两个子集恰有一个公共元.

$n+1$ 个子集共有 $3(n+1)$ 个元,其中必有一个元出现的次数 $\geq \lceil \frac{3(n+1)}{n} \rceil$ $=4$($\lceil x \rceil$ 表示不小于实数 x 的最小整数,例如 $\lceil 3.14 \rceil=4$.$\lceil x \rceil$ 称为**天花板函数**),即它至少属于 4 个子集.

设 i 至少属于 4 个子集,$\{i,j,k\}$ 是这样的一个集,另一个含 i 的集必含 j 或 k,不妨设它为 $\{i,j,l\}$.

若有一个含 i 的三元子集不含 j,则它必为 $\{i,k,l\}$.但这时第四个含 i 的三元子集不可能与 $\{i,j,k\},\{i,j,l\},\{i,k,l\}$ 均有两个公共元素.所以每个含 i 的三元子集必含 j.由对称性,含 j 的三元子集也必含 i.

设 $n+1$ 个集中有 m 个含 i(从而也含 j),则这 m 个集(的并)共有 $m+2$ 个元素.其余的 $n-m+1$ 个集与这 m 个集无公共元素(若有公共元,则有两个公共元,从而该集含 i 或 j).于是由 $n-(m+2)=n-m-2$ 个元组成 $n-m+1$ 个三元子集.

用 $n-m-2$ 个元与 $n-m+1$ 个子集代替上面的 n 个元与 $n+1$ 个子集,进行同样的讨论.依此类推,每次得出一些三元子集,子集个数大于并的元数.但这一过程不能无限继续下去.矛盾表明必有两个三元子集的交恰含一个元素.

又解

假设没有两个子集恰有一个公共元.

若子集 A 与 B 有公共元(从而它们恰有两个公共元),则称 A,B 等价,记为 $A\sim B$.

显然 $A\sim B, B\sim C$ 时, $A\sim C$ (A,B 的两个公共元中至少有一个属于 C).于是,我们可以利用等价关系将 X 的全部三元子集分类.同一类的子集互相等价,不同类的子集互不等价(因而没有公共元).

因为条件中子集数比元数多 1,所以必有一个类中子集数比这些子集的并集所含元数多.

设 $\{i,j,k\}$ 与 $\{i,j,l\}$ 是这个类中的两个子集.若这类中第三个子集为 $\{i,k,l\}$,则这类中只能再有一个集即 $\{j,k,l\}$.若这类中第三个子集为 $\{i,j,s\}$,则其他的集也都含 i,j.前一种情况,子集数≤元数;后一种情况,子集数比元数少 2,均导致矛盾.

▶ **例 2** 求所有的自然数数对 (m,n),使得集 $X=\{1,2,\cdots,n\}$ 有 m 个三元子集 $A_1, A_2, \cdots, A_m$,满足:

(i) X 的每一对元素(即二元子集)恰含在一个 A_i ($1\leq i\leq m$) 中;

(ii) $A_1, A_2, \cdots, A_m$ 中每两个恰有一个公共元.

解

设 $A_1=\{1,2,3\}$. $n=3, m=1$ 是一个解.若 $n>3$,则有含 1 与第四个元 4 的集 $A_2=\{1,4,5\}$.由(i),5 与 1,2,3,4 均不同.

又有 $A_3=\{2,4,6\}$, $A_4=\{3,4,7\}$, 6,7 与以前的元素不同.

设 $A_5=\{1,6,j\}$.由(i), $j\neq 1,2,3,4,5,6$. 而由(ii), $A_5\cap A_4\neq\varnothing$,所以 $j=7$. 若有第 8 个元素 8,则由(i)有 $A_6=\{1,8,t\}$,其中 $t\neq 2,3,4,5,6,7$. 从而 $A_6\cap A_4=\varnothing$,与(ii)矛盾.所以 $n=7$.此时除上面的 $A_1,A_2,\cdots,A_5$ 外,还有 $A_6=\{3,5,6\}$, $A_7=\{2,5,7\}$. 于是 $m=7$.

$(m,n)=(1,3),(7,7)$ 满足本题要求.

又解

每个 A_i 中有三个二元子集，所以

$$mC_3^2 = C_n^2. \tag{1}$$

每个含元素 j 的 A_i 中，有两个含 j 的二元子集．X 中含 j 的二元子集共 $n-1$ 个．由(i)，它们均恰属一个 A_i，所以有 $\dfrac{n-1}{2}$ 个 A_i 含 j.

将 A_i 作为点，每两点之间连一条边．这样就得到一个图，它有 C_m^2 条边．由 (ii)，A_i 与 A_l 之间连的边可标上 A_i 与 A_l 的唯一的公共元 j．标 j 的边恰出现 $C_{\frac{n-1}{2}}^2$ 次．于是

$$C_m^2 = nC_{\frac{n-1}{2}}^2. \tag{2}$$

由(1),(2)不难解得 $(m,n)=(1,3),(7,7)$.

点评

例 2 中 $(m,n)=(7,7)$ 的情况就是组合学中著名的"**有限射影平面**"．如果将三元子集作为"**直线**"，那么它可以用图 3.6.1 表示.

但第七条"直线" $\{2,4,6\}$ 无法在欧氏平面上画成真正的直线，颇有点遗憾.

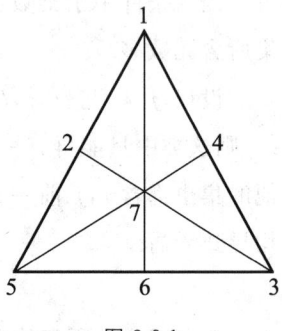

图 3.6.1

3.7 三元子集族（Ⅱ）

本节再举一些有关三元子集族的问题.

▶**例 1** 已知 $\mathscr{A}$ 是 $X=\{1,2,\cdots,n\}$ 的一个三元子集族，$\mathscr{A}$ 中每两个元（子集）至多有一个公共元. 证明：X 有一个 $[\sqrt{2n}\,]$ 元子集，它不包含 $\mathscr{A}$ 中任何元（三元子集）.

解

考虑 X 的不包含 $\mathscr{A}$ 中任何元的子集. 这种子集一定存在，例如 X 的任一二元子集均是这种子集. 在这种子集中，取一个元数最多的，设它为集 M. 我们只需证明 M 的元数 m 满足

$$m \geqslant [\sqrt{2n}\,]. \tag{1}$$

对 X 中每个 $i \notin M$，由 M 的最大性，$\mathscr{A}$ 必有一个元 $A_i \subseteq M \cup \{i\}$.

因为 A_i 不包含在 M 中，所以 $i \in A_i$. 设

$$A_i = \{i\} \cup B_i,$$

其中 B_i 是二元集，并且 $B_i \subseteq M$.

因为 $\mathscr{A}$ 中的每两个元 A_i, A_j 至多有一个公共元，所以当 $i \neq j$ 时，$B_i \neq B_j$. 从而

$$i \longmapsto B_i$$

是从 $X-M$ 到 M 的二元子集族的单射. 因此

$$n-m \leqslant C_m^2 = \frac{m(m-1)}{2},$$

从而

$$m^2 + m - 2n \geqslant 0,$$

$$m \geqslant \frac{-1+\sqrt{8n+1}}{2} > \sqrt{2n}-1,$$

即(1)成立.

▶ **例 2** 设例 1 中，$\mathscr{A}$ 的元数的最大值为 $f(n)$. 证明：
$$\frac{1}{6}(n^2-4n) \leqslant f(n) \leqslant \frac{1}{6}(n^2-n). \tag{2}$$

解

先估计 $f(n)$ 的上界，即证明(2)式右边的不等式.

每个三元子集 $\{i,j,k\}$ 含有三个二元子集 $\{i,j\},\{j,k\},\{i,k\}$.

由于 $\mathscr{A}$ 中每两个（X 的）三元子集至多有一个公共元，所以 $\mathscr{A}$ 中每两个三元子集含有的二元子集均不相同.

X 的二元子集共 C_n^2 个，所以
$$3f(n) \leqslant C_n^2,$$
即
$$f(n) \leqslant \frac{1}{3}C_n^2 = \frac{n^2-n}{6}.$$

估计 $f(n)$ 的下界应当用构造法. 构造出一批三元子集，个数 $\geqslant \frac{1}{6}n(n-4)$，每两个的交至多含一个元素.

为此，考虑所有满足条件
$$i+j+k \equiv 0 \pmod{n} \tag{3}$$
（即 $i+j+k$ 能被 n 整除）的三元子集 $\{i,j,k\}$.

如果有 $i'=i, j'=j$，并且
$$i'+j'+k' \equiv i+j+k \equiv 0 \pmod{n},$$
那么
$$k' \equiv k \pmod{n}. \tag{4}$$

当 $k',k \in \{1,2,\cdots,n\}$ 时，(4)就是 $k'=k$. 所以满足(3)的每两个（不同的）三元子集至多有一个公共元.

现在来计算满足(3)的三元子集 $\{i,j,k\}$ 的个数 s.

首先取 i，取法有 n 种. i 取定后再取 $j, j \neq i$，并且不满足同余方程
$$2i+j \equiv 0 \pmod{n}$$
（即当 $2i<n$ 时，$j \neq n-2i$；当 $2i \geqslant n$ 时，$j \neq 2n-2i$）及
$$i+2j \equiv 0 \pmod{n}$$

(即 $j\neq\frac{n-i}{2}, j\neq\frac{2n-i}{2}$).因此 j 至少有 $n-4$ 种选择. i,j 确定后,由(3), k 也随之确定,而且与 i,j 均不相同.所以 $s\geqslant\frac{1}{6}n(n-4)$.从而(2)的左半部分成立.

▶ **例 3** 设 $\mathscr{A}$ 是 $X=\{1,2,\cdots,n\}$ 的一个三元子集族, $n=6k$. 若 X 的每个二元子集均至少包含在 $\mathscr{A}$ 的一个元(X 的三元子集)中,证明: $\mathscr{A}$ 至少有 $\frac{n^2}{6}$ 个元.

解

含有 1 的二元子集有 $n-1$ 个.每个含 1 的三元子集包含两个含 1 的二元集.因此,至少有 $\left\lceil\frac{n-1}{2}\right\rceil=3k$ 个含 1 的三元子集,才能使含 1 的二元子集都至少被 1 个三元子集包含.

对含 $2,3,\cdots,n$ 的二元子集作同样的讨论.因为每个三元子集含 3 个元,所以 $\mathscr{A}$ 中至少有

$$\frac{3k\times n}{3}=\frac{n^2}{6}$$

个元(X 的三元子集).

另一方面,可以构造出 $\frac{n^2}{6}$ 个三元子集,使得 X 的每个二元子集均至少包含在一个三元子集中,但构造过程较为复杂,留在 3.9 节中详细说明.

因此 $\mathscr{A}$ 至少有 $\frac{n^2}{6}$ 个元.

▶ **例 4** 设 $l=\frac{n^2}{6}, \mathscr{A}=\{A_1,A_2,\cdots,A_l\}$ 是例 3 中所说的三元子集族, X 的每一个二元子集至少包含在一个 $A_j(1\leqslant j\leqslant l)$ 中.证明: X 可以拆成 $3k$ 个两两无公共元的二元子集 $P_1,P_2,\cdots,P_{3k}$,每一个 P_i 恰包含在两个 A_j 中,而 X 的其他二元子集恰含于一个 A_j 中.

解

因为 $l=\frac{n^2}{6}$,所以由例 3 的推导可知含有元 i 的三元子集 A_j 恰有 $\frac{n}{2}(=3k)$ 个.

每个含 i 的三元子集包含两个含 i 的二元子集，$\dfrac{n}{2}$ 个 A_j 共包含 n 个含 i 的二元子集. 含 i 的不同的二元子集共 $n-1$ 个，每一个均至少在一个 A_j 中出现，所以恰有一个含 i 的二元子集在诸 A_j 中共出现两次.

设 $\{i, t\}$ 出现了两次. 同样，含 t 的二元子集中恰有一个被两个 A_j 包含，而且这个子集就是 $\{i, t\}$. 于是，X 的元素两两配对，共得 $3k$ 个二元子集 P_1, $P_2, \cdots, P_{3k}$. 每个 P_s（例如 $\{i, t\}$）恰含于两个 A_j 中，而 X 的其他二元子集均含于一个 A_j 中.

3.8 施泰纳三元系

知识桥

如果 $\mathscr{A}$ 是集 $X=\{1,2,\cdots,n\}$ 的一个三元子集族,使得 X 的每个二元子集都恰好是 $\mathscr{A}$ 中一个元的子集,那么 $\mathscr{A}$ 就称为一个 n 阶**施泰纳三元系**(Steiner triple system).

下面分别列举了阶数是 3,7,9 的施泰纳三元系:

$n=3, \{1,2,3\}$;

$n=7, \{1,2,4\}, \{2,3,5\}, \{3,4,6\}, \{4,5,7\}$,

$\{5,6,1\}, \{6,7,2\}, \{7,1,3\}$;

$n=9, \{1,2,3\}, \{4,5,6\}, \{7,8,9\}$,

$\{1,4,7\}, \{2,5,8\}, \{3,6,9\}$,

$\{1,5,9\}, \{2,6,7\}, \{3,4,8\}$,

$\{1,6,8\}, \{2,4,9\}, \{3,5,7\}$.

其中 7 阶施泰纳三元系实际上就是 3.6 节例 2 提到过的二阶射影平面,只是记号有所不同.如果将这里的 4,3,6,7 分别改成 3,7,4,6,那么结果就完全一样.其实 3.6 节例 2 中的图,顶点可任意地标记 1~7,所得的三元系都是同构的.

训练营

▶**例 1** 证明:施泰纳三元系存在时,

$$n \equiv 1 \text{ 或 } 3 \pmod{6}. \tag{1}$$

解

设 $\mathscr{A}=\{A_1,A_2,\cdots,A_b\}$ 的元数为 b.考虑 X 的 C_n^2 个二元子集.每个二元子集恰在 $A_1,A_2,\cdots,A_b$ 的一个中出现,共出现 C_n^2 次.

另一方面,每个 A_j 包含 3 个二元子集,$A_1,A_2,\cdots,A_b$ 共包含 $3b$ 个二元子集.所以

$$3b = C_n^2,$$

即

$$b = \frac{n(n-1)}{6}. \tag{2}$$

由于 b 是整数,由(2)得

$$n \equiv 1, 3, 4, 6 \pmod{6}. \tag{3}$$

再考虑 X 中含 1 的二元子集.显然这样的子集共 $n-1$ 个.若 $A_1, A_2, \cdots, A_b$ 中有 r 个含 1,则由于含 1 的 A_j 包含两个含 1 的二元子集,每个二元子集恰在 $A_1, A_2, \cdots, A_b$ 的一个中出现,所以

$$2r = n - 1,$$

即

$$r = \frac{n-1}{2}. \tag{4}$$

(4)表明 n 是奇数,结合(3)即得(1).

点评

条件(1)也是充分的.施泰纳曾于 1853 年提出这一问题,1859 年为赖斯(Reiss)所解决.其实在他们之前,柯克曼(Kirkman)已于 1847 年提出并解决了这个问题.证法很多,限于篇幅,这里不作介绍.

▶ **例 2** 证明:如果有 n_1 阶和 n_2 阶的施泰纳三元系 $\mathscr{A}_1$ 和 $\mathscr{A}_2$,那么就有 $n_1 n_2$ 阶的施泰纳三元系.

解

设 $\mathscr{A}_1, \mathscr{A}_2$ 分别为 $X_1 = \{a_1, a_2, \cdots, a_{n_1}\}$, $X_2 = \{b_1, b_2, \cdots, b_{n_2}\}$ 的三元子集族,构造 $n_1 n_2$ 元集

$$X_3 = \{a_i b_j \mid 1 \leqslant i \leqslant n_1, 1 \leqslant j \leqslant n_2\},$$

再取 X_3 的三元子集族 $\mathscr{A}_3$,满足:

$$\{a_i b_r, a_j b_s, a_k b_t\} \in \mathscr{A}_3,$$

当且仅当

(i) $r = s = t, \{a_i, a_j, a_k\} \in \mathscr{A}_1$;

(ii) $i = j = k, \{b_r, b_s, b_t\} \in \mathscr{A}_2$;

(iii) $\{a_i, a_j, a_k\} \in \mathscr{A}_1, \{b_r, b_s, b_t\} \in \mathscr{A}_2$

之一成立.

现在证明 $\mathscr{A}_3$ 是 X_3 的施泰纳三元系.

设 $\{a_ib_r,a_jb_s\}$ 是 X_3 的一个二元子集.若 $i=j$,则因为 $\{b_r,b_s\}$ 恰被 $\mathscr{A}_2$ 的一个元 $\{b_r,b_s,b_t\}$ 包含,所以 $\{a_ib_r,a_jb_s\}$ 恰被 $\mathscr{A}_3$ 的一个元 $\{a_ib_r,a_ib_s,a_ib_t\}$ 包含.若 $r=s$,情况同上.若 $i\neq j, r\neq s$,则 $\{a_i,a_j\}$ 恰被 $\mathscr{A}_1$ 的一个元 $\{a_i,a_j,a_k\}$ 包含,$\{b_r,b_s\}$ 恰被 $\mathscr{A}_2$ 的一个元 $\{b_r,b_s,b_t\}$ 包含.所以 $\{a_ib_r,a_jb_s\}$ 恰被 $\mathscr{A}_3$ 的一个元 $\{a_ib_r,a_jb_s,a_kb_t\}$ 包含.

▶ **例 3** 柯克曼女生问题:15 名女生,每天分成 5 组,每组 3 人,外出散步.问:能否在一周的 7 次散步中,每 2 名女生恰有一次在同一组?

解

下面给出一种排法:

一:$\{1,2,5\},\{3,14,15\},\{4,6,12\},\{7,8,11\},\{9,10,13\}$;

二:$\{1,3,9\},\{2,8,15\},\{4,11,13\},\{5,12,14\},\{6,7,10\}$;

三:$\{1,4,15\},\{2,9,11\},\{3,10,12\},\{5,7,13\},\{6,8,14\}$;

四:$\{1,6,11\},\{2,7,12\},\{3,8,13\},\{4,9,14\},\{5,10,15\}$;

五:$\{1,8,10\},\{2,13,14\},\{3,4,7\},\{5,6,9\},\{11,12,15\}$;

六:$\{1,7,14\},\{2,4,10\},\{3,5,11\},\{6,13,15\},\{8,9,12\}$;

日:$\{1,12,13\},\{2,3,6\},\{4,5,8\},\{7,9,15\},\{10,11,14\}$.

点评

一个阶数为 $6k+3$ 的施泰纳三元系,如果它的 $b=(2k+1)(3k+1)$ 个元可以分成 $3k+1$ 组,每组含 $2k+1$ 个元,并且原来集合的 $6k+3$ 个元,在每一组的 $2k+1$ 个三元子集中恰好各出现一次,那么这个三元系就称为**柯克曼三元系**.15 名女生的问题就是构造一个 $k=2$ 的柯克曼三元系.

施泰纳三元系等是区组设计中的课题,原先只是娱乐的数学,现在发现在科学试验的设计方法中有重要作用.

一个 n 元集 X,可以有很多个施泰纳三元系.因为 n 元集有 C_n^3 个三元子集,每个施泰纳三元系有 $b=\dfrac{n(n-1)}{6}$ 个元(X 的三元子集),所以 X 至多有

$$\frac{C_n^3}{b}=n-2$$

个两两无公共元的施泰纳三元系.如果恰有 $n-2$ 个两两无公共元的施泰纳三元系,那么就称这 $n-2$ 个施泰纳三元系为一个大集.130 多年来,许多数学家研究过大集的存在问题,直至 1983—1984 年,我国数学家陆家羲在连续的六篇论文中证明了对于

$$n>7, n\equiv 1,3 \pmod{6}$$

的 n 值,除六个可能的例外值,都有大集存在,从而基本上解决了这一问题.对六个例外值,陆家羲已有腹稿,但因心脏病突发猝然去世,未能完成.

3.9 构造

很多组合问题,也就是集合与元素的配置问题,需要构造出符合要求的实例(如上节的女生问题). 这一节我们举几个构造的例题.

▶**例1** $2n$ 个学生每天出去散步,每两人一组. 如果每一对学生至多在一起散步一次,这样的散步可以持续多少天?

解

因为每个人有 $2n-1$ 个同学,所以散步至多持续 $2n-1$ 天. 我们证明只要适当安排,确实可以持续散步 $2n-1$ 天.

为此作图,用 0(图中的 O),$1,\cdots,2n-1$ 表示 $2n$ 个学生,第一次散步用线表示,即图中的

$$\{0,1\},\{2,2n-1\},\{3,2n-2\},\cdots,\{n,n+1\}.$$

然后绕 O 旋转,每次转过的角度为 $\dfrac{2\pi}{2n-1}$,这样就得到了 $2n-1$ 次散步的安排(例如第 2 次散步为 $\{0,2\},\{1,3\},\{2n-1,4\},\cdots,\{n+2,n+1\}$).

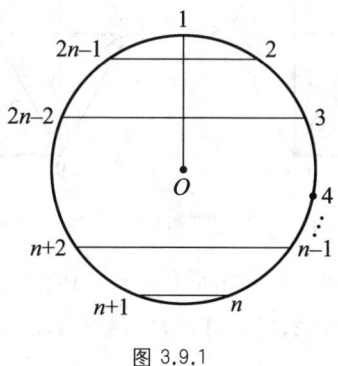

图 3.9.1

知识桥

n 个点,每两点之间连一条边,所得的图称为**完全图** K_n.例 1 表明完全图 K_{2n} 的 C_{2n}^2 条边可以分为 $2n-1$ 组,每组 n 条,而且这 n 条边两两无公共(端)点.这样的一组边称为图的一个 1—**因子**(1 意指每个点只引出一条边,即每个元只属于一个二元子集)或一个**完全匹配**.

训练营

现在我们来完成 3.7 节例 3 的剩余部分.

▶ **例 2** 设 $n=6k$,试构造 $X=\{1,2,\cdots,n\}$ 的一个三元子集族 $\mathscr{A}=\{A_1, A_2,\cdots,A_l\}$,$l=\dfrac{n^2}{6}$,使得 X 的每个二元子集均至少包含在 $\mathscr{A}$ 的一个元中.

解

将 X 用 n 个点 $1,2,\cdots,n$ 表示,形成一个完全图 K_n,每个二元子集是 K_n 的一条边.

问题即在这个图中找 $\dfrac{n^2}{6}$ 个三角形,"吸收"所有的边(线).

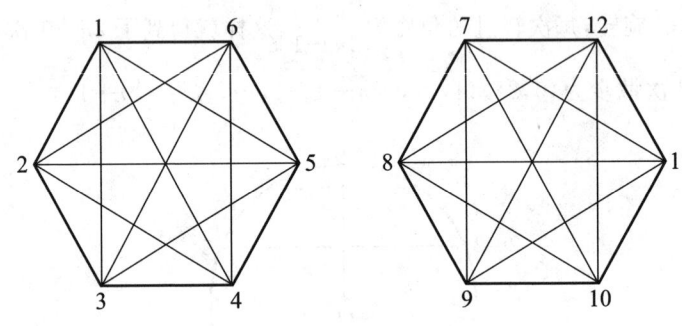

图 3.9.2

$n=6(k=1)$ 的情况很简单:三角形(即三元子集)

$$\{1,2,3\}, \{1,2,4\}, \{3,4,5\},$$
$$\{3,4,6\}, \{5,6,1\}, \{5,6,2\},$$

即为所求(参见图 3.9.2 左).

其中 $\frac{n}{2}(=3)$ 条边 $\{1,2\},\{3,4\},\{5,6\}$ 出现两次,其他的边恰出现一次.这在 3.7 节例 4 中已经说过.以下各种情况也均如此.

当 $n=12$ 时,首先注意图 3.9.2 右,根据例 1,可以分成 5 个 1—因子(下面简称为因子),每一个由三对无公共点的边(线)组成.将其中一个因子重复一次,共得 6 个因子.图 3.9.2 左的 6 个顶点各与一个因子搭配,一个顶点与一个因子形成 3 个三角形,共得 18 个三角形.图 3.9.2 左的 K_6,根据上一段,可分成 6 个三角形(其中 3 条边出现两次).这样形成的 24 个三角形即为所求.

当 $n=18$ 时,考虑 Ⅰ,Ⅱ,Ⅲ 三个 K_6.Ⅱ,Ⅲ 两个 K_6 之间有 $6\times 6=36$ 条边,可以分为 6 组(设 $b_i,c_i(i=1,2,\cdots,6)$ 分别为 Ⅱ,Ⅲ 的顶点,则第 j 组是 $\{b_1c_{1+j},b_2c_{2+j},\cdots,b_6c_{6+j}\}$,$j=0,1,2,3,4,5$,并约定 $c_{k+6}=c_k$),每一组与 Ⅰ 的一个顶点配合得到 36 个三角形.又根据上面所证,Ⅰ,Ⅱ,Ⅲ 均可分成 6 个三角形(各有 3 条边出现两次).这些三角形满足要求.

假设对于 $n=6h<6k$,均可分成合乎要求的三角形.考虑 $n=6k$.

若 $k=4m$,考虑两个 K_{12m}:Ⅰ 与 Ⅱ.根据归纳假设,Ⅰ 可以分成三角形满足要求.如果将 Ⅱ 看成 K_{2m}(每个顶点是一个 K_6),那么它有 $2m-1$ 个因子,每个因子由 m 条边组成,每条边就是上面 $n=18$ 时,Ⅱ,Ⅲ 两个 K_6 之间的 36 条边.Ⅰ 也可以看成 K_{2m}(每个顶点是一个 K_6),将它的 $2m-1$ 个顶点与上述 $2m-1$ 个因子搭配成 $2m-1$ 组,多余一个顶点.每一组与上面 $n=18$ 时,Ⅰ 与 Ⅱ,Ⅲ 之间的边搭配的情况类似,共得 $m\times 36$ 个三角形.Ⅰ 中多余一个顶点即一个 K_6,将它与 Ⅱ 中 $2m$ 个 K_6 的每一个搭配,搭配情况如 $n=12$ 的情况(Ⅰ 中的 K_6 在图 3.9.2 的左边,它不必再分成三角形,因为作为 Ⅰ 的一部分,业已用归纳假设分妥).整个图形共分成

$$\frac{(6\times 2m)^2}{6}+(2m-1)\times m\times 36+2m\times 18=\frac{n^2}{6}$$

个三角形,合乎要求.

若 $n=6(4m+2)$,考虑 Ⅰ,Ⅱ 两个图,Ⅰ 是 K_{12m},Ⅱ 是 $K_{6(2m+1)}$.根据归纳假设,Ⅰ 可分成三角形满足要求.将 Ⅱ 看成 K_{2m+2}(每个顶点是一个 K_6),它有 $2m+1$ 个因子.Ⅰ 也可以看成 K_{2m},将它的顶点与上述因子搭配,多余一个因子.搭配成的每一组可分成三角形.多出的一个因子即 $2m$ 个 K_6,两两搭配.每一对 K_6 搭配情况和上面 $n=12$ 相同.

若 $n=6(4m+3)$,考虑 Ⅰ,Ⅱ 两个图,Ⅰ 是 $K_{6(2m+1)}$,Ⅱ 是 $K_{6(2m+2)}$.Ⅰ 用归纳

假设分成三角形.Ⅱ可看成 K_{2m+2},有 $2m+1$ 个因子,每一个与Ⅰ的一个顶点搭配.K_{2m+2}(即Ⅱ)的每个顶点是 K_6,每一个均分成 6 个三角形(按 $n=6$ 时的做法).

若 $n=6(4m+1)$,考虑Ⅰ,Ⅱ两个图,Ⅰ是 $K_{6(2m-1)}$,Ⅱ是 $K_{6(2m+2)}$.Ⅰ用归纳法完成分解.Ⅱ看成 K_{2m+2},它的因子与Ⅰ搭配后多出两个因子.每个因子有 m 条边无公共端点,第一个因子的边{1,2}的两端各有一条属于第二个因子的边,不妨设一条为{2,3}.3 又接上第一个因子的边{3,4},……,依此类推.因为边共 $2m$ 条,所以上述过程不能无限继续下去,必然形成圈.圈上的边交错地属于两个因子(如图 3.9.3),因而圈为偶圈(即圈上的边数为偶数).因为每个点在一个因子中恰出现一次,所以圈上的点不与圈外的点相连.对圈外的点进行同样讨论.我们得出:两个因子组成若干个偶圈.

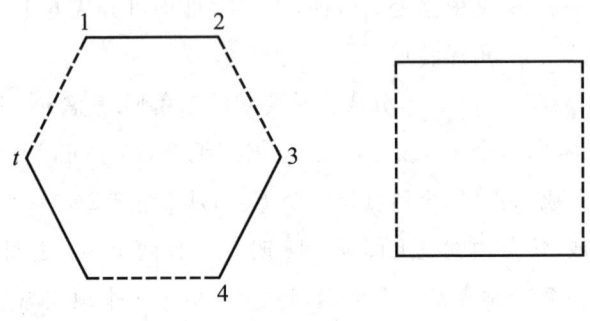

图 3.9.3

每个偶圈的顶点都是 K_6.对于图 3.9.3 中的第一个圈,按照 $n=12$ 的情况可以将 1,2 间的连线及 2 分成三角形(作为图 3.9.2 左边 K_6 的 1 暂时不动).同样处理 2 与 3,……,最后处理 t 与 1.这样每个 K_6 及每两个相邻的 K_6 间连线已被分成三角形.其他的偶圈亦照此处理.

于是对一切 $n=6k$ 均可构造出合乎要求的三元子集族 $\mathscr{A}$.

点评

上面的构造借助了归纳法,可称为归纳构造.在构造复杂图形(子集族)时经常采用.

3.10 分　拆（Ⅰ）

知识桥

如果集合 $X = A_1 \cup A_2 \cup \cdots \cup A_k$，并且集合 $A_1, A_2, \cdots, A_k$ 中每两个的交都是空集，那么 $A_1, A_2, \cdots, A_k$ 称为 X 的一个**分拆**.

训练营

▶**例1** 设 $A_1, A_2, \cdots, A_m; B_1, B_2, \cdots, B_m; C_1, C_2, \cdots, C_m$ 是集合 X 的三个分拆. 若对每组 i, j, k，均有

$$|A_i \cap B_j| + |A_i \cap C_k| + |B_j \cap C_k| \geqslant m, \tag{1}$$

证明：X 的元数 $n \geqslant \dfrac{m^3}{3}$，并且当 m 能被 3 整除时，元数 $n = \dfrac{m^3}{3}$ 的集 X 存在三个分拆满足题述条件.

解

在(1)左边用 $i = 1, 2, \cdots, m$ 代入并求和，得

$$|B_j| + |C_k| + m|B_j \cap C_k| \geqslant m^2. \tag{2}$$

（因为 $|A_1 \cap B_j| + |A_2 \cap B_j| + \cdots + |A_m \cap B_j|$
$= |(A_1 \cup A_2 \cup \cdots \cup A_m) \cap B_j| = |X \cap B_j| = |B_j|$.）

同样，在(2)的左边用 $j = 1, 2, \cdots, m$ 代入并求和，得

$$n + m|C_k| + m|C_k| \geqslant m^3. \tag{3}$$

最后，在(3)的左边用 $k = 1, 2, \cdots, m$ 代入并求和，得

$$mn + mn + mn \geqslant m^4, \tag{4}$$

即

$$n \geqslant \frac{m^3}{3}. \tag{5}$$

若 $m = 3s$，考虑 m^2 个集 $M_{11}, M_{12}, \cdots, M_{mm}$，每个集有 s 个元，并且两两不相交(例如 M_{11} 是 $\{1, 2, \cdots, s\}$，M_{12} 是 $\{s+1, s+2, \cdots, 2s\}$，$\cdots$，M_{mm} 是 $\{9s^3 - s +$

$1, 9s^3 - s + 2, \cdots, 9s^3\}$ 即可).

表 X 为集合

$$M_{11}, M_{12}, \cdots, M_{1m};$$
$$M_{21}, M_{22}, \cdots, M_{2m}; \quad (6)$$
$$\cdots$$
$$M_{m1}, M_{m2}, \cdots, M_{mm}.$$

的并. 又令

$$A_i = \bigcup_{j=1}^{m} M_{ij} \quad (i=1,2,\cdots,m),$$
$$B_j = \bigcup_{i=1}^{m} M_{ij} \quad (j=1,2,\cdots,m),$$
$$C_k = \bigcup_{j=1}^{m} M_{j,k+j-1} \quad (k=1,2,\cdots,m, 约定 M_{j,m+t} = M_{jt}),$$

则显然有 $A_1, A_2, \cdots, A_m; B_1, B_2, \cdots, B_m; C_1, C_2, \cdots, C_m$ 都是 X 的分拆.

点评

A_i 是对 (6) 中第 i 行的集合求并,B_j 是对 (6) 中第 j 列的集合求并,所以

$$|A_i \cap B_j| = |M_{ij}| = \frac{m}{3}.$$

同样,C_k 是对 (6) 中一条对角线(不同行不同列)的集合求并(如果将 (6) 在右边重写一遍,那么 C_k 就是从左上到右下的第 k 条对角线的集合的并),所以

$$|A_i \cap C_k| = \frac{m}{3}, \quad |B_j \cap C_k| = \frac{m}{3}.$$

下面两个问题涉及分拆的个数与分拆的链的个数.

▶ **例2** 若 n 元集 X 的分拆 $A_1, A_2, \cdots, A_m$ 中有 k_1 个一元集,k_2 个二元集,$\cdots\cdots$,k_n 个 n 元集($k_1 + k_2 + \cdots + k_n = m, 1k_1 + 2k_2 + \cdots + nk_n = n, k_1, k_2, \cdots, k_n$ 都是非负整数),则称这个分拆为形如 $1^{k_1} \cdot 2^{k_2} \cdot \cdots \cdot n^{k_n}$ 的分拆. 求这种分拆的个数.

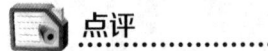

每一个形如 $1^{k_1} \cdot 2^{k_2} \cdot \cdots \cdot n^{k_n}$ 的分拆,可以将它们的元素依下面方法排列:

先排一元集的元素(有 $k_1!$ 种排法),再排二元集的元素,各集的顺序有 $k_2!$ 种,每个集的元素有两种排法,共有 $(2!)^{k_2} \cdot k_2!$ 种排法. 依此类推,k_j 个 j 元集有 $(j!)^{k_j} \cdot k_j!$ 种排法. 共产生 $1^{k_1} \cdot k_1! \cdot 2^{k_2} \cdot k_2! \cdot \cdots \cdot (n!)^{k_n} \cdot k_n!$ 个排列.

每两个不同的形如 $1^{k_1} \cdot 2^{k_2} \cdot \cdots \cdot n^{k_n}$ 的分拆,至少有一个不同的集,因此用上述方法产生的排列互不相同.

另一方面,对 n 个元的任一排列,前 k_1 个元产生 k_1 个一元集,它们后面的 $2k_2$ 个元产生 k_2 个二元集(每连续二个元组成一个集),依此类推,得出一个形如 $1^{k_1} \cdot 2^{k_2} \cdot \cdots \cdot n^{k_n}$ 的分拆,所给排列正是这个分拆用上述方法产生的排列.

这样,用上述方法恰好产生全部 $n!$ 个排列,既无重复也无遗漏,所以 $1^{k_1} \cdot 2^{k_2} \cdot \cdots \cdot n^{k_n}$ 形的分拆共 $\dfrac{n!}{1^{k_1} \cdot k_1! \cdot 2^{k_2} \cdot k_2! \cdot \cdots \cdot (n!)^{k_n} \cdot k_n!}$ 个.

▶ **例 3** 设 $P_m = \{A_1, A_2, \cdots, A_m\}$ 是 n 元集 X 的一个分拆(即 $A_1, A_2, \cdots, A_m$ 是 X 的分拆).将其中某个 A_i 再拆为两个集,这就产生 X 的一个分拆 P_{m+1},它由 $m+1$ 个集组成.P_{m+1} 称为 P_m 的加细.若

$$P_1, P_2, \cdots, P_n \tag{7}$$

都是 n 元集 X 的分拆,并且每一个是前一个的加细(显然这时 P_n 由 n 个集组成,而 P_1 仅由一个集即 X 组成),则称(7)为长为 n 的链.求长为 n 的链的个数.

解

由 X 逐步加细可以产生长为 n 的链(7).这一过程也可以反过来:由 n 个一元集组成的分拆 P_n 出发,将其中两个集合并得到 P_{n-1},再将 P_{n-1} 中两个集合并起来得到 P_{n-2},……. 一般地,设已有 $P_n, P_{n-1}, \cdots, P_{k+1}$,将 P_{k+1} 中任两个集合并起来得到 P_k.因为 P_{k+1} 由 $k+1$ 个集组成,所以 P_k 有 C_{k+1}^2 种.从而长为 n 的链共

$$\prod_{k=1}^{n-1} C_{k+1}^2 = \frac{n!(n-1)!}{2^{n-1}}$$

种.

3.11 分拆(Ⅱ)

上节关于分拆的问题,均与 n 元集 X 的元素无关(仅与元数有关).本节的问题则与元素密切相关.我们限定 $X=\{1,2,\cdots,n\}$.

▶ **例1** 设 A,B,C 为 X 的一个分拆,并且从 A,B,C 中各取一个数时,最大的不等于另两个的和.证明:
$$|A|=|B|=|C| \tag{1}$$
不成立.

解

不妨设 $1\in A$, $B\cup C$ 中的最小数 $b\in B$,并设 C 中的数为
$$c_1<c_2<\cdots<c_k. \tag{2}$$

若有 $c_{i+1}-c_i=1$,不妨设 i 是满足这一条件的最小下标.考虑 c_i-b 与 c_i-b+1 的归属.

因为 $b\in B$,而
$$(c_i-b)+b=c_i,$$
$$(c_i-b+1)+b=c_{i+1},$$
所以 c_i-b, c_i-b+1 均不属于 A.

又 $(c_i-b)+1=c_i-b+1$,所以 c_i-b 与 c_i-b+1 不能分别属于 B,C.由 i 的最小性,差为 1 的 c_i-b 与 c_i-b+1 不能同属于 C,因此 c_i-b 与 c_i-b+1 只能同属于 B.但比 b 更小的 $b-1\in A$, $(b-1)+(c_i-b+1)=c_i\in C$,与已知矛盾.

因此恒有 $c_{i+1}-c_i\geq 2$ $(i=1,2,\cdots,k-1)$.

这时 $c_i-1\notin B$(因为 $1+(c_i-1)=c_i$),所以 $c_i-1\in A$. $A\supseteq \{1,c_1-1,c_2-1,\cdots,c_k-1\}$,从而
$$|A|\geq |C|+1>|C|,$$
即(1)不成立.

点评

(1)表明 $\min(|A|,|B|,|C|) < \dfrac{n}{3}$. 更精确的结果见下面的例 2.

▶ **例 2** 条件同例 1. 证明:
$$\min(|A|,|B|,|C|) \leqslant \dfrac{n}{4}. \tag{3}$$

解

例 1 中已经证明恒有
$$c_{i+1}-c_i \geqslant 2 \quad (i=1,2,\cdots,k-1).$$
若所有 $c_{i+1}-c_i \geqslant 3$,则
$$c_1-1, c_2-1, \cdots, c_k-1, c_1+1, c_2+1, \cdots, c_k+1$$
均不在 C 中,也均不在 B 中(因为 $1+(c_i-1)=c_i, 1+c_i=c_i+1, 1\in A, c_i \in C$). 因此上述 $2k$ 个数及 1 均在 A 中,$|A|>2k$. 若 $|B|\geqslant k$,则 $|C|=k\leqslant \dfrac{n}{4}$. 若 $|B|<k$,则 $|B|<\dfrac{n}{4}$. (3)成立.

以下设有 $c_{i+1}-c_i=2$ 且 i 是满足这一条件的最小下标.

若 $b\geqslant 3$,则 $2, b-2 \in A$. 考虑 c_i-b 与 c_i-b+2. 因为
$$(c_i-b)+b=c_i,$$
$$(c_i-b+2)+b=c_{i+1},$$
所以 c_i-b, c_i-b+2 均不属于 A.

又 $(c_i-b)+2=c_i-b+2, 2\in A$, 所以 c_i-b 与 c_i-b+2 不能分别属于 B, C. 由 i 的最小性,c_i-b 与 c_i-b+2 只能同属于 B. 但 $(b-2)+(c_i-b+2)=c_i$, 矛盾.

因此 $b=2$. 我们先证明 $<c_i$ 的奇数 t 及 c_i-t 均在 A 中.

当 $t=1$ 时是显然的. 设对 t 结论成立, $t+2<c_i$. 因为 $t\in A, 2\in B$, 所以 $t+2 \notin C$. 因为 $c_i-t\in A, (c_i-t)+(t+2)=c_{i+1}\in C$, 所以 $t+2 \notin B$. 从而 $t+2\in A$. 因为 $(c_i-(t+2))+(t+2)=c_i\in C$, 所以 $c_i-(t+2)\notin B$. 又 $(c_i-(t+2))+2=c_i-t\in A$, 所以 $c_i-(t+2)\notin C$. 从而 $c_i-(t+2)\in A$. 于是上述断言成立.

若 c_i 是奇数,则根据上面所证 $c_i-2\in A$. 但 $(c_i-2)+2=c_i\in C$, 矛盾. 所以

c_i 是偶数.

我们再证明大于 c_i(不超过 n)的奇数 c_i+t 均在 A 中.

$t=1$ 时显然.设小于等于 c_i+t 的奇数均 $\in A$,$c_i+t+2 < n$.因为 $(c_i+t)+2=c_i+t+2$,所以 $c_i+t+2 \notin C$.又 $t+2 < c_i+t$,所以 $t+2 \in A$.而 $c_i+(t+2)=c_i+t+2$,所以 $c_i+t+2 \notin B$.从而 $c_i+t+2 \in A$.断言成立.

于是 $\{1,2,\cdots,n\}$ 中的奇数均在 A 中,从而 $|B \cup C| \leqslant \dfrac{n}{2}$,$\min(|B|,|C|) \leqslant \dfrac{n}{4}$.即(3)成立.

如果 A 由 $1,2,\cdots,4m$ 中的奇数组成,B,C 从剩下的数中各取一半,那么 A,B,C 满足要求($n=4m$),并且 $\min(|A|,|B|,|C|)=\dfrac{n}{4}$.所以估计(3)是最佳的.

下面的例 3 则是构造性的.

▶ **例 3** 证明:有无穷多个 $n=3m$,使得集合 $X=\{1,2,\cdots,n\}$ 有分拆

$$A=\{a_1,a_2,\cdots,a_m\},$$
$$B=\{b_1,b_2,\cdots,b_m\}, \quad (4)$$
$$C=\{c_1,c_2,\cdots,c_m\},$$

满足:

$$a_i+b_i=c_i \quad (i=1,2,\cdots,m). \quad (5)$$

解

显然 $\{1,2,3\}=\{1\}\cup\{2\}\cup\{3\}$ 满足 $1+2=3$.设对于 m 有形如(4)的 $\{1,2,\cdots,3m\}$ 的分拆满足(5).令

$$A_1=2A \cup \{1,3,\cdots,6m+1\},$$
$$B_1=2B \cup \{9m+2,9m+1,\cdots,6m+2\},$$
$$C_1=2C \cup \{9m+3,9m+4,\cdots,12m+3\},$$

其中 $2A$ 表示将 A 中每一个元素乘以 2 所得的集合.不难验证 A_1,B_1,C_1 是 $\{1,2,\cdots,12m+3\}$ 的分拆,而且满足相应于(5)的等式.

于是,对无穷多个自然数 n(例如 $3,3 \times 5,\cdots,3 \times (4m+1),\cdots$),$X$ 有分拆满足(5),即命题成立.

更强的结论是例 4.

▶ **例 4** 证明：$X=\{1,2,\cdots,n\}$ 有分拆(4)满足(5)的充分必要条件是 $n=3\times 4k$ 或 $3\times(4k+1)$.

解

如果有分拆(4)满足(5)，那么 $n=3m$ 并且

$$1+2+\cdots+(3m)=\frac{(1+3m)\cdot 3m}{2} \qquad (6)$$

是 C 中元素的和的 2 倍.(6)是偶数，所以

$$m=4k \text{ 或 } 4k+1. \qquad (7)$$

(7)也是充分条件.

当 $m=4k$ 时，可排下表：

1	2	3	4	⋯	$2k-3$	$2k-2$	$2k-1$	$2k$	$2k+1$	⋯	$4k-4$	$4k-3$	$4k-2$	$4k-1$	$4k$
$11k$	$6k$	$10k-1$	$6k-1$	⋯	$9k+2$	$5k+2$	$8k+2$	$5k+1$	$9k+1$	⋯	$4k+3$	$8k+3$	$4k+2$	$6k+1$	$4k+1$
$11k+1$	$6k+2$	$10k+2$	$6k+3$	⋯	$11k-1$	$7k$	$10k+1$	$7k+1$	$11k+2$	⋯	$8k-1$	$12k$	$8k$	$10k$	$8k+1$

第一行自左到右由 1 排至 $4k$.第二行自右到左，排 $4k+1,4k+2,\cdots,6k$，间隔为 1；然后在 $4k-1,2k-1,1$ 的下方分别排 $6k+1,8k+2,11k$，其余地方自右到左排 $8k+3,8k+4,\cdots,10k-1$.第三行的元素是前两行同列元素的和.

将这三行作为 A,B,C 即满足要求.

当 $m=4k+1(k\geqslant 3)$ 时，可排相应的表：

1	3	5	7	⋯	$4k+1$	$4k$	$2k+2$	2	4	⋯	$2k$	$2k+4$	⋯	$4k-2$
$11k+4$	$6k+1$	$6k$	$6k-1$	⋯	$4k+2$	$6k+3$	$6k+2$	$10k+2$	$10k+1$	⋯	$9k+3$	$9k+2$	⋯	$8k+5$
$11k+5$	$6k+4$	$6k+5$	$6k+6$	⋯	$8k+3$	$10k+3$	$8k+4$	$10k+4$	$10k+5$	⋯	$11k+3$	$11k+6$	⋯	$12k+3$

而当 $m=5,9$ 时，表分别如下：

1	2	3	4	5		1	2	3	4	5	6	7	8	9
7	13	9	10	6		12	23	14	22	15	21	11	16	10
8	15	12	14	11		13	25	17	26	20	27	18	24	19

点评

本题与兰福德问题密切相关，参见9.21节.

3.12 覆 盖

知识桥

集 X 的**覆盖**是指 X 的一族（互不相同的非空）子集 $A_1, A_2, \cdots, A_k$，它们的并集 $A_1 \cup A_2 \cup \cdots \cup A_k = X$.

训练营

▶ **例1** $X = \{1, 2, \cdots, n\}$ 的覆盖共有多少个（$A_1, A_2, \cdots, A_k$ 的顺序不予考虑）？

解

X 的非空子集共 $2^n - 1$ 个，它们共组成 2^{2^n-1} 个子集族. 其中不含某一元素 i 的子集组成的族有 $2^{2^{n-1}-1}$ 个，不含某两个元素的子集组成的族有 $2^{2^{n-2}-1}$ 个，……，于是由容斥原理，X 的覆盖共有

$$2^{2^n-1} - C_n^1 2^{2^{n-1}-1} + C_n^2 \cdot 2^{2^{n-2}-1} - \cdots = \sum_{j=0}^{n} (-1)^j C_n^j 2^{2^{n-j}-1}$$

个.

▶ **例2** 若 $A_1, A_2, \cdots, A_k$ 是 X 的覆盖，并且 X 的每一个元素恰属于 $A_1, A_2, \cdots, A_k$ 中的两个集，则称 $A_1, A_2, \cdots, A_k$ 为 X 的双覆盖. 求 $k = 3$ 的双覆盖的个数.

解

X 中每一元素属于 A_1, A_2, A_3 中的某两个，因而有三种可能. n 个元素的归属共有 3^n 种可能. 除去 A_1, A_2, A_3 中恰有一个为空集的三种情况，共有 $3^n - 3$ 种. 因为 A_1, A_2, A_3 的顺序不予考虑，所以 $k = 3$ 的双覆盖共 $\dfrac{3^n - 3}{3!}$ 个.

设由 k 个集组成的双覆盖有 a_k 个,则

$$a_k = \frac{1}{k!}((C_k^2)^n - k a_{k-1}).$$

▶ **例3** 设 $A_1, A_2, \cdots, A_k$ 是 $X = \{1, 2, \cdots, n\}$ 的一族子集.若对 X 中任一对元素 i, j,子集 $A_1, A_2, \cdots, A_k$ 中总有一个恰含 i, j 中的一个,则这族子集称为可分的.求最小的 k,使得有一族子集 $A_1, A_2, \cdots, A_k$ 既是覆盖又是可分的.

解

考虑 1.2 节所说的从属关系表.当 $A_1, A_2, \cdots, A_k$ 为覆盖时,每一列至少有一个 1.当 $A_1, A_2, \cdots, A_k$ 为可分的时,每两列均不完全相同.

由于表有 k 行,表中每个元素为 0 或 1,所以至多可以组成 $2^k - 1$ 个两两不同的列,每列元素不全为 0.于是

$$2^{k-1} \geqslant n,$$

即

$$k \geqslant [\log_2 n] + 1. \tag{1}$$

另一方面,取 k 满足

$$2^k - 1 \geqslant n \geqslant 2^{k-1}. \tag{2}$$

作 n 个不同的、由 0 与 1 组成并且不全为 0 的、长为 k 的列(因为 $2^k - 1 \geqslant n$,这是可以办到的).该表的 k 行所代表的 k 个集既是覆盖又是可分的.因此所求 k 的最小值为 $[\log_2 n] + 1$.

3.13 斯特林数

知识桥

将 n 元集 X 分拆为 k 个非空子集，分拆的个数（不计子集的顺序）称为**第二类斯特林数**（Stirling number），通常记为 $S_{(n,k)}$. 显然

$$S_{(n,1)}=1, \tag{1}$$

$$S_{(n,n)}=1. \tag{2}$$

（1 分拆，即 $k=1$ 的分拆，只有 $X=X$；n 分拆，则只有 $X=\{1\}\bigcup\{2\}\bigcup\cdots\bigcup\{n\}$.）约定 $S_{(n,0)}=0$.

训练营

▶ **例 1** 证明：

(i) $S_{(n,2)}=2^{n-1}-1$; $\tag{3}$

(ii) $S_{(n,n-1)}=C_n^2$; $\tag{4}$

(iii) $S_{(n+1,k)}=S_{(n,k-1)}+kS_{(n,k)}$; $\tag{5}$

(iv) $S_{(n+1,k)}=\sum_{j=k-1}^{n}C_n^j S_{(j,k-1)}$; $\tag{6}$

(v) 当 $n\geqslant 2$ 时，

$$S_{(n,1)}-1!S_{(n,2)}+2!S_{(n,3)}-\cdots+(-1)^{n-1}(n-1)!S_{(n,n)}=0. \tag{7}$$

解

(i) 固定 $1\in A_1$. 其余的 $n-1$ 个元素各有两种归属：属于 A_1 或 A_2. 因此共有 2^{n-1} 种归属. 除去全属于 A_1 的那种，共有 $2^{n-1}-1$ 种分拆.

(ii) 取两个元作成二元集，有 C_n^2 种方法. 其余的 $n-2$ 个元构成 $n-2$ 个单元集（只含一个元的集）.

(iii) $n+1$ 元集 $\{1,2,\cdots,n+1\}$ 的 k 分拆可分为两类：第一类有集 $\{n+1\}$，第二类没有 $\{n+1\}$.

去掉 $n+1$ 后,第一类的分拆成为 $\{1,2,\cdots,n\}$ 的 $k-1$ 分拆,并且 $\{1,2,\cdots,n\}$ 的每一个 k 分拆添加 $\{n+1\}$ 后成为第一类的分拆.因此第一类分拆共 $S_{(n,k-1)}$ 个.

去掉 $n+1$ 后,第二类的分拆成为 $\{1,2,\cdots,n\}$ 的 k 分拆,并且 $\{1,2,\cdots,n\}$ 的每一个 k 分拆添加 $\{n+1\}$ 后有 k 种方法($n+1$ 可放到 k 个子集的任一个中),添加后就成为第二类的分拆(这些分拆互不相同).因此第二类分拆共 $kS_{(n,k)}$ 个.

于是(5)成立.

(iv) 在 $\{1,2,\cdots,n+1\}$ 的 k 分拆中去掉含 $n+1$ 的子集,得到 $j(k-1\leqslant j\leqslant n)$ 元集的 $k-1$ 分拆.这些 $k-1$ 分拆各不相同(否则原来的 k 分拆相同).

反之,从 $\{1,2,\cdots,n+1\}$ 中任取 j 个元(有 C_n^j 种方法),得到 j 元集 J.J 的任一个 $k-1$ 分拆,添加集 $\{1,2,\cdots,n+1\}-J$ 后成为 $\{1,2,\cdots,n+1\}$ 的 k 分拆.这样产生的 k 分拆显然各不相同.

因此(6)成立.

(v) 由(5),
$$\sum_{k=1}^{n+1}(-1)^{k-1}(k-1)!S_{(n+1,k)}$$
$$=\sum_{k=2}^{n+1}(-1)^{k-1}(k-1)!S_{(n,k-1)}+\sum_{k=1}^{n}(-1)^{k-1}k!S_{(n,k)}$$
$$=-\sum_{k=1}^{n}(-1)^{k-1}k!S_{(n,k)}+\sum_{k=1}^{n}(-1)^{k-1}k!S_{(n,k)}$$
$$=0.$$

于是(7)对一切 $n\geqslant 2$ 成立.

点评

n 元集的分拆的个数 $\sum_{k=1}^{n}S_{(n,k)}$ 称为贝尔数(Bell number),记为 B_n(第 n 个伯努利数(Bernoulli's number)也常记为 B_n,但本书不出现伯努利数,因此没有混淆的危险).显然 $B_1=1$.又约定 $B_0=1$.

▶ **例 2** 证明:
$$B_{n+1}=\sum_{m=0}^{n}C_n^m B_m. \tag{8}$$

解 由(6),

$$B_{n+1} = \sum_{k=1}^{n+1} S_{(n+1,k)} = \sum_{k=1}^{n+1}\sum_{j=k-1}^{n} C_n^j S_{(j,k-1)} = \sum_{j=0}^{n} C_n^j \sum_{k=1}^{j+1} S_{(j,k-1)}$$

$$= \sum_{j=0}^{n} C_n^j \sum_{k=1}^{j} S_{(j,k)} = \sum_{j=0}^{n} C_n^j B_j.$$

我们知道 $\sum_{k=0}^{\infty} \frac{1}{k!} = e$. 因此 $B_1 = \frac{1}{e}\sum_{k=0}^{\infty} \frac{1}{k!} = \frac{1}{e}\sum_{k=0}^{\infty} \frac{k}{k!}$. 借助(8)及归纳法可得 $n = 0, 1, 2, \cdots$ 时,

$$B_n = \frac{1}{e}\sum_{k=0}^{\infty} \frac{k^n}{k!} \quad (约定 \ 0^0 = 1). \tag{9}$$

$\Big($设(9)成立,则 $B_{n+1} = \frac{1}{e}\sum_{j=0}^{n} C_n^j \sum_{k=0}^{\infty} \frac{k^j}{k!} = \frac{1}{e}\sum_{k=0}^{\infty} \frac{1}{k!}\sum_{j=0}^{n} C_n^j k^j = \frac{1}{e}\sum_{k=0}^{\infty}\frac{1}{k!} \cdot$

$(k+1)^n = \frac{1}{e}\sum_{k=0}^{\infty} \frac{(k+1)^{n+1}}{(k+1)!} = \frac{1}{e}\sum_{k=1}^{\infty} \frac{k^{n+1}}{k!}.\Big)$

▶ **例3** 设非空子集 $A_1, A_2, \cdots, A_k$ 是 X 的覆盖,并且 $A_1, A_2, \cdots, A_k$ 中任意 $k-1$ 个的并都是 X 的真子集,则称这一覆盖为既约覆盖. 令 $I_{(n,k)}$ 表示 n 元集 X 的、由 k 个集组成的既约覆盖的个数. 证明:

(i) $I_{(n,k)} = \sum_{j=k}^{n} C_n^j (2^k - k - 1)^{n-j} S_{(j,k)}$; (10)

(ii) $I_{(n,n-1)} = \frac{1}{2}n(2^n - n - 1)$; (11)

(iii) $I_{(n,2)} = S_{(n+1,3)}$. (12)

解

(i) 对每个 $j \geq k$,从 X 中取 j 个元组成集 J. J 有 $S_{(j,k)}$ 个 k 分拆. 对每一个分拆 $B_1, B_2, \cdots, B_k$,将 $X - J$ 的 $n-j$ 个元分配到这 k 个集中,每个元至少属于两个集. 因此,每个元可属于某个 B_i,也可不属于 B_i,这有 2^k 种可能. 除去不属于任一个 B_i 的一种及仅属于一个 B_i 的 k 种,还有 $2^k - k - 1$ 种可能. $n - j$ 个元分配完毕,就产生 X 的由 k 个集组成的覆盖,而且是既约覆盖(因为 J 的每个元只属于这 k 个集中的一个). 这就得到 $\sum_{j=k}^{n} C_n^j (2^k - k - 1)^{n-j} S_{(j,k)}$ 个 X 的既约覆盖. 显然它们各不相同.

反之，对 X 的每一个由 k 个子集组成的既约覆盖，设 J 为仅在一个子集中出现的元所成的集，则 $|J| \geqslant k$，并且用上述作法便可产生这个既约覆盖. 因此 (10) 成立.

(ii) 因为 $S_{(n,n-1)} = C_n^2$，所以由 (10)，
$$I_{(n,n-1)} = S_{(n,n-1)} + n(2^{n-1} - n) = \frac{n}{2}(2^n - n - 1).$$

(iii) 为了求出 $I_{(n,2)}$，设 $y \notin X$. $\{y\} \cup X$ 的每个分拆 $B_1 \cup B_2 \cup B_3$（不妨设 $y \in B_3$），对应于 X 的既约覆盖 $B_1 \cup B_3 - \{y\}, B_2 \cup B_3 - \{y\}$.

反之，对 X 的每个既约覆盖 A_1, A_2，令
$$A = A_1 \cap A_2, \quad B_1 = A_1 - A,$$
$$B_2 = A_2 - A, \quad B_3 = A \cup \{y\},$$

则 B_1, B_2, B_3 是 $\{y\} \cup X$ 的分拆.

由上述一一对应得出 (12) 成立.

▶ **例 4** 对每个自然数 n，令
$$[x]_n = x(x-1)\cdots(x-n+1). \tag{13}$$

证明：
$$x^n = \sum_{k=1}^{n} S_{(n,k)} [x]_k. \tag{14}$$

解

考虑从 n 元集 X 到 m 元集 Y 的映射 f 的个数. 这里 $m \leqslant n$.

由 2.1 节例 5，这种映射的个数为 m^n.

另一方面，从 m 元集 Y 中任取 k 个元 $y_1, y_2, \cdots, y_k$ 作为 f 的像集（有 C_m^k 种取法），对 n 元集 X 的任一个 k 分拆 $A_1, A_2, \cdots, A_k$，令所有 $x \in A_i$ 的像 $f(x) = y_j (i, j = 1, 2, \cdots, k)$. 这样共产生 $\sum_{k=1}^{m} C_m^k \cdot k! \cdot S_{(n,k)}$ 个互不相同的映射. 显然每个从 X 到 Y 的映射均可这样产生. 所以
$$m^n = \sum_{k=1}^{m} C_m^k \cdot k! \cdot S_{(n,k)} = \sum_{k=1}^{n} [m]_k S_{(n,k)}. \tag{15}$$

（显然 $k > m$ 时，$[m]_k = 0$.）

(15) 表明 (14) 对于 $x = 1, 2, \cdots, n$ 均成立. 由于次数不超过 $n-1$ 的多项式 $x^n - \sum_{k=1}^{n} [x]_k S_{(n,k)}$ 有 n 个 x 值（$x = 1, 2, \cdots, n$）为 0，所以恒有

$$x^n - \sum_{k=1}^{n} [x]_k S_{(n,k)} = 0,$$

即(14)成立.

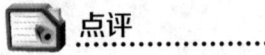

$[x]_n$ 可以展开成 x 的多项式：

$$[x]_n = \sum_{k=1}^{n} s_{(n,k)} x^k, \tag{16}$$

其中 $s_{(n,k)}$ 称为**第一类斯特林数**. 由韦达定理, 从 $-1, -2, \cdots, -(n-1)$ 中任取 $n-1-k$ 个相乘, 再将这些积相加, 所得的和就是 $s_{(n,k)}$.

因为

$$[x]_n = \sum_{k=1}^{n} s_{(n,k)} x^k = \sum_{k=1}^{n} s_{(n,k)} \sum_{m=1}^{k} [x]_m S_{(k,m)}$$

$$= \sum_{m=1}^{n} \left(\sum_{k=m}^{n} s_{(n,k)} S_{(k,m)} \right) [x]_m,$$

所以比较 $[x]_m$ 的系数得

$$\sum_{k=m}^{n} s_{(n,k)} S_{(k,m)} = \delta_{n,m}.$$

(其中 $\delta_{n,m}$ 当 $n=m$ 时为 1, 当 $n \neq m$ 时为 0, 称为**克罗内克符号**.)

同样由

$$x^n = \sum_{k=1}^{n} S_{(n,k)} [x]_k = \sum_{k=1}^{n} S_{(n,k)} \sum_{m=1}^{k} s_{(k,m)} x^m,$$

得

$$\sum_{k=m}^{n} S_{(n,k)} s_{(k,m)} = \delta_{n,m}.$$

3.14 $M_{(n,k,h)}$

知识桥

设 X 是 n 元集. $\mathscr{A}$ 是 X 的一些 h 元子集所成的族,并且具有性质 $P_k(X)$: X 的任一 k 元子集 $(n \geqslant k \geqslant h \geqslant 1)$ 至少包含 $\mathscr{A}$ 中一个 h 元子集. 具有这种性质的 $\mathscr{A}$ 中, $|\mathscr{A}|$ 的最小值记为 $M_{(n,k,h)}$.

训练营

▶ **例 1** 证明:

(i) $M_{(n,k,h)} \leqslant \dfrac{n}{h} M_{(n-1,k-1,h-1)}$;   (1)

(ii) $M_{(n,k,h)} \geqslant \dfrac{n}{n-h} M_{(n-1,k,h)}$;   (2)

(iii) $M_{(n,k,h)} \leqslant M_{(n-1,k-1,h-1)} + M_{(n-1,k,h)}$.   (3)

解

(i) 设 $\mathscr{A}$ 具有性质 $P_k(X)$, 并且 $|\mathscr{A}| = M_{(n,k,h)}$.

对任一元素 $x \in X$, 考虑 $n-1$ 元集 $Y = X - \{x\}$. 设 Y 的 $h-1$ 元子集族 $\mathscr{B}$ 具有性质 $P_{k-1}(Y)$, 并且 $|\mathscr{B}| = M_{(n-1,k-1,h-1)}$. 将 x 添到 $\mathscr{B}$ 中每个 $h-1$ 元子集里成为 h 元集, $\mathscr{A}$ 中所有不含 x 的 h 元集与它们构成 h 元子集族 $\mathscr{C}$.

$\mathscr{C}$ 具有性质 $P_k(X)$. 事实上, 设 S 是 X 的 k 元子集. 若 $x \notin S$, 则由于 $\mathscr{A}$ 具有性质 $P_k(X)$, S 包含 $\mathscr{A}$ 中一个 h 元集, 该集不含 x, 因而也是 $\mathscr{C}$ 中的 h 元集. 若 $x \in S$, 则 $S - \{x\} \subseteq Y$. 由于 $\mathscr{B}$ 具有性质 $P_{k-1}(Y)$, $S - \{x\}$ 包含 $\mathscr{B}$ 中一个 $h-1$ 元集 B, S 包含 h 元集 $B \cup \{x\}$, $B \cup \{x\}$ 在 $\mathscr{C}$ 中.

因此 $|\mathscr{C}| \geqslant M_{(n,k,h)} = |\mathscr{A}|$, 即

$$|\mathscr{B}| \geqslant a_x, \quad (4)$$

其中 a_x 为 $\mathscr{A}$ 中含 x 的 h 元集的个数. 上式即

$$M_{(n-1,k-1,h-1)} \geqslant a_x. \quad (5)$$

对 x 求和得

$$nM_{(n-1,k-1,h-1)} \geqslant \sum_{x \in X} a_x. \tag{6}$$

因为 $\mathscr{A}$ 中每个子集是 h 元集,所以每个子集对于和 $\sum_{x \in X} a_x$ 的贡献是 h.从而 $\sum_{x \in X} a_x$ 即 $hM_{(n,k,h)}$.于是由(6)导出(1).

(ii) $\mathscr{A}$ 中不含 x 的子集构成 Y 中的 h 元子集族 $\mathscr{A}_x$.并且 Y 的每一个 k 元子集也是 X 的 k 元子集,应当包含 $\mathscr{A}$ 中一个不含 x 的 h 元子集,即包含 $\mathscr{A}_x$ 中一个 h 元子集.所以 $\mathscr{A}_x$ 具有性质 $P_k(Y)$,$|\mathscr{A}_x| \geqslant M_{(n-1,k,h)}$.

对 x 求和得

$$\sum_{x \in X} |\mathscr{A}_x| \geqslant nM_{(n-1,k,h)}. \tag{7}$$

$\mathscr{A}$ 中每个子集对于和 $\sum_{x \in X} |\mathscr{A}_x|$ 的贡献是 $n-h$,所以 $\sum_{x \in X} |\mathscr{A}_x| = (n-h)M_{(n,k,h)}$,从而由(7)导出(3).

(iii) 考虑 $n-1$ 元集 Y.设 Y 的 h 元子集族 $\mathscr{E}$ 具有性质 $P_k(Y)$,$h-1$ 元子集族 $\mathscr{B}$ 具有性质 $P_{k-1}(Y)$,并且 $|\mathscr{E}| = M_{(n-1,k,h)}$,$|\mathscr{B}| = M_{(n-1,k-1,h-1)}$.

令 $X = Y \cup \{x\}$ 为 n 元集.考虑 X 的 h 元子集族 $\mathscr{A}$,它由 $\mathscr{B}$ 中子集各添加 x(成为 h 元集)及 $\mathscr{E}$ 中子集组成.

对 X 的每个 k 元子集 S,若 $x \notin S$,则 $\mathscr{E}$ 中有 h 元子集包含在 S 内;若 $x \in S$,则 $\mathscr{B}$ 中有子集 $B_1 \subseteq S - \{x\}$,即 $B_1 \cup \{x\} \subseteq S$.所以 $\mathscr{A}$ 具有性质 $P_k(X)$.从而

$$M_{(n,k,h)} \leqslant |\mathscr{A}| = M_{(n-1,k,h)} + M_{(n-1,k-1,h-1)}.$$

点评

从(ii),(iii)可导出(i).

(i),(ii)是由 n 元集 X 到 $n-1$ 元集 Y;(iii)则需要先构造 $n-1$ 元集 Y 的两个子集族,再扩充到 X.

▶ **例 2** 证明:

$$M_{(n,k,h)} \geqslant \left\lceil \frac{n}{n-h} \left\lceil \frac{n-1}{n-h-1} \left\lceil \cdots \left\lceil \frac{k+1}{k-h+1} \right\rceil \cdots \right\rceil \right\rceil \right\rceil. \tag{8}$$

这里 $\lceil x \rceil$ 表示不小于 x 的最小整数,称为天花板函数.

解

显然 $M_{(k,k,h)} = 1$(k 元集 X 的 k 元子集只有一个,即 X 自身,它包含任一个

h 元子集).由(2)

$$M_{(k+1,k,h)} \geq \left\lceil \frac{k+1}{k-h+1} M_{(k,k,h)} \right\rceil = \left\lceil \frac{k+1}{k-h+1} \right\rceil.$$

设(8)对 $n-1$ 成立,则

$$M_{(n,k,h)} \geq \left\lceil \frac{n}{n-h} M_{(n-1,k,h)} \right\rceil$$

$$\geq \left\lceil \frac{n}{n-h} \left\lceil \frac{n-1}{n-h-1} \left\lceil \cdots \left\lceil \frac{k+1}{k-h+1} \right\rceil \cdots \right\rceil \right\rceil \right\rceil.$$

▶ **例 3** 证明:

$$\frac{C_n^h}{C_k^h} \leq M_{(n,k,h)} \leq C_{n-k+h}^h. \tag{9}$$

解

设 X 的 h 元子集的族 $\mathscr{A}$ 具有性质 $P_k(X)$,并且 $|\mathscr{A}| = M_{(n,k,h)}$. 将 $\mathscr{A}$ 中每个 h 元子集作为点,X 的每个 k 元子集也作为点. 这样得到两个点集 X_1, X_2,$|X_1| = M_{(n,k,h)}$,$|X_2| = C_n^k$.

如果某个 h 元集包含在某个 k 元集中,就在相应的点间连一条边. 这样得到一个图. 图的两个部分 X_1, X_2 之间的边数有两种算法.

一方面,每个 h 元子集含于 C_{n-h}^{k-h} 个 k 元集中,所以边数为 $C_{n-h}^{k-h} \cdot M_{(n,k,h)}$.

另一方面,每个 k 元集至少含 $\mathscr{A}$ 中一个 h 元集,所以边数至少有 $|X_2| = C_n^k$ 条.

综合以上两方面即得

$$C_{n-h}^{k-h} M_{(n,k,h)} \geq C_n^k,$$

可得出(9)的下界.(9)的上界由(3)及归纳法可立即得出.

点评

$M_{(n,k,h)}$ 表示最少需要多少张各载有 h 个数的票,才能保证从 n 个数中一次摇出 k 个数时,至少有一张票中奖.

一般的 $M_{(n,k,h)}$ 的表达式仍为未知.

▶ **例 4** 设 $n \geq h(m+1), h \geq 1$. 证明:

$$M_{(n,n-m,h)} = m+1. \tag{10}$$

解

X 的 $m+1$ 个 h 元子集
$$\{1,2,\cdots,h\},\{h+1,h+2,\cdots,2h\},\cdots,$$
$$\{mh+1,mh+2,\cdots,(m+1)h\}$$

所成的族 $\mathscr{A}$ 具有性质 $P_{n-m}(X)$.事实上,对 X 的任一个 $n-m$ 元子集 S,X 恰有 m 个元不属于 S,这 m 个元至多在 $\mathscr{A}$ 中 m 个集里出现,所以 $\mathscr{A}$ 中至少有一个集的元素全属于 S.于是
$$M_{(n,n-m,h)} \leqslant |\mathscr{A}| = m+1.$$

另一方面,如果子集族 $\mathscr{A}$ 由 $\leqslant m$ 个 h 元子集组成,从 X 中去掉 m 个元素,其中的 $|\mathscr{A}|$ 个元素各属于 $\mathscr{A}$ 中一个 h 元子集.剩下的 $n-m$ 元集显然不包含 $\mathscr{A}$ 中任一个 h 元子集.所以 $\mathscr{A}$ 不具有性质 $P_{n-m}(X)$.

点评

可以证明
$$M_{(n,k,2)} = C_n^2 - \frac{k-2}{k-1} \cdot \frac{n^2-r^2}{2} - C_r^2,$$

其中 r 是 n 除以 $k-1$ 所得的余数,$0 \leqslant r \leqslant k-2$.

第四讲 各种子集族

4.1 S 族

知识桥

若集族 $\mathscr{A}$ 中任意两个子集 $A_i, A_j (i \neq j)$ 互不包含,则称 $\mathscr{A}$ 为 **S 族**.

训练营

▶**例 1** 若 n 元集 $X = \{1, 2, \cdots, n\}$ 的子集族 $\mathscr{A}$ 是 S 族,证明:$\mathscr{A}$ 的元数至多为 $C_n^{\left[\frac{n}{2}\right]}$,即

$$\max_{\mathscr{A} \text{是S族}} |\mathscr{A}| = C_n^{\left[\frac{n}{2}\right]}. \tag{1}$$

这是德国数学家施佩纳(E. Sperner, 1905—1980)在 1928 年发现的定理(S 族即 Sperner 族的简称).

解

考虑 n 个元素 $1, 2, \cdots, n$ 的全排列,显然全排列的总数为 $n!$.

另一方面,全排列中前 k 个元素恰好组成 $\mathscr{A}$ 中某个集 A_i 的"头",有 $k!(n-k)!$ 个.因为 $\mathscr{A}$ 是 S 族,所以这种"头"在 $\mathscr{A}$ 中的全排列互不相同.设 $\mathscr{A}$ 中有 f_k 个 A_i 满足 $|A_i| = k (k = 1, 2, \cdots, n)$,则

$$\sum_{k=1}^{n} f_k \cdot k!(n-k)! \leqslant n!. \tag{2}$$

熟知 C_n^k 在 $k = \left[\frac{n}{2}\right]$ 时最大,所以由(2)得

$$|\mathscr{A}| = \sum_{k=1}^{n} f_k \leqslant C_n^{\left[\frac{n}{2}\right]} \sum_{k=1}^{n} f_k \cdot \frac{k!(n-k)!}{n!} \leqslant C_n^{\left[\frac{n}{2}\right]}.$$

当 $\mathscr{A}$ 由 X 中全部 $\left[\dfrac{n}{2}\right]$ 元子集组成时, $|\mathscr{A}|=\mathrm{C}_n^{\left[\frac{n}{2}\right]}$. 因此(1)成立.

又解

设 $\mathscr{A}=\{A_1,A_2,\cdots,A_t\}$. $A_1,A_2,\cdots,A_t$ 中元数最小的为 r 元集,共 f_r 个. 添加 X 的一个元素到这些 r 元集中,使它们成为 $r+1$ 元集. 对每个 r 元集有 $n-r$ 种添加方法,每个 $r+1$ 元集至多可由 $r+1$ 个 r 元集添加而得,所以经过添加后至少产生

$$\dfrac{f_r\cdot(n-r)}{r+1}$$

个 $r+1$ 元集. 由于 $\mathscr{A}$ 是 S 族,这些 $r+1$ 元集与 $A_1,A_2,\cdots,A_t$ 均不相同.

当 $r<\left[\dfrac{n}{2}\right]$ 时,

$$\dfrac{f_r(n-r)}{r+1}>f_r,$$

所以将 $A_1,A_2,\cdots,A_t$ 中的 r 元集换成添加后的 $r+1$ 元集,集合的个数即 $\mathscr{A}$ 的元数严格增加.

同样,设 $A_1,A_2,\cdots,A_t$ 中元数最大的为 s 元集. 当 $s>\left[\dfrac{n}{2}\right]$ 时,从每个 s 元集删去一个元素变成 $s-1$ 元集. 每个 $s-1$ 元集至多可由 $n-(s-1)$ 个 s 元集删减一个元素而得. 每个 s 元集可产生 s 个 $s-1$ 元集. 而

$$\dfrac{s}{n-(s-1)}\geqslant 1,$$

所以将 $A_1,A_2,\cdots,A_t$ 中的 s 元集换成删减而得的 $s-1$ 元集, $|\mathscr{A}|$ 增加.

因此,当 $A_1,A_2,\cdots,A_t$ 均为 $\left[\dfrac{n}{2}\right]$ 元集时, t 最大, (1)成立.

点评

现在研究 $|\mathscr{A}|$ 何时取最大值.

从第一种解法立即得出若 n 为偶数,则当且仅当 $\mathscr{A}$ 由 X 的全部 $\dfrac{n}{2}$ 元集组成时, $|\mathscr{A}|$ 取最大值 $\mathrm{C}_n^{\left[\frac{n}{2}\right]}$.

若 n 为奇数 $2m+1$, C_n^k 仅当 $k=m,m+1$ 时最大,从而当 $|\mathscr{A}|$ 最大时, $\mathscr{A}$ 中的子集 $A_1,A_2,\cdots,A_t$ 都是 m 元或 $m+1$ 元集. 假设 $A_1=\{1,2,\cdots,m\}$,那么对于 $l>m$,集 $\{l,1,2,\cdots,m\}\notin\mathscr{A}$. 全排列

$$l,1,2,\cdots,m,\cdots \tag{3}$$

的前 $m+1$ 个元组成的集 $\notin \mathscr{A}$. 但既然 (2) 中等号成立, 全排列 (3) 的前 m 个元或前 $m+1$ 个元所成的集在 $\mathscr{A}$ 中. 因此 $\{l,1,2,\cdots,m-1\}\in\mathscr{A}$. 这表明对 $\mathscr{A}$ 中任一个 m 元集, 将其中一个元换成其他元所得的 m 元集仍在 $\mathscr{A}$ 中. 经过这样的替代, 易知 X 的全部 m 元集均在 $\mathscr{A}$ 中. 因此 $\mathscr{A}$ 由 X 的全部 m 元子集组成, 或者 $\mathscr{A}$ 不含 X 的任一个 m 元子集. 后者即 $\mathscr{A}$ 由 X 的全部 $m+1$ 元子集组成.

于是若 n 为奇数 $2m+1$, 当且仅当 $\mathscr{A}$ 由 X 的全部 m 元子集组成, 或 $\mathscr{A}$ 由 X 的全部 $m+1$ 元子集组成时, $|\mathscr{A}|$ 取最大值 $C_n^{\left[\frac{n}{2}\right]}$.

....

▶ **例 2** 11 个剧团中, 每天有一些剧团演出, 其他剧团观看 (演出的不能观看). 如果每个剧团都看过其他 10 个剧团的演出, 至少演出几天?

解 设共演出 n 天, 第 i 个剧团不演的天数组成集 $A_i(i=1,2,\cdots,11)$, 则 A_1, $A_2,\cdots,A_{11}$ 都是 $X=\{1,2,\cdots,n\}$ 的子集.

因为每个剧团都看过其他剧团的演出, 所以 $A_i,A_j(1\leqslant i<j\leqslant 11)$ 互不包含 (第 i 个剧团看第 j 个剧团演出的那一天属于 A_i 不属于 A_j). 由施佩纳定理,

$$11\leqslant C_n^{\left[\frac{n}{2}\right]}. \tag{4}$$

$C_n^{\left[\frac{n}{2}\right]}$ 随 n 递增, $C_5^2=10, C_6^3=20$, 所以 $n\geqslant 6$. 即至少演出 6 天.

施佩纳定理有众多的推广. 下面这个例子属于博洛巴什 (Bollobas, 1965).

▶ **例 3** 若 $A_1,A_2,\cdots,A_m;B_1,B_2,\cdots,B_m$ 都是 $X=\{1,2,\cdots,n\}$ 的子集, 当且仅当 $i=j$ 时, $A_i\cap B_j=\varnothing$. 若 $|A_i|=a_i,|B_i|=b_i(i=1,2,\cdots,m)$, 证明:

$$\sum_{i=1}^m \frac{1}{C_{a_i+b_i}^{a_i}} \leqslant 1. \tag{5}$$

解 考虑 $n!$ 个全排列. A_i 的元素全在 B_i 的元素前面的全排列共有

$$C_n^{a_i+b_i}\cdot a_i!b_i!(n-a_i-b_i)!=\frac{n!}{C_{a_i+b_i}^{a_i}} \tag{6}$$

个. 如果一个全排列中, A_i (的元素) 全在 B_i (的元素) 前面, A_j 也全在 B_j 前面 (i

$\neq j$),那么在 A_i 已经结束且 B_j 尚未开始的情况中,$A_i \cap B_j = \varnothing$;而在 A_i 结束前 B_j 已经开始的情况中,$A_i \cap B_i = \varnothing$,均与已知矛盾.所以每一个全排列中,至多有一个 A_i 在相应的 B_i 前面.因此,由(6)对 i 求和得

$$\sum_{i=1}^{m} \frac{n!}{C_{a_i+b_i}^{a_i}} \leqslant n!,$$

即(5)成立.

如果取 $B_i = A'_i$,那么 $A_i \cap B_i = \varnothing$,并且 $A_i \cap B_j \neq \varnothing$,即 $A_i \nsubseteq A_j$.这时 (5)成为

$$\sum_{i=1}^{m} \frac{1}{C_n^{a_i}} \leqslant 1.$$

再由 $C_n^{\left[\frac{n}{2}\right]}$ 的最大性即导出施佩纳定理.

4.2 链

知识桥

如果 X 的子集族 $\mathscr{A}=\{A_1,A_2,\cdots,A_t\}$ 中的子集满足
$$A_1\subset A_2\subset\cdots\subset A_t, \tag{1}$$
那么 $\mathscr{A}$ 称为一条(长为 t 的)链.

训练营

▶**例 1** 设 $\mathscr{A}_1,\mathscr{A}_2,\cdots,\mathscr{A}_m$ 为 X 的 m 条链. 每两条均不可比较,即任一条链的成员(子集)都不是另一条链的成员的子集. 若每条链的长均为 $k+1$,用 $f(n,k)$ 表示 m 的最大值. 证明:
$$f(n,k)=C_{n-k}^{\left[\frac{n-k}{2}\right]}. \tag{2}$$

解

首先设 m 条链
$$A_{i0}\subset A_{i1}\subset\cdots\subset A_{ik} \quad (i=1,2,\cdots,m)$$
满足题述条件.

在上节例 3 中取 $A_i=A_{i0}$,$B_i=A'_{ik}$,则 $a_i=|A_{i0}|$,$b_i=n-|A_{ik}|\leqslant n-(a_i+k)$,因此
$$C_{a_i+b_i}^{a_i}\leqslant C_{n-k}^{a_i}\leqslant C_{n-k}^{\left[\frac{n-k}{2}\right]}.$$

显然 $A_i\cap B_i\subseteq A_{ik}\cap A'_{ik}=\varnothing$. 若有 $i\neq j$ 使 $A_i\cap B_j=\varnothing$,则 $A_{i0}\subseteq A_{jk}$,与已知矛盾. 因此 $A_i,B_i(i=1,2,\cdots,m)$ 满足上节例 3 的条件,从而
$$m=\sum_{i=1}^m 1\leqslant\sum_{i=1}^m\frac{C_{n-k}^{\left[\frac{n-k}{2}\right]}}{C_{a_i+b_i}^{a_i}}\leqslant C_{n-k}^{\left[\frac{n-k}{2}\right]},$$
于是
$$f(n,k)\leqslant C_{n-k}^{\left[\frac{n-k}{2}\right]}.$$

其次，设 M_i 为 $\{k+1, k+2, \cdots, n\}$ 的 $\left[\dfrac{n-k}{2}\right]$ 元子集，这样的子集有 $C_{n-k}^{\left[\frac{n-k}{2}\right]}$ 个．链

$$M_i \subset M_i \cup \{1\} \subset M_i \cup \{1,2\} \subset \cdots$$
$$\subset M_i \cup \{1,2,\cdots,k\} \left(i=1,2,\cdots,C_{n-k}^{\left[\frac{n-k}{2}\right]}\right)$$

满足题述条件．

综上所述，(2)成立．

点评

当 $k=0$ 时，例 1 即施佩纳定理．

知识桥

如果链(1)中，
$$|A_{i+1}| = |A_i| + 1, i = 1, 2, \cdots, t-1,$$
并且
$$|A_1| + |A_t| = n,$$
那么链(1)称为**对称链**．

显然每条对称链含有一个 X 的 $\left[\dfrac{n}{2}\right]$ 元子集．当 n 为偶数 $2m$ 时，对称链 (1) 的长度 t 为奇数，位于中间的集 $A_{\frac{t+1}{2}}$ 是 m 元集．当 n 为奇数 $2m+1$ 时，t 为偶数，中间的两个集 $A_{\frac{t}{2}}, A_{\frac{t}{2}+1}$ 分别为 m 元与 $m+1$ 元集．

训练营

例 2 证明：$X = \{1, 2, \cdots, n\}$ 的全体子集可分拆为 $C_n^{\left[\frac{n}{2}\right]}$ 条互不相交的对称链（每个子集在且仅在一条链中）．

解

对 n 归纳．当 $n=1$ 时结论显然成立．设命题对 $n-1$ 成立，即 $\{1, 2, \cdots, n-1\}$ 的全体子集可分拆为 $C_{n-1}^{\left[\frac{n-1}{2}\right]}$ 条互不相交的对称链．设

$$A_1 \subset A_2 \subset \cdots \subset A_t \tag{3}$$

为其中任一条,考虑链

$$A_1 \subset A_2 \subset \cdots \subset A_t \subset A_t \bigcup \{n\} \qquad (4)$$

与

$$A_1 \bigcup \{n\} \subset A_2 \bigcup \{n\} \subset \cdots \subset A_{t-1} \bigcup \{n\} \qquad (5)$$

(当 $t=1$ 时,(5)不存在).

显然(4),(5)是 X 的对称链.

设 A 为 X 的子集.如果 $n \notin A$,那么 A 必恰在一条形如(3)的链中,从而 A 也恰在一条形如(4)的链中,同时 A 显然不在形如(5)的链中.如果 $n \in A$,那么 $A-\{n\}$ 恰在一条形如(3)的链中.当它等于 A_t 时,A 恰在一条形如(4)的链中;当它不等于 A_t 时,A 恰在一条形如(5)的链中.

于是 X 的全部子集被分拆为若干条互不相交的对称链.因为每条对称链中恰有一个 $\left[\dfrac{n}{2}\right]$ 元集,所以对称链的条数为 $C_n^{\left[\frac{n}{2}\right]}$.

点评

显然从每一条链中至多选出一个集合组成 S 族.所以例 2 可导出施佩纳定理.

链的概念不限于包含关系,它可以推广到任意一种偏序关系.即只要某个集合 S 的某些元素之间有关系 $\succ$,并且 $x \succ y, y \succ z$ 时,$x \succ z$(传递性),那么 S 中就存在与(1)类似的链:

$$x_1 \succ x_2 \succ \cdots \succ x_t. \qquad (6)$$

例如,若自然数 $a \mid b$,则称 $a \succ b$.这就是一种偏序关系.一个自然数 m 的因数可以按照这种偏序关系排成链 $d_1 \succ d_2 \succ \cdots \succ d_t$.当 $d_1 d_t$ 与 m 的素因数个数(计及重数)相等,并且 d_{i+1} 比 $d_i (i=1,2,\cdots,t-1)$ 恰多一个素因数时,这种链称为**对称链**.例如

$$1 \succ 2 \succ 2^2 \succ 2^2 \times 3 \succ 2^2 \times 3^2 \succ 2^2 \times 3^2 \times 5,$$

$$3 \succ 2 \times 3 \succ 2 \times 3^2 \succ 2 \times 3^2 \times 5,$$

都是 $180 = 2^2 \times 3^2 \times 5$ 的对称链.

训练营

▶ **例3** 证明:自然数 m 的全部(正)因数可分为互不相交的对称链.

解

当 $m=p^\alpha$,p 为素数,α 为非负整数时,m 的因数组成一条对称链
$$1,p,p^2,\cdots,p^{\alpha-1},p^\alpha.$$

设命题对素因数个数(不计重数)小于 n 的数 m_1 成立.考虑 $m=m_1p^\alpha$,$p\nmid m_1$.

将 m_1 的因数分为互不相交的对称链.设
$$d_1,d_2,\cdots,d_h$$
是其中一条.

作表

d_1	d_2	$\cdots$	d_{h-2}	d_{h-1}	d_h
d_1p	d_2p	$\cdots$	$d_{h-2}p$	$d_{h-1}p$	d_hp
d_1p^2	d_2p^2	$\cdots$	$d_{h-2}p^2$	$d_{h-1}p^2$	d_hp^2
$\vdots$	$\vdots$		$\vdots$	$\vdots$	$\vdots$
$d_1p^{\alpha-1}$	$d_2p^{\alpha-1}$	$\cdots$	$d_{h-2}p^{\alpha-1}$	$d_{h-1}p^{\alpha-1}$	$d_hp^{\alpha-1}$
d_1p^α	d_2p^α	$\cdots$	$d_{h-2}p^\alpha$	$d_{h-1}p^\alpha$	d_hp^α

最外层的 $d_1,d_2,\cdots,d_{h-2},d_{h-1},d_h,d_hp,d_hp^2,\cdots,d_hp^\alpha$ 组成 m 的对称链.同样,从外到内,每一层的数都组成 m 的对称链.

易知 m 的每个因数都在上述形状的对称链中出现.因此命题成立.

点评

例3是由德布鲁因(de Bruijn)等人在1951年证明的.

知识桥

设 $P_1,P_2,\cdots,P_n$ 都是 n 元集 X 的分拆.如果 P_1 仅有一个集即 X,P_i 由 i 个集 $A_1,A_2,\cdots,A_i$($A_1\cup A_2\cup\cdots\cup A_i=X$,$A_1,A_2,\cdots,A_i$ 两两之交为 $\varnothing$)组成,并且 P_{i+1} 是由 P_i "加细"得到的,即将 $A_1,A_2,\cdots,A_i$ 中的某一个分拆为两

个集，$i=0,1,\cdots,n-1$，那么 $P_1,P_2,\cdots,P_n$ 称为一个长为 n 的**分拆链**.

训练营

例 4 求长为 n 的分拆链的个数.

解

P_n 仅一种，即 $\{1\},\{2\},\cdots,\{n\}$. 若已有
$$P_n,P_{n-1},\cdots,P_{k+1},$$
每一个是后一个的加细，则可将 P_{k+1} 中任两个集并为一个集产生 P_k，因此 P_k 有 C_{k+1}^2 种可能. 从而长为 n 的分拆链共
$$\prod_{k=1}^{n-1} C_{k+1}^2 = \frac{(n-1)!n!}{2^{n-1}}$$
个.

4.3 迪尔沃思定理

在上节例 2 中，链的条数恰好等于 S 族的元数的最大值．这是下面例 1，即迪尔沃思（Dilworth）定理的特例．

▶ **例 1** 集族 $\mathcal{A}=\{A_1,A_2,\cdots,A_t\}$ 分拆为互不相交的链时，所需用的链的最少条数 m 等于 $\mathcal{A}$ 中元数最多的 S 族的元数 s．

解 S 族的 s 个元是互不包含的，每条链至多含一个这样的元，所以 $m \geqslant s$．

为了证明 $s \geqslant m$，我们对 t 进行归纳．当 $t=1$ 时结论显然．假设命题对小于 t 的值成立．考虑 t 元集 $\mathcal{A}$．

对 $\mathcal{A}$ 中任一元数为 s 的 S 族 $\mathcal{B}$，不在 $\mathcal{B}$ 中的元 A 必与 $\mathcal{B}$ 中某一元 B 有包含关系（否则 A 可添加到 $\mathcal{B}$ 中，与 s 的最大性矛盾）．将满足 $A \supset B$ 的 A 归入一族，记为 $\mathcal{B}_1$，满足 $A \subset B$ 的 A 归入另一族，记为 $\mathcal{B}_2$（由于 $\mathcal{B}$ 是 S 族，不存在同时发生 $A \supset B, C \supset A$，而 $B, C \in \mathcal{B}$ 的情况）．

如果 $\mathcal{B}_1, \mathcal{B}_2$ 都非空，令
$$\mathcal{A}_1 = \mathcal{B} \cup \mathcal{B}_1, \mathcal{A}_2 = \mathcal{B} \cup \mathcal{B}_2,$$
则 $|\mathcal{A}_1|, |\mathcal{A}_2|$ 都小于 t．由归纳假设，$\mathcal{A}_1, \mathcal{A}_2$ 均可分拆为 s 条链．因为 $\mathcal{B}$ 为 S 族，所以在 $\mathcal{A}_1$ 中，$\mathcal{B}$ 的元都是最小元，从而 $\mathcal{A}_1$ 的 s 条链的终端正是 $\mathcal{B}$ 的 s 个元．同样，$\mathcal{A}_2$ 的 s 条链的始端也是 $\mathcal{B}$ 的 s 个元（作为最大元）．因此可将 $\mathcal{A}_1$ 的链与 $\mathcal{A}_2$ 的链逐对连接起来形成 $\mathcal{A}$ 的链，$s \geqslant m$．

如果对 $\mathcal{A}$ 中任一元数为 s 的 S 族 $\mathcal{B}$ 而言，$\mathcal{B}_1, \mathcal{B}_2$ 至少有一个为空，那么 $\mathcal{A}$ 至多有两个元数为 s 的 S 族，即 $\mathcal{A}$ 的最大元（它不包含在 $\mathcal{A}$ 的其他元素中）所成的族 $\mathcal{E}$ 与 $\mathcal{A}$ 的最小元（它不包含 $\mathcal{A}$ 的其他元素）$\mathcal{F}$．于是有以下三种情况：

(a) 仅集族 $\mathcal{E}$ 有 s 个元．这时从 $\mathcal{E}$ 中去掉一个元 A，$\mathcal{A}$ 剩下 $t-1$ 个元，并且 $\mathcal{A}$ 中最大的 S 族仅 $s-1$ 个元，所以由归纳假设，可分拆为 $s-1$ 条链，添上 A 单

独一个所成的链,共 s 条.

(b) 仅集族 $\mathscr{F}$ 有 s 个元.与(a)类似,$\mathscr{A}$ 可分拆为 s 条链.

(c) $\mathscr{E},\mathscr{F}$ 均有 s 个元.任取 $B\in\mathscr{F}$,必有 $A\in\mathscr{E}$,$A\supset B$.去掉 A,B 后,剩下的元组成 $s-1$ 条链,添上链 $A\supset B$,共 s 条链.

例 1 中的集族可改为任意的偏序集,$\subset$ 改为偏序关系 $\succ$.

迪尔沃思定理有很多应用.

▶ **例 2** 证明:任意的 $mn+1$ 个自然数中,能找出 $m+1$ 个数,使得每一个数能整除比它大的数;或者能找出 $n+1$ 个数,使得每一个数都不能整除其他的数.

解

与上节例 3 相同,以 $a\mid b$ 作为自然数集的偏序关系 $a\succ b$.

如果链的长度均不超过 m,那么因为 $\left\lceil\dfrac{mn+1}{m}\right\rceil=n+1$,所以至少有 $n+1$ 条链.根据迪尔沃思定理,有 $n+1$ 个数组成 S 族,即每一个数都不能整除其他的数.

▶ **例 3** 证明:实数数列

$$a_1,a_2,\cdots,a_{mn+1} \tag{1}$$

中一定能找出一个 $m+1$ 项的递增的子列,或能找出一个 $n+1$ 项的递减的子列.

解

若 $a_i\leqslant a_j, i<j$,则称 $a_i\succ a_j$.如果(1)中递增的子列至多 m 项,那么(1)至少能分为 $n+1$ 条链.从而有 $n+1$ 项组成 S 族,即有一个 $n+1$ 项的递减子列.

▶ **例 4** 设 $\mathscr{A}$ 为偏序集.证明:若 $\mathscr{A}$ 不含长为 $m+1$ 的链,则 $\mathscr{A}$ 可以表成至多 m 个 S 族的并.

解

当 $m=0$ 时结论显然.设命题对 $m-1$ 成立.

$\mathcal{A}$ 的极大元组成 S 族 $\mathcal{B}$. $\mathcal{A}-\mathcal{B}$ 不含长为 m 的链. 由归纳假设, $\mathcal{A}-\mathcal{B}$ 可以表示成至多 $m-1$ 个 S 族的并, 加入 $\mathcal{B}$ 即为 m 个 S 族.

点评

例 4 与例 1 对偶.

4.4 李特尔伍德-奥福德问题

训练营

1943年,李特尔伍德(Littlewood)与奥福德(Offord)提出了下面的问题:设 $z_1, z_2, \cdots, z_n$ 为模 $\geqslant 1$ 的复数,作出 2^n 个形如 $z_{i_1} + z_{i_2} + \cdots + z_{i_t}$ 的和,$\{i_1, i_2, \cdots, i_t\}$ 是集合 $X = \{1, 2, \cdots, n\}$ 的子集(对于空集,相应的和为0).从这些和中最多能选出多少个,使每两个的差的模 <1?

1945年,爱尔特希(P.Erdos, 1913—1996)首先解决了 $z_1, z_2, \cdots, z_n$ 为实数的情况,这就是例1.

▶ **例1** 设 $x_1, x_2, \cdots, x_n$ 为 n 个绝对值不小于1的实数.证明:从 2^n 个和
$$x_A = \sum_{j \in A} x_j, A \subseteq X = \{1, 2, \cdots, n\}$$
中最多能选出 $C_n^{\left[\frac{n}{2}\right]}$ 个,使得每两个的差的模小于1.

解

如果某个 $x_j < 0$,用 $-x_j$ 代替它,并将每个集 A 换成集
$$B = \begin{cases} A \cup \{j\}, j \notin A, \\ A - \{j\}, j \in A, \end{cases} \tag{1}$$
和 x_A 换为和
$$x_B = x_A + (-x_j),$$
于是,不妨设所有 x_j 均非负.

设 $\mathscr{A} = \{A_1, A_2, \cdots, A_t\}$ 为 X 的子集族,并且当 $i \neq j$ 时,
$$|x_{A_i} - x_{A_j}| < 1. \tag{2}$$
若 $A_i \subset A_j$,那么
$$|x_{A_i} - x_{A_j}| = |x_{A_j} - x_{A_i}| \geqslant 1,$$
与(2)矛盾,所以 $\mathscr{A}$ 为 S 族,从而
$$t \leqslant C_n^{\left[\frac{n}{2}\right]}. \tag{3}$$

另一方面,当 $x_1=x_2=\cdots=x_n=1$ 时,有 $C_n^{\left[\frac{n}{2}\right]}$ 个 A(X 的全部 $\left[\frac{n}{2}\right]$ 元子集),使 $x_A=\left[\frac{n}{2}\right]$,它们的差为 0,因此(3)中等号成立.

知识桥

现在设 $x_1,x_2,\cdots,x_n$ 是 n 个模 ≥ 1 的向量(特别地,它们可以是平面向量即复数).为了获得与例 1 类似的结果,我们先引入两个概念.

如果 X 的全体子集所成的族 $P(X)$ 被分拆为若干个(互不相交的)族,各族的元数 $\in \left\{n+1,n-1,n-3,\cdots,n+1-2\left[\frac{n}{2}\right]\right\}$,并且其中元数为 $n+1-2i$ $\left(i=0,1,\cdots,\left[\frac{n}{2}\right]\right)$ 的恰有 $C_n^i-C_n^{i-1}$ 个,我们称这样的分拆为**对称分拆**.

4.2 节中,$P(X)$ 被分拆为若干条对称链,每条对称链是一个子集族.容易验证(参见下面例 2 证明的后半部分)这一分拆是对称分拆.实际上对称分拆的定义即从例 2 延伸出来.

对称分拆中,族的个数为

$$\sum_{i=0}^{\left[\frac{n}{2}\right]}(C_n^i-C_n^{i-1})=C_n^{\left[\frac{n}{2}\right]}. \tag{4}$$

对于上面所说的向量 $x_1,x_2,\cdots,x_n$,如果 $X=\{1,2,\cdots,n\}$ 的子集族 $\mathscr{A}$ 中任意两个子集 A,B 满足

$$|x_A-x_B|\geq 1, \tag{5}$$

那么 $\mathscr{A}$ 称为**稀疏的**.

训练营

例 2 证明:$P(X)$ 有一对称分拆,其中每一个族都是稀疏的.

解

证法与 4.2 节的例 2 类似.对 n 进行归纳,奠基显然.设命题对 $n-1$ 成立,$\{A_1,A_2,\cdots,A_t\}$ 为一个稀疏的族.

不妨设 x_n 为 x 轴上的向量.函数 f 将一切向量 $\alpha=(x,y,z)$ 映为第一坐标

x, 即 $f(\alpha)=x$.

设 $f(x_{A_1}), f(x_{A_2}), \cdots, f(x_{A_t})$ 中 $f(x_{A_k})$ 最大（若同时有几个最大的，任取其中之一），作子集族

$$\{A_1, A_2, \cdots, A_t, A_k \bigcup \{n\}\} \tag{6}$$

与

$$\{A_1 \bigcup \{n\}, \cdots, A_{k-1} \bigcup \{n\}, A_{k+1} \bigcup \{n\}, \cdots, A_t \bigcup \{n\}\} \tag{7}$$

（当 $t=1$ 时仅有(6). 当 $t \geq 2$ 时(6), (7)同时存在).

(7)显然仍是稀疏的. 对(6)中的集 $A_j (1 \leq j \leq t)$,

$$|x_{A_k \bigcup \{n\}} - x_{A_j}| \geq f(x_{A_k \bigcup \{n\}} - x_{A_j})$$
$$= f(x_n) + f(x_{A_k}) - f(x_{A_j})$$
$$\geq f(x_n) \geq 1,$$

所以(6)也是稀疏的.

最后, 我们证明分拆是对称分拆.

原来的族 $\{A_1, A_2, \cdots, A_t\}$ 的元数 $t=n-2i$, 新族(6), (7)的元数分别为 $n+1-2i, n-1-2i=n+1-2(i+1)$. 并且新族中元数为 $n+1-2i$ 的有

$$(C_{n-1}^i - C_{n-1}^{i-1}) + (C_{n-1}^{i-1} - C_{n-1}^{i-2}) = C_n^i - C_n^{i-1}$$

个, 所以新族是对称分拆.

点评

本节开头所提问题的答案仍为 $C_n^{[\frac{n}{2}]}$. 因为每个稀疏族满足(5), 其中只能选出一个子集 A, 从而至多有 $C_n^{[\frac{n}{2}]}$ 个 A 满足每两个 x_A 的差的模小于 1. 另一方面, 例 1 已经表明这个值 $C_n^{[\frac{n}{2}]}$ 是能够取到的.

▶ 例 3 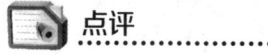 $x_1, x_2, \cdots, x_n$ 为模不小于 1 的向量（或复数）, 对任意向量（或复数）x, 在 2^n 个和 $x_A = \sum_{i \in A} x_i$ 中至多可选出多少个与 x 的差的模小于 $\frac{1}{2}$?

解

若 $|x_A - x| < \frac{1}{2}, |x_B - x| < \frac{1}{2}$, 则

$$|x_A - x_B| < \frac{1}{2} + \frac{1}{2} = 1.$$

因此至多选出 $C_n^{[\frac{n}{2}]}$ 个 x_A，与 x 的差的模小于 $\frac{1}{2}$.

▶ **例 4** 假设同上，证明：在 2^n 个和 $\sum_{i=1}^{n} \varepsilon_i x_i (\varepsilon_i = \pm 1)$ 中，至多可以选出 $C_n^{[\frac{n}{2}]}$ 个，与 x 的距离小于 1.

解

令 $y = \sum x_i$，则
$$|x - \sum \varepsilon_i x_i| = |x + y - \sum(1+\varepsilon_i)x_i|$$
$$= 2\left|\frac{x+y}{2} - \sum \frac{1+\varepsilon_i}{2}x_i\right|.$$

$\frac{1+\varepsilon_i}{2} = 0$ 或 1，这就转化为了上题.

4.5 I 族

知识桥

如果集 $X=\{1,2,\cdots,n\}$ 的子集族 $\mathscr{A}=\{A_1,A_2,\cdots,A_t\}$ 中,每两个子集 A_i, A_j 的交 $A_i\bigcap A_j\neq\varnothing(1\leqslant i,j\leqslant t)$,那么 $\mathscr{A}$ 称为**相交族**或 **I 族**.

训练营

▶ **例 1** 试求 I 族的元数的最大值.

解

I 族 $\mathscr{A}=\{A_1,A_2,\cdots,A_t\}$ 的元数 t 至多为 2^{n-1}.

一方面,因为 X 的 2^n 个子集可以两两配对,即 A 与 A 的补集 $X-A$ 配成一对,所以在 $t>2^{n-1}$ 时,$A_1,A_2,\cdots,A_t$ 中必有一个集是另一个的补集,它们的交为空集.这表明 I 族 $\mathscr{A}$ 的元数 $t\leqslant 2^{n-1}$.

另一方面,含有 n 的子集共 2^{n-1} 个,它们组成 I 集.所以 $\max t=2^{n-1}$.

点评

$\max t=2^{n-1}$ 的情况并不仅有上述一种.例如当 n 为奇数时,所有元数 $\geqslant \dfrac{n+1}{2}$ 的子集组成的族 $\mathscr{A}$ 显然是 I 族,而且 $|\mathscr{A}|=2^{n-1}$.当 n 为偶数时,设 $\mathscr{B}$ 是 $\{1,2,\cdots,n-1\}$ 的子集族,$\mathscr{B}$ 是 I 族,$|\mathscr{B}|=2^{n-2}$ 并且 $\mathscr{B}$ 中子集不全含一个固定元素.作 $X=\{1,2,\cdots,n\}$ 的子集族 $\mathscr{A}$,其中子集由 $\mathscr{B}$ 的子集添加 n 而得.这时 $\mathscr{A}\bigcup\mathscr{B}$ 是 X 的 I 族,$|\mathscr{A}\bigcup\mathscr{B}|=2^{n-1}$,而且 $\mathscr{A}\bigcup\mathscr{B}$ 中子集不全含一个固定元素.

若 $\mathscr{A}$ 为 I 族,而 $|\mathscr{A}|<2^{n-1}$,则必有子集 $A\notin\mathscr{A}$ 并且 $A'\notin\mathscr{A}$.将 A 加到 $\mathscr{A}$ 中后若新族不为 I 族,则必有 $B\in\mathscr{A}$ 而 $A\bigcap B=\varnothing$.此时,$B\subseteq A'$,从而 A' 与 $\mathscr{A}$ 中每个集的交非空.将 A' 加到 $\mathscr{A}$ 中后新族为 I 族.因此总可不断将不在 $\mathscr{A}$ 中的集 A 或 A' 加到 $\mathscr{A}$ 中,直至 $|\mathscr{A}|=2^{n-1}$.

▶ **例2** 设 $2\leqslant r<\dfrac{n}{2}$. $\mathscr{A}=\{A_1,A_2,\cdots,A_t\}$ 为 I 族,并且 $|A_i|=r(i=1,2,\cdots,t)$. 求 t 的最大值.

解

显然,当 $A_1,A_2,\cdots,A_t$ 为 X 中含有一固定元素 x 的全部 r 元子集时,
$$t=C_{n-1}^{r-1}. \tag{1}$$

爱尔特希—柯召—拉多(Rado)证明了 C_{n-1}^{r-1} 就是 t 的最大值.即有

定理 设 $2\leqslant r<\dfrac{n}{2}$. $\mathscr{A}=\{A_1,A_2,\cdots,A_t\}$ 为 I 族,并且 $|A_i|=r(i=1,2,\cdots,t)$,则
$$t\leqslant C_{n-1}^{r-1}, \tag{2}$$

当且仅当 $A_1,A_2,\cdots,A_t$ 为 X 中含有一固定元素 x 的全体集合时,(2)中等号成立.

这个定理在集族理论中极为重要,被誉为里程碑.它的证明也有多种,下面介绍卡托纳(Katona)的证明.

我们知道 n 个数排在圆周上,有 $(n-1)!$ 种排法.完全同样地,将圆周等分为 n 条弧,在各弧标上 n 个数 $1,2,\cdots,n$,也有 $(n-1)!$ 种方法.每一种,称为 $X=\{1,2,\cdots,n\}$ 的一个圈.

卡托纳的证法要点是将 A_j "嵌入" 圈中.

如果 r 元子集 A_j 的 r 个元素标在圈 C 的 r 条连续的弧上,那么就称这 r 条弧为 A_j,并称圈 C 含子集 A_j. 因为 A_j 的 r 个元有 $r!$ 种排列方法,不在 A_j 中的 $n-r$ 个元有 $(n-r)!$ 种排列方法,所以有 $r!(n-r)!$ 个圈含有子集 $A_j(1\leqslant j\leqslant t)$.

另一方面,如果圈 C 含集 $A_1=\{a_1,a_2,\cdots,a_r\}$,并且 $\overparen{P_1P_2},\overparen{P_2P_3},\cdots,\overparen{P_rP_{r+1}}$ 上标的数分别为 $a_1,a_2,\cdots,a_r$($P_1,P_2,\cdots,P_n$ 为圆周的等分点,如图4.5.1),那么 C 上其他的集 A_j 与 A_1 有公共弧.而对每个 $k(1\leqslant k\leqslant r+1)$,以 P_k 为起点的连续 r 条弧有两个(即 $\overparen{P_kP_{k+1}},\overparen{P_{k+1}P_{k+2}},\cdots,\overparen{P_{k+r-1}P_{k+r}}$ 与 $\overparen{P_kP_{k-1}},\overparen{P_{k-1}P_{k-2}},\cdots,\overparen{P_{k-r+1}P_{k-r}}$),这两个除 P_k 外无公共点,因此其中至多有一个是某个 $A_j\in\mathscr{A}$(每两个 $A_i,A_j\in\mathscr{A}$ 必有公共弧).因为以 P_1 或 P_{r+1} 为起点的连续 r 条弧,只有一个是 $\mathscr{A}$ 中的集,即 A_1,所以每一个圈 C 至多含 $\mathscr{A}$ 中 r 个集.

综合以上两个方面,

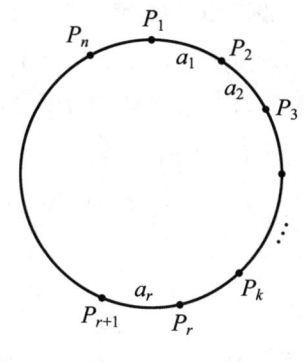

图 4.5.1

$$\sum_{i=1}^{t}\sum_{C\,\text{含}A_i}1=t\times r!\times(n-r)!=\sum_{\text{圈}C}\sum_{A_i\,\text{含于}C}1\leqslant r\times(n-1)!,\qquad(3)$$

即

$$t\leqslant C_{n-1}^{r-1}.\qquad(4)$$

下面研究等号成立的情况.

在定理中已经指明当 $A_1,A_2,\cdots,A_t$ 为 X 中含有一固定元素 x 的全体集合时,(2)中等号成立.

反之,设(2)中等号成立,则(3)中等号成立,从而每一圈上恰含 r 个 A_j.

对于圈 C,设分点为 $P_1,P_2,\cdots,P_n$,并且 $\widehat{P_1P_2},\widehat{P_2P_3},\cdots,\widehat{P_rP_{r+1}}$ 上标的数分别为 $a_1,a_2,\cdots,a_r$,$A_1=\{a_1,a_2,\cdots,a_r\}$.根据上面所证,以 $P_k(1\leqslant k\leqslant r)$ 为起点的连续 r 条弧恰有一个是 $\mathscr{A}$ 中某个子集,不妨设就是 A_k.这时有两种情况:

(a) 所有 $A_k(1\leqslant k\leqslant r)$ 均含有 a_r(如图 4.5.2).

(b) 有一个 $h(1\leqslant h<r)$,A_h 含有 a_r 而 A_{h+1} 不含有 a_r(这时 $A_{h+2},\cdots,A_r$ 均不含 a_r.如图 4.5.3).

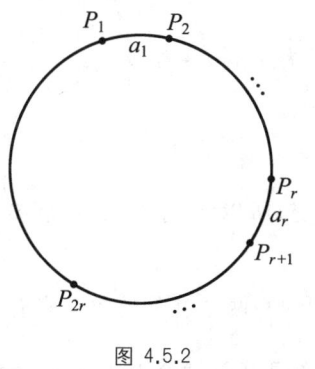

图 4.5.2

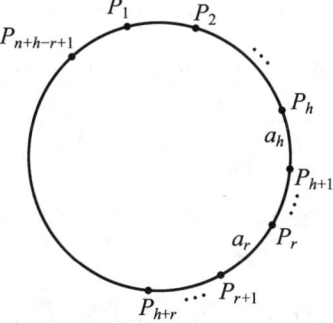

图 4.5.3

无论哪一种情况,这 r 个集(所对应的弧)都只覆盖了圆周上 $2r-1$ 条弧,而不是整个圆周(因为 $n\geqslant 2r$).这 $2r-1$ 条弧有一个起点(图 4.5.2 中是 P_1,图 4.5.3 中是 $P_{n+h-r+1}$),一个终点(图 4.5.2 中是 P_{2r},图 4.5.3 中是 P_{h+r}).不失一般性,我们设起点为 P_1,r 个属于 $\mathscr{A}$ 的集为

$$\{a_1, a_2, \cdots, a_r\}, \{a_2, a_3, \cdots, a_{r+1}\}, \cdots,$$
$$\{a_r, a_{r+1}, \cdots, a_{2r-1}\},$$

又设 $\overparen{P_n P_1}$ 上标的数为 b,则

$$B = \{b, a_1, a_2, \cdots, a_{r-1}\} \notin \mathscr{A}.$$

现在证明任一含 a_r、不含 b 的 r 元子集 A_p 属于 $\mathscr{A}$.

设 A_p 中有 $r-s$ 个数 $\in \{a_1, a_2, \cdots, a_r\}$.不妨设它们是 $a_{s+1}, a_{s+2}, \cdots, a_r$(否则将 $a_1, \cdots, a_{r-1}$ 重新编号).又设其余的数为 $c_{r+1}, c_{r+2}, \cdots, c_{r+s}$.

考虑各弧依次标上 $b, a_1, a_2, \cdots, a_r, c_{r+1}, c_{r+2}, \cdots, c_{r+s}, \cdots$ 的圈 C'.

由于 $A_1 = \{a_1, a_2, \cdots, a_r\} \in \mathscr{A}$,$B = \{b, a_1, \cdots, a_{r-1}\} \notin \mathscr{A}$,根据上面的分析,在圈 C' 上情况(b)不会出现(否则相当于 A_{h+1} 的 $B \in \mathscr{A}$),即必有情况(a)发生,

$$\{a_2, \cdots, a_r, c_{r+1}\}, \{a_3, \cdots, a_r, c_{r+1}, c_{r+2}\}, \cdots,$$
$$\{a_r, c_{r+1}, \cdots, c_{2r-1}\}$$

都是 $\mathscr{A}$ 中的子集.特别地,$A_p \in \mathscr{A}$.

进一步,我们证明不含 a_r 的集 A_q 一定不属于 $\mathscr{A}$.

A_q 的补集有 $n-r \geqslant r+1$ 个元,如果这 $n-r$ 个元中有 b,将 b 去掉,再去掉若干个元,成为含 a_r 的 r 元集.如果这 $n-r$ 个元中无 b,也可以去掉若干个元,成为含 a_r 的 r 元集.根据上面所证,这含 a_r 的 r 元集 $\in \mathscr{A}$.因此 $A_q \notin \mathscr{A}$.

最后,由 $|\mathscr{A}| = C_{n-1}^{r-1}$ 及不含 a_r 的集不属于 $\mathscr{A}$,得一切含 a_r 的集组成 $\mathscr{A}$.

因此,$|\mathscr{A}|$ 达到最大值的情况共有 n 种.

▶ **例 3** 设 $n \leqslant 2r$,$\mathscr{A} = \{A_1, A_2, \cdots, A_t\}$ 为 I 族,并且 $|A_i| = r (i = 1, 2, \cdots, t)$.求 t 的最大值.

解

当 $n < 2r$ 时,X 的每两个 r 元子集均相交,所以 $\mathscr{A}$ 可由 X 的全部 r 元子集组成,$\max |\mathscr{A}| = C_n^r$.

当 $n = 2r$ 时,X 的 r 元子集两两互补,因为每两个互补的集至多有一个属于 $\mathscr{A}$,所以 $|\mathscr{A}| \leqslant \dfrac{1}{2} C_n^r = C_{n-1}^{r-1}$,即(2)仍然成立.如果在每两个互补的 r 元集中取出

一个组成 $\mathscr{A}$,那么 $|\mathscr{A}|=\dfrac{1}{2}C_n^r=C_{n-1}^{r-1}$,并且 $\mathscr{A}$ 中每两个子集均有公共元(因为这两个集不互补).即 $\max|\mathscr{A}|=C_{n-1}^{r-1}$,并且达到最大值的情况共有 $2^{C_{n-1}^{r-1}}$ 种.

爱尔特希、柯召、拉多的论文在 1938 年已基本完成,但 1961 年才发表于《数学季刊》(*Quarterly Journal*).在这篇论文中,不仅有上面的定理,而且还提出了很多问题.这些问题已被其他数学家(德萨(Deza),弗兰克尔(Frankl),卡托纳等)逐一解决,只遗留下一个,即

猜想 设 $|X|=4m$,$\mathscr{A}=\{A_1,A_2,\cdots,A_t\}$,$|A_i|=2n(1\leqslant i\leqslant t)$,$|A_i\cap A_j|\geqslant 2(1\leqslant i,j\leqslant t)$,则

$$\max t=\frac{1}{2}(C_{4m}^{2m}-(C_{2n}^n)^2).$$

爱尔特希提供 250 英镑,奖赏解决上述猜想(证明或推翻)的人.爱尔特希孤身一人,四海为家,经常提供悬奖的数学问题,但他的收入并不甚丰,悬奖通常在 10~100 美元.250 英镑对于他,已经是一大笔钱.这正表明爱尔特希重视这个问题,并且问题的难度甚大.

4.6 EKR 定理的推广

上节的爱尔特希—柯召—拉多定理简记为 EKR 定理,它有很多推广.下面的例 1、例 2 去掉了 $|A_i|$ 全相等的限制,例 3 则去掉了 $|A_i| \leqslant \dfrac{n}{2}$.

▶ **例 1** 设 n 元集 X 的子集族 $\mathscr{A} = \{A_1, A_2, \cdots, A_t\}$ 为 I 族,并且对每个 i $(1 \leqslant i \leqslant t)$,$|A_i| \leqslant r \leqslant \dfrac{n}{2}$.若 $\mathscr{A}$ 又是 S 族,证明:

$$t \leqslant C_{n-1}^{r-1}. \tag{1}$$

解 由 4.2 例 2,X 的全体子集所成的族 $P(X)$ 可以分拆为对称链.因为 $\mathscr{A}$ 是 S 族,$A_1, A_2, \cdots, A_t$ 属于不同的链.将每个 A_i 用链中的 r 元集 B_i 代替(当 $|A_i| = r$ 时,$B_i = A_i$).显然 $B_1, B_2, \cdots, B_t$ 仍为 I 族,根据 EKR 定理,(1)成立.

▶ **例 2** 条件同例 1,证明:

$$\sum_{i=1}^{t} \dfrac{1}{C_{n-1}^{|A_i|-1}} \leqslant 1. \tag{2}$$

解 首先注意在上节例 2 的证明中,可以得出若圈 C 含 $\mathscr{A}$ 中的集 A_1,则 C 至多含 $\mathscr{A}$ 中 $|A_1|$ 个子集.

在那里曾考虑和

$$\sum_{i=1}^{t} \sum_{C \text{含} A_i} 1 = \sum_{\text{圈} C} \sum_{A_i \text{含于} C} 1. \tag{3}$$

现在考虑一个类似的"加权"和

$$\sum_{i=1}^{t} \dfrac{1}{|A_i|} \sum_{C \text{含} A_i} 1 = \sum_{\text{圈} C} \sum_{A_i \text{含于} C} \dfrac{1}{|A_i|}. \tag{4}$$

由上面所说,设 A_j 含于 C,且 $|A_j|$ 最小,则

$$\sum_{A_i \text{含于} C} \frac{1}{|A_i|} \leqslant \frac{1}{|A_j|} \cdot |A_j| = 1,$$

于是(4)的右边 $\leqslant \sum_{\text{圈} C} 1 = (n-1)!$.

(4)的左边 $= \sum_{i=1}^{t} \frac{1}{|A_i|} \cdot |A_i|! \cdot (n-|A_i|)!$

$= \sum_{i=1}^{t} \frac{(n-1)!}{C_{n-1}^{|A_i|-1}}.$

结合以上两方面即得(2).

点评..............

因为 $|A_i| \leqslant r \leqslant \frac{n}{2}$ 时,$C_{n-1}^{|A_i|-1}$ 随 $|A_i|$ 递增,所以由(2)可得 $\sum_{i=1}^{t} \frac{1}{C_{n-1}^{r-1}} \leqslant 1$,即 (1)成立.

....

▶**例3** 设 $\mathscr{A} = \{A_1, A_2, \cdots, A_t\}$ 是 n 元集的子集族. 若 $\mathscr{A}$ 既是 I 族又是 S 族,证明:

$$|\mathscr{A}| \leqslant C_n^{\left[\frac{n}{2}\right]+1}. \tag{5}$$

解

首先证明一个不等式

$$\sum_{\substack{A \in \mathscr{A} \\ |A| \leqslant \frac{n}{2}}} \frac{1}{C_n^{|A|-1}} + \sum_{\substack{A \in \mathscr{A} \\ |A| > \frac{n}{2}}} \frac{1}{C_n^{|A|}} \leqslant 1. \tag{6}$$

为此引进一个权函数 $f(C, A_i)$:

$$f(C, A_i) = \begin{cases} \dfrac{n - |A_i| + 1}{|A_i|}, & |A_i| \leqslant \dfrac{n}{2},\text{且圈 } C \text{ 含 } A_i, \\ 1, & |A_i| > \dfrac{n}{2},\text{且圈 } C \text{ 含 } A_i, \\ 0, & \text{圈 } C \text{ 不含 } A_i, \end{cases}$$

这里圈 C 含 A_i 的意义与上节例2相同.

$$\sum_{i=1}^{t} \sum_{\text{圈} C} f(C, A_i) = \sum_{|A_i| \leqslant \frac{n}{2}} \frac{n - |A_i| + 1}{|A_i|} \sum_{\text{圈} C \text{含} A_i} 1 + \sum_{|A_i| > \frac{n}{2}} \sum_{\text{圈} C \text{含} A_i} 1$$

$$= \sum_{|A_i| \leqslant \frac{n}{2}} \frac{n-|A_i|+1}{|A_i|} |A_i|!(n-|A_i|)!$$

$$+ \sum_{|A_i| > \frac{n}{2}} |A_i|!(n-|A_i|)!$$

$$= n! \Big(\sum_{\substack{A \in \mathscr{A} \\ |A| \leqslant \frac{n}{2}}} \frac{1}{C_n^{|A|-1}} + \sum_{\substack{A \in \mathscr{A} \\ |A| > \frac{n}{2}}} \frac{1}{C_n^{|A|}} \Big). \tag{7}$$

另一方面,我们可以证明对每个圈 C,

$$\sum_{i=1}^{t} f(C, A_i) = \sum_{\substack{|A_i| \leqslant \frac{n}{2} \\ A_i \in C}} \frac{n-|A_i|+1}{|A_i|} + \sum_{\substack{|A_i| > \frac{n}{2} \\ A_i \in C}} 1 \leqslant n. \tag{8}$$

事实上,不妨设圈 C 上标的数依次为 $1, 2, \cdots, n$. 若所有 $|A_i| > \frac{n}{2}$,因为 $\mathscr{A}$ 是 S 族,所以 $\mathscr{A}$ 中以 j 为"第一个元素"的形如 $\{j, j+1, \cdots, k\}$(约定 $n+b=b$)的集至多只有一个. 从而含于 C 的 A_i 至多 n 个,即(8)成立. 若有 $|A_i| \leqslant \frac{n}{2}$,不妨设 $A_1 = \{1, 2, \cdots, r\}$ 的元数 r 最小. 这时 $\mathscr{A}$ 中其他子集 A_i,或者以某个 $j(2 \leqslant j \leqslant r)$ 为第一元素或者以 $j-1(2 \leqslant j \leqslant r)$ 为最后元素,并且以 j 为第一元素或以 $j-1$ 为最后元素的 A_i 均至多一个(因为 $\mathscr{A}$ 是 S 族). 若两者均有,则它们应有公共元(因为 $\mathscr{A}$ 是 I 族),从而其中必有一个元数 $> \frac{n}{2}$. 它们的权的和(注意 r 的最小性)

$$\leqslant \frac{n-r+1}{r} + 1 = \frac{n+1}{r},$$

因此(8)左边 $\leqslant \frac{n-r+1}{r} + (r-1) \times \frac{n+1}{r} = n.$

由(8),

$$\sum_{\text{圈} C} \sum_{i=1}^{t} f(C, A_i) \leqslant n \times (n-1)! = n!. \tag{9}$$

综合(7),(9)即得(6).

因为当 $|A| \leqslant \frac{n}{2}$ 时,$C_n^{|A|-1} \leqslant C_n^{\left[\frac{n}{2}\right]-1} \leqslant C_n^{\left[\frac{n}{2}\right]+1}$;当 $|A| > \frac{n}{2}$ 时,$C_n^{|A|} \leqslant C_n^{\left[\frac{n}{2}\right]+1}$,所以由(6)得

$$\sum_{A \in \mathscr{A}} \frac{1}{C_n^{\left[\frac{n}{2}\right]+1}} \leqslant 1,$$

即(5)成立.

当 $\mathscr{A}$ 由全体 $\left[\dfrac{n}{2}\right]+1$ 元集组成时,(5)中等号成立.因此上界 $C_n^{\left[\frac{n}{2}\right]+1}$ 是最佳的.

▶**例 4** 集族 $\mathscr{A}=\{A_1,A_2,\cdots,A_t\}$ 既是 S 集又是 I 集,并且每两个 A_i,A_j 的并集不是 X.证明:

$$t \leqslant C_{n-1}^{\left[\frac{n}{2}\right]-1}. \tag{10}$$

解

考虑 $A_1,A_2,\cdots,A_t$ 及其补集 $A_1',A_2',\cdots,A_t'$.

因为 $\mathscr{A}$ 是 I 族,所以 $A_i \cap A_j \neq \varnothing$,从而 A_i 与 A_j' 互不包含.

因为 $\mathscr{A}$ 是 S 族,A_i 与 $A_j(i \neq j)$ 互不包含,从而 A_i' 与 A_j' 互不包含,$A_i' \cap A_j' \neq \varnothing$.

因为 $A_i \cup A_j \neq X$,所以 $A_i' \cap A_j' \neq \varnothing$.

将 $\{A_1,A_2,\cdots,A_t,A_1',A_2',\cdots,A_t'\}$ 分拆为两个集族 $\mathscr{B},\mathscr{B}'$.$\mathscr{B}$ 中的集元数均 $\leqslant \dfrac{n}{2}$,并且在 $|A_i|=\dfrac{n}{2}$ 时,A_i 与 A_i' 恰有一个在 $\mathscr{B}$ 中.

根据上面所述,$\mathscr{B}$ 是 I 族,也是 S 族,从而由例 2,

$$\sum_{B \in \mathscr{B}} \dfrac{1}{C_{n-1}^{|B|-1}} \leqslant 1. \tag{11}$$

(11)中的 $|B| \leqslant \left[\dfrac{n}{2}\right]$,所以 $C_{n-1}^{|B|-1} \leqslant C_{n-1}^{\left[\frac{n}{2}\right]-1}$.而 $\mathscr{B}$ 中子集恰 t 个,所以(11)可导出(10).

4.7 影

知识桥

设 $\mathscr{A}$ 是 n 元集 X 的子集族,并且 $\mathscr{A}$ 中的子集都是 l 元子集.集族
$$\{B: |B|=l-1 \text{ 并且 } B \text{ 是 } \mathscr{A} \text{ 中某个集的子集}\}$$
称为 $\mathscr{A}$ 的**影子**或**影**,记为 $\Delta\mathscr{A}$,$\Delta\{A\}$ 简记为 ΔA.

在 4.1 节例 1 的第二个证明中实际上已经得到
$$|\Delta\mathscr{A}| \geqslant \frac{l}{n-l+1}|\mathscr{A}| \tag{1}$$

(l 即那里的 s).为了得出更精确的关系,需要引进一些记号与概念.

训练营

▶**例 1** 证明:对任意的自然数 t, l,存在自然数 $a_l > a_{l-1} > \cdots > a_m \geqslant m$,使得
$$t = C_{a_l}^l + C_{a_{l-1}}^{l-1} + \cdots + C_{a_m}^m, \tag{2}$$
并且这种表示是唯一的.

解 当 $t=1$ 时,有唯一的表示 $t = C_l^l$ ($a_l = l$).

如果 t 有所述的表示,那么
$$C_{a_l}^l \leqslant t < C_{a_l}^l + C_{a_{l-1}}^{l-1} + \cdots + C_{a_{m+1}}^{m+1} + C_{a_{m+1}}^m$$
$$\leqslant C_{a_l}^l + C_{a_{l-1}}^{l-1} + \cdots + C_{a_{m+2}}^{m+2} + C_{a_{m+2}}^{m+1}$$
$$\leqslant \cdots$$
$$\leqslant C_{a_l}^l + C_{a_l}^{l-1}$$
$$= C_{a_l+1}^l,$$

从而 a_l 是满足 $C_x^l \leqslant t$ 的最大整数 x,被 l, t 唯一确定.

取定 a_l 为满足 $C_x^l \leqslant t$ 的最大整数 x 后,

$$t - C_{a_l}^l < C_{a_l+1}^l - C_{a_l}^l = C_{a_l}^{l-1}.$$

因此满足 $C_x^{l-1} \leq t - C_{a_l}^l$ 的最大整数 $a_{l-1} < a_l$，a_{l-1} 也是唯一确定的. 依此类推，可唯一地定出 t 的表达式(2).

(2)称为 t 的 l-二项式表示.

▶**例2** 设 $\mathscr{A}$ 为 $X = \{1, 2, \cdots, n\}$ 的子集族，对 $1 < j \leq n$，定义集 A 的位移
$$S_j(A) = \begin{cases} (A - \{j\}) \cup \{1\}, & j \in A, 1 \notin A, (A - \{j\}) \cup \{1\} \notin \mathscr{A}, \\ A, & \text{其他情况}, \end{cases}$$

及 $\mathscr{A}$ 的位移
$$S_j(\mathscr{A}) = \{S_j(A) : A \in \mathscr{A}\}.$$

证明：

(i) $\Delta(S_j(\mathscr{A})) \subseteq S_j(\Delta \mathscr{A})$; \hfill (3)

(ii) $|\Delta \mathscr{A}| \geq |\Delta(S_j(\mathscr{A}))|$. \hfill (4)

解

(i) 设 $A \in \mathscr{A}$. 要证明 $\Delta(S_j(A)) \subseteq S_j(\Delta \mathscr{A})$.

若 $A = S_j(A)$，则对任一 $B \in \Delta(S_j(A)) = \Delta(A)$，均有 $A = B \cup \{i\}$. 由 $S_j(\Delta \mathscr{A})$ 的定义，$B = S_j(B)$（这里 S_j 是 $\Delta \mathscr{A}$ 的位移，不是 $\mathscr{A}$ 的位移），除非 $j \in B, 1 \notin B$ 而且 $(B - \{j\}) \cup \{1\} \notin \Delta \mathscr{A}$. 但 $j \in B, 1 \notin B$ 时，$i \neq j$. 当 $i = 1$ 时，$(B - \{j\}) \cup \{1\} = A - \{j\} \in \Delta \mathscr{A}$. 当 $i \neq 1$ 时，$j \in A, 1 \notin A$，由于 $A = S_j(A)$，必有 $(A - \{j\}) \cup \{1\} \in \mathscr{A}$，从而仍有 $(B - \{j\}) \cup \{1\} \in \Delta \mathscr{A}$. 因此总有 $B = S_j(B) \in S_j(\Delta \mathscr{A})$.

若 $A \neq S_j(A)$，则 $j \in A, 1 \notin A, S_j(A) = (A - \{j\}) \cup \{1\}$. 对任一 $B \in \Delta(S_j(A))$，有 $B = (A - \{j\}) \cup \{1\} - \{i\}, i \in (A - \{j\}) \cup \{1\}$. 当 $i = 1$ 时，$B = A - \{j\} = S_j(A - \{j\}) \in S_j(\Delta \mathscr{A})$. 当 $i \neq 1$ 时，又分两种情况：

1° $B \in \Delta \mathscr{A}$. 由于 $j \notin B$，显然 $B = S_j(B) \in S_j(\Delta \mathscr{A})$.

2° $B \notin \Delta \mathscr{A}$，即 $((A - \{i\}) - \{j\}) \cup \{1\} \notin \Delta \mathscr{A}$，此时 $B = ((A - \{i\}) - \{j\}) \cup \{1\} = S_j(A - \{i\}) \in S_j(\Delta \mathscr{A})$.

因此恒有 $A \in \mathscr{A}$ 时，$\Delta(S_j(A)) \subseteq S_j(\Delta \mathscr{A})$. 从而(3)成立.

(ii) 显然，$\mathscr{A}$ 中任意两个集 A_1, A_2 经位移后仍不相同. 所以
$$|\Delta \mathscr{A}| = |S_j(\Delta \mathscr{A})| \geq |\Delta(S_j(\mathscr{A}))|.$$

下面介绍本节的主要内容.

▶ **例 3** 设 $\mathscr{A} = \{A_1, A_2, \cdots, A_t\}$ 为 X 的 l 元子集的族，t 的 l-二项式表示为

$$t = C_{a_l}^l + C_{a_{l-1}}^{l-1} + \cdots + C_{a_m}^m, a_l > a_{l-1} > \cdots > a_m \geq m. \tag{5}$$

证明：

$$|\Delta \mathscr{A}| \geq C_{a_l}^{l-1} + C_{a_{l-1}}^{l-2} + \cdots + C_{a_m}^{m-1}. \tag{6}$$

这一结论称为克鲁斯卡尔(Kruskal)—卡托纳定理.

解

对 $\mathscr{A}$ 施行移位运算 $S_j, j = 2, 3, \cdots, n$，使含 1 的集个数增加.这样进行有限多次后，必有 $S_j(\mathscr{A}) = \mathscr{A}$ 对所有 $j \geq 2$ 均成立.由例 2(3)，在这过程中 $|\Delta \mathscr{A}|$ 不增.因此不妨假设 $S_j(\mathscr{A}) = \mathscr{A}$ 对所有 $j \geq 2$ 均已成立.令

$$\mathscr{A}_1 = \{A : A \in \mathscr{A}, 1 \notin A\},$$
$$\mathscr{A}_2 = \{A - \{1\}, A \in \mathscr{A}, 1 \in A\}.$$

对任一 $B \in \Delta \mathscr{A}_1$，有 $i > 1$ 使 $B \cup \{i\} \in \mathscr{A}_1$.从而必有 $B \cup \{1\} \in \mathscr{A}$（否则 $B \cup \{1\} = S_i(B \cup \{i\}) \in S_i(\mathscr{A}) = \mathscr{A}$，矛盾）.因此 $B \in \mathscr{A}_2$，从而

$$|\mathscr{A}_2| \geq |\Delta \mathscr{A}_1|. \tag{7}$$

当 $l = 1$ 及 $l = n$ 时，结论显然成立（前者 $\Delta \mathscr{A} = \varnothing$，$|\Delta \mathscr{A}| = C_t^0 = 1$.后者 $t = 1$，$\Delta \mathscr{A}$ 由所有 $n-1$ 元集组成，$|\Delta \mathscr{A}| = C_n^{n-1} = n - 1$）.假设结论对 $n < k$ 成立，并且对 $n = k$ 且 $l < h$ 也成立.考虑 $n = k, l = h$ 的情况.

若 $|\mathscr{A}_2| < C_{a_{l-1}}^{l-1} + \cdots + C_{a_{m-1}}^{m-1}$，则

$$|\mathscr{A}_1| = |\mathscr{A}| - |\mathscr{A}_2|$$
$$> (C_{a_l}^l - C_{a_{l-1}}^{l-1}) + \cdots + (C_{a_m}^m - C_{a_{m-1}}^{m-1})$$
$$= C_{a_l - 1}^l + \cdots + C_{a_m - 1}^m.$$

由归纳假设，

$$|\Delta \mathscr{A}_1| \geq C_{a_l - 1}^{l-1} + \cdots + C_{a_m - 1}^{m-1},$$

从而 $|\Delta \mathscr{A}_1| > |\mathscr{A}_2|$，与(7)矛盾.因此

$$|\mathscr{A}_2| \geq C_{a_l - 1}^{l-1} + \cdots + C_{a_m - 1}^{m-1}. \tag{8}$$

由归纳假设，

$$|\Delta \mathscr{A}_2| \geq C_{a_l - 1}^{l-2} + \cdots + C_{a_m - 1}^{m-2}. \tag{9}$$

(8),(9)相加得

$$|\mathscr{A}_2| + |\Delta \mathscr{A}_2| \geq C_{a_l}^{l-1} + \cdots + C_{a_m}^{m-1}. \tag{10}$$

因为 $\Delta \mathscr{A}_2$ 中任一子集添加 1 后成为 $\Delta \mathscr{A}$ 中子集，并且不同的子集添加 1 后

各不相同,这些子集与 $\mathscr{A}_2$ 中子集(不含1)不同,所以
$$|\Delta\mathscr{A}| \geqslant |\mathscr{A}_2| + |\Delta\mathscr{A}_2|. \tag{11}$$

由(10),(11)可导出(6).

4.8 米尔纳定理

训练营

若 n 元集 X 的子集族 $\mathscr{A}=\{A_1,A_2,\cdots,A_t\}$ 是 S 族，并且 $\mathscr{A}$ 中任两个集 A_i，A_j 均有 $|A_i\cap A_j|\geqslant k$，米尔纳（Milner）在 1968 年证明了

$$|\mathscr{A}|\leqslant C_n^{\left[\frac{n+k+1}{2}\right]}. \tag{1}$$

我们分三步来证明(1)，即下面的例 1～例 3.

▶ **例 1** 设 $X=\{1,2,\cdots,n\}$ 的子集族 $\mathscr{A}$ 为 I 族. 对 $1<j\leqslant n$ 及 $A\in\mathscr{A}$，定义位移

$$S_j(A)=\begin{cases}(A-\{1\})\cup\{j\}, & 1\in A, j\notin A, (A-\{1\})\cup\{j\}\notin\mathscr{A},\\ A, & \text{其他情况}.\end{cases}$$

证明：$S_j(\mathscr{A})=\{S_j(A):A\in\mathscr{A}\}$ 仍为 I 族，并且

$$|\Delta\mathscr{A}|\geqslant|\Delta(S_j(\mathscr{A}))|. \tag{2}$$

解 $S_j(A)$ 实际上与上节相同，只不过将元素的标号 1 与 j 互换. 因此(2)即上节的(4)，勿需再证.

为了证明 $S_j(\mathscr{A})$ 是 I 族，设 $A_1,A_2\in\mathscr{A}$，往证 $S_j(A_1)\cap S_j(A_2)\neq\varnothing$. 显然只需考虑 $S_j(A_1)=A_1, S_j(A_2)=(A_2-\{1\})\cup\{j\}$ 的情况. 设 $a\in A_1\cap A_2$. 若 $a\neq 1$，则 $a\in S_j(A_1)\cap S_j(A_2)$. 若 $a=1, j\in A_1$，则 $j\in S_j(A_1)\cap S_j(A_2)$. 若 $a=1, j\notin A_1$，则由于 $S_j(A_1)=A_1$，必有 $(A_1-\{1\})\cup\{j\}\in\mathscr{A}$. $\mathscr{A}$ 是 I 族，必有 $y\in A_2\cap((A_1-\{1\})\cup\{j\})$. 显然 $y\neq 1$. 因为 $j\notin A_2, y\neq j$，从而 $y\in S_j(A_1)\cap S_j(A_2)$.

▶ **例 2** 若 $\mathscr{A}=\{A_1,A_2,\cdots,A_t\}$ 是 I 族，并且 $A_1,A_2,\cdots,A_t$ 都是 n 元集 X 的 l 元子集，证明：

$$|\Delta\mathscr{A}|\geqslant|\mathscr{A}|. \tag{3}$$

解

当 $n=1$ 时(3)显然成立.假设(3)对 $n-1(\geqslant 1)$ 成立.

若 $l\geqslant \frac{1}{2}(n+1)$,由 4.2 节例 2,将 $P(X)$ 分解为对称链,每个 $A_i(1\leqslant i\leqslant t)$ 在一条链中,这条链中有一个比 A_i 恰少一个元的集 B_i.这些 $B_i(1\leqslant i\leqslant t)$ 互不相同(在不同的链中),因此(3)成立.

以下设 $l\leqslant \frac{1}{2}n$.

若 $l=1$,则 $t=1$,$|\Delta \mathscr{A}|=|\mathscr{A}|$.

若 $l=2$,$t=1$,则 $|\Delta \mathscr{A}|=2>|\mathscr{A}|$.若 $l=2$,$t\geqslant 2$,又有两种情况:

$1°$ X 的每个元至多属于两个 $\mathscr{A}$ 中子集.设 $A_1=\{a,b\}$,$A_2=\{a,c\}$,则由于 $\mathscr{A}$ 是 I 族,至多还有一个集,即 $\{b,c\}\in \mathscr{A}$.从而 $|\Delta \mathscr{A}|=3\geqslant |\mathscr{A}|$.

$2°$ X 的元素 $a\in A_1\cap A_2\cap A_3$.由于 $\mathscr{A}$ 是 I 族,任一 $\mathscr{A}$ 中的集 A_j 含有 a(否则二元集 A_j 不可能与 A_1,A_2,A_3 均有公共元).于是 $|\Delta \mathscr{A}|=1+|\mathscr{A}|>|\mathscr{A}|$.

设 $l>2$,并且将 l 换为较小的自然数时(3)成立.

对 $\mathscr{A}$ 重复施用位移运算 S_j,$j=2,3,\cdots,n$,使含 1 的集减少,经有限多步后,不再产生新的集.由例 1,新的集族仍为 I 族,并有不等式(2).不妨假定 $S_j(\mathscr{A})=\mathscr{A}$,$j=2,3,\cdots,n$.

如果 1 不属于 $\mathscr{A}$ 中任一个集,那么 $\mathscr{A}$ 是 $n-1$ 元集 $\{2,3,\cdots,n\}$ 的子集族,从而(3)成立.

设 1 属于 A_1,A_2,$\cdots$,A_s,不属于 A_{s+1},$\cdots$,A_t.令 $B_i=A_i-\{1\}$,$i=1,2,\cdots,s$.因为 $l\leqslant \frac{1}{2}n$,所以 $|A_1\cup A_2|\leqslant 2l-1<n$.即有 X 的元素 $j\notin A_1\cup A_2$,但 $S_j(A_1)=A_1$,所以 $(A_1-\{1\})\cup\{j\}\in \mathscr{A}$,即 $B_1\cup\{j\}\in \mathscr{A}$.因此 $|B_1\cap B_2|=|(B_1\cup\{j\})\cap B_2|=|(B_1\cup\{j\})\cap A_2|\geqslant 1$.同理 B_1,B_2,$\cdots$,B_s 中每两个的交非空.因此 $\mathscr{B}=\{B_1,B_2,\cdots,B_s\}$ 是 I 族,有关于 l 的归纳假设

$$|\Delta \mathscr{B}|\geqslant |\mathscr{B}|. \tag{4}$$

$\{2,3,\cdots,n\}$ 的子集族 $\mathscr{C}=\{A_{s+1},A_{s+2},\cdots,A_t\}$ 也是 I 族,因此有关于 n 的归纳假设

$$|\Delta \mathscr{C}|\geqslant |\mathscr{C}|. \tag{5}$$

由(4),(5)得

$$|\Delta \mathscr{A}|\geqslant |\Delta \mathscr{B}|+|\Delta \mathscr{C}|\geqslant |\mathscr{B}|+|\mathscr{C}|=|\mathscr{A}|.$$

例 2 是卡托纳于 1964 年发现的定理.

▶ **例 3** 证明:本节开头的式子(1)成立.

解

记 $l = \left[\dfrac{n+k+1}{2}\right]$. 若 $\mathscr{A}$ 中所有 A_i 满足 $|A_i| = l$,(1)显然成立. 若 $\mathscr{A}$ 中有元数 $<l$ 的集,不妨设 $A_1, A_2, \cdots, A_s$ 的元数最少,均为 h 元集,$h < l$. 考虑集族
$$\mathscr{B} = \{B : B \text{ 为 } X \text{ 的 } h+1 \text{ 元子集,并且至少包含一个 } A_i, 1 \leqslant i \leqslant s\}.$$
显然 $\mathscr{B} \cup \{A_{s+1}, \cdots, A_t\}$ 仍为 S 族,并且其中任两个集的交集至少有 k 个元.

因为 $|A_1 \cap A_2| \geqslant k$,所以 $|A_1 \cup A_2| \leqslant 2h - k$,$|A_1' \cap A_2'| \geqslant n - 2h + k \geqslant n - 2l + k + 2 \geqslant 1$. 从而 $A_1', A_2', \cdots, A_s'$ 是 I 族. 由例 2,

$$|\Delta(\{A_1', A_2', \cdots, A_s'\})| \geqslant |\{A_1', A_2', \cdots, A_s'\}| = s, \tag{6}$$

而 $\Delta(\{A_1', A_2', \cdots, A_s'\})$ 正好是 $\mathscr{B}$ 中各集的补集所成的族. 因此(6)表明 $|\mathscr{B}| \geqslant s$.

对族 $\mathscr{B} \cup \{A_{s+1}, \cdots, A_t\}$ 进行同样处理,直至每个集的元数都 $\geqslant l$. 在这过程中 $|\mathscr{A}|$ 不减少. 因此可设 $\mathscr{A}$ 中每个集的元数 $\geqslant l$.

将 $P(X)$ 分解为对称链. 因为 $\mathscr{A}$ 为 S 族,$\mathscr{A}$ 中各集在不同的链上. 因为 $l > \dfrac{n}{2}$,每个元数大于 l 的集均可换成同一条链上的元数为 l 的集. 这样 $|\mathscr{A}|$ 不减少. 从而 $|\mathscr{A}| \leqslant C_n^l$,即(1)成立.

点评

例 3 中的 $\mathscr{B}$ 称为 $\mathscr{A} = \{A_1, A_2, \cdots, A_s\}$ 的荫. 荫与影是一对对偶的概念,它在 4.1 节例 1 的第二个解法中已经出现过.

4.9 上族与下族

知识桥

设 $\mathscr{A}$ 是 X 的集族. 若 $\mathscr{A}$ 具有性质：
$$A \in \mathscr{A}, B \subset A \Rightarrow B \in \mathscr{A}, \tag{1}$$
则称 $\mathscr{A}$ 为**下族**. 类似地, 若 $\mathscr{A}$ 具有性质：
$$A \in \mathscr{A}, B \supset A \Rightarrow B \in \mathscr{A}, \tag{2}$$
则称 $\mathscr{A}$ 为**上族**.

显然 $\mathscr{A}$ 为上（下）族, 当且仅当
$$\mathscr{A}' = \{A' : A \in \mathscr{A}\} \tag{3}$$
为下（上）族.

若 $\mathscr{A}$ 为上族, 则 $\mathscr{A}$ 中的最小元（即不包含 $\mathscr{A}$ 中其他元的元）组成 S 族. 若 $\mathscr{A}$ 为下族, 则 $\mathscr{A}$ 中的最大元（即不被 $\mathscr{A}$ 中其他元包含的元）组成 S 族.

训练营

▶**例 1** 若 $\mathscr{U}$ 是 n 元集 X 的上族, $\mathscr{D}$ 是 X 的下族, 证明：
$$|\mathscr{U}| \cdot |\mathscr{D}| \geqslant 2^n |\mathscr{U} \cap \mathscr{D}|. \tag{4}$$

解

当 $n = 1$ 时, $\mathscr{U}$ 只有两种可能, 即
$$\{\{1\}\} \text{ 或 } \{\{1\}, \varnothing\}.$$
$\mathscr{D}$ 也只有两种可能, 即
$$\{\varnothing\} \text{ 或 } \{\{1\}, \varnothing\}.$$
不难验证 (4) 均成立.

假设将 n 换成 $n-1$ 时, (4) 成立. 考虑 n 的情况.

将集族 $\mathscr{U}$ 分拆为集族 $\mathscr{U}_1, \mathscr{U}_2$, 其中 $\mathscr{U}_1$ 由 $\mathscr{U}$ 中含 n 的那些集组成, $\mathscr{U}_2$ 由 $\mathscr{U}$ 中不含 n 的集组成. 因为 $\mathscr{U}$ 是上族, 所以

$$|\mathscr{U}_1| \geq |\mathscr{U}_2|. \tag{5}$$

($\mathscr{U}_2$ 中每个集增添 n 后成为 $\mathscr{U}_1$ 中的集.)

同样,将 $\mathscr{D}$ 分拆为 $\mathscr{D}_1, \mathscr{D}_2$,其中 $\mathscr{D}_1$ 中的集含 n,$\mathscr{D}_2$ 中的集不含 n.因为 $\mathscr{D}$ 为下族,所以

$$|\mathscr{D}_2| \geq |\mathscr{D}_1|. \tag{6}$$

由(5),(6)及归纳假设

$$|\mathscr{U}| \cdot |\mathscr{D}| = (|\mathscr{U}_1| + |\mathscr{U}_2|)(|\mathscr{D}_1| + |\mathscr{D}_2|)$$
$$= |\mathscr{U}_1| \cdot |\mathscr{D}_1| + |\mathscr{U}_2| \cdot |\mathscr{D}_2| + |\mathscr{U}_1| \cdot |\mathscr{D}_2| + |\mathscr{U}_2| \cdot |\mathscr{D}_1|$$
$$= |\mathscr{U}_1| \cdot |\mathscr{D}_1| + |\mathscr{U}_2| \cdot |\mathscr{D}_1| + |\mathscr{U}_1| \cdot |\mathscr{D}_1| + |\mathscr{U}_2| \cdot |\mathscr{D}_2|$$
$$+ (|\mathscr{U}_1| - |\mathscr{U}_2|)(|\mathscr{D}_2| - |\mathscr{D}_1|)$$
$$\geq 2(|\mathscr{U}_1| \cdot |\mathscr{D}_1| + |\mathscr{U}_2| \cdot |\mathscr{D}_2|)$$
$$\geq 2(2^{n-1} |\mathscr{U}_1 \cap \mathscr{D}_1| + 2^{n-1} |\mathscr{U}_2 \cap \mathscr{D}_2|)$$
$$= 2^n |\mathscr{U} \cap \mathscr{D}|.$$

(4)称为克莱特曼(Kleitman)引理.1966 年创办的《组合论杂志》(*Journal of Combinatorial Theory*),在第一期上刊登了克莱特曼的这个结果.这个引理应用极多.由它引出了一系列的结论.

▶**例 2** 若 $\mathscr{D}, \mathscr{A}$ 都是 n 元集 X 的下族,证明:

$$|\mathscr{D}| \cdot |\mathscr{A}| \leq 2^n |\mathscr{A} \cap \mathscr{D}|. \tag{7}$$

解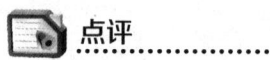

令 $\mathscr{U} = P(X) - \mathscr{A}$,则 $\mathscr{U}$ 为上族.事实上,设 $A \in \mathscr{U}$,而 $B \supseteq A$,则当 $B \notin \mathscr{U}$ 时,$B \in \mathscr{A}$,从而 $A \in$ 下族 $\mathscr{A}$,与 $A \in \mathscr{U}$ 矛盾.所以 $B \in \mathscr{U}$,$\mathscr{U}$ 为上族.

由例 1,

$$|\mathscr{U}| \cdot |\mathscr{D}| \geq 2^n |\mathscr{U} \cap \mathscr{D}|,$$

即

$$(2^n - |\mathscr{A}|) \cdot |\mathscr{D}| \geq 2^n (|\mathscr{D}| - |\mathscr{A} \cap \mathscr{D}|),$$

从而(7)成立.

点评

类似地,若 $\mathscr{U}, \mathscr{B}$ 都是上族,则

$$|\mathscr{U}| \cdot |\mathscr{B}| \leq 2^n |\mathscr{U} \cap \mathscr{B}|. \tag{8}$$

▶ **例 3** 若 $\mathscr{A}$ 是 I 族,并且 $\mathscr{A}$ 中任两个元 A,B 的并集不等于 X,证明:
$$|\mathscr{A}|\leqslant 2^{n-2}. \tag{9}$$

解 令
$$\mathscr{U}=\{B:B\supseteq\mathscr{A}\text{ 中某个集 }A\},$$
$$\mathscr{D}=\{B:B\subseteq\mathscr{A}\text{ 中某个集 }A\},$$

则 $\mathscr{U}$ 为上族,$\mathscr{D}$ 为下族,$\mathscr{U}\cap\mathscr{D}=\mathscr{A}$.由例 1,
$$|\mathscr{U}|\cdot|\mathscr{D}|\geqslant 2^n\cdot|\mathscr{A}|. \tag{10}$$

因为 $\mathscr{A}$ 是 I 族,所以 $\mathscr{U}$ 也是 I 族,从而由 4.5 节例 1,
$$|\mathscr{U}|\leqslant 2^{n-1}. \tag{11}$$

又 $\mathscr{D}$ 中任意两个元的并集不是 X,可知(参见集合部分习题第 9 题)
$$|\mathscr{D}|\leqslant 2^{n-1}. \tag{12}$$

由(10)(11)(12)即得(9).

▶ **例 4** 若 $\mathscr{A}_1,\mathscr{A}_2,\cdots,\mathscr{A}_k$ 均为 I 族,证明:
$$|\bigcup_{i=1}^{k}\mathscr{A}_i|\leqslant 2^n-2^{n-k}. \tag{13}$$

解 $k=1$ 的情况即 4.5 节例 1.假设(13)在 k 换为 $k-1$ 时成立,考虑 k 的情况.

由 4.5 节例 1 的点评,可设 $|\mathscr{A}_k|=2^{n-1}$.令
$$\mathscr{D}=\{A:A\notin\mathscr{A}_k\},$$

则 $\mathscr{D}$ 是下族,并且 $|\mathscr{D}|=2^{n-1}$.

$\mathscr{B}=\bigcup_{i=1}^{k-1}\mathscr{A}_i$ 如果不是上族,那么有集 $B,B\supseteq A,A\in\mathscr{B}$.因而有 $\mathscr{A}_m(1\leqslant m\leqslant k-1)$ 含 A.将 B 加到 $\mathscr{A}_m$ 中,$\mathscr{A}_m$ 仍为 I 族.通过这样的添加,直至 $\mathscr{B}$ 成为上族.

于是,由本节例 1 及归纳假设,
$$|\bigcup_{i=1}^{k}\mathscr{A}_i|=|\mathscr{B}\cup\mathscr{A}_k|\leqslant|\mathscr{B}\cap\mathscr{D}|+|\mathscr{A}_k|$$
$$\leqslant\frac{1}{2^n}|\mathscr{B}|\cdot|\mathscr{D}|+2^{n-1}$$
$$\leqslant\frac{1}{2^n}\cdot(2^n-2^{n-(k-1)})\cdot 2^{n-1}+2^{n-1}$$
$$=2^n-2^{n-k}.$$

点评

(13)中的上界是最佳的. 令 $\mathscr{A}_i$ 由含元素 i 并且不含 $1,2,\cdots,i-1$ 的那些集组成,则 $|\mathscr{A}_i|=2^{n-i}(1\leqslant i\leqslant k)$.

$$\left|\bigcup_{i=1}^{k}\mathscr{A}_i\right|=\sum_{i=1}^{k}2^{n-i}=2^n-2^{n-k}.$$

4.10 四函数定理

上节的克莱特曼引理(例1)导出了一系列结果,其中以1978年阿尔斯韦德(Ahlswede)与戴金(Daykin)的四函数定理为顶峰.本节将介绍这一定理.

设 $\mathscr{A},\mathscr{B}$ 为 X 的子集族,定义

$$\mathscr{A} \vee \mathscr{B} = \{E : E = A \cup B, A \in \mathscr{A}, B \in \mathscr{B}\}, \tag{1}$$

$$\mathscr{A} \wedge \mathscr{B} = \{E : E = A \cap B, A \in \mathscr{A}, B \in \mathscr{B}\}. \tag{2}$$

▶ **例1** 证明:

(i) 若 $\mathscr{A},\mathscr{B}$ 为上族,则

$$\mathscr{A} \vee \mathscr{B} = \mathscr{A} \cap \mathscr{B}; \tag{3}$$

(ii) 若 $\mathscr{A},\mathscr{B}$ 为下族,则

$$\mathscr{A} \wedge \mathscr{B} = \mathscr{A} \cap \mathscr{B}. \tag{4}$$

解

(i) 设集 $E \in \mathscr{A} \vee \mathscr{B}$,则 $E = A \cup B, A \in \mathscr{A}, B \in \mathscr{B}$. 因为 $\mathscr{A},\mathscr{B}$ 为上族,所以 $E \in \mathscr{A}, E \in \mathscr{B}$,从而 $E \in \mathscr{A} \cap \mathscr{B}$.

反之,设 $E \in \mathscr{A} \cap \mathscr{B}$,则 $E = E \cup E, E \in \mathscr{A}, E \in \mathscr{B}$,所以 $E \in \mathscr{A} \vee \mathscr{B}$.

因此(3)成立.

(ii) 的证明与(i)类似.

▶ **例2** (**四函数定理**)若 $\alpha,\beta,\gamma,\delta$ 是四个定义在 $P(X)$ 上的非负函数,对任意 $A,B \subseteq X$,满足

$$\alpha(A)\beta(B) \leqslant \gamma(A \cup B)\delta(A \cap B). \tag{5}$$

证明:对 X 的任意两个子集族 $\mathscr{A},\mathscr{B}$,

$$\alpha(\mathscr{A})\beta(\mathscr{B}) \leqslant \gamma(\mathscr{A} \vee \mathscr{B})\delta(\mathscr{A} \wedge \mathscr{B}), \tag{6}$$

其中

$$\alpha(\mathscr{A}) = \sum_{A \in \mathscr{A}} \alpha(A), \tag{7}$$

$\beta(\mathscr{B}), \gamma(\mathscr{A} \vee \mathscr{B}), \delta(\mathscr{A} \wedge \mathscr{B})$ 与此类似.

解

对 X 的元数 n 进行归纳.

当 $n=1$ 时,(5)成为

$$\begin{aligned}
\alpha(\varnothing)\beta(\varnothing) &\leqslant \gamma(\varnothing)\delta(\varnothing), \\
\alpha(\varnothing)\beta(X) &\leqslant \gamma(X)\delta(\varnothing), \\
\alpha(X)\beta(\varnothing) &\leqslant \gamma(X)\delta(\varnothing), \\
\alpha(X)\beta(X) &\leqslant \gamma(X)\delta(X).
\end{aligned} \tag{8}$$

若 $\mathscr{A}$ 或 $\mathscr{B}$ 仅有一个元,则(6)显然成立:例如 $\mathscr{A}=\{\varnothing\}, \mathscr{B}=\{\varnothing, X\}$,则(6)成为

$$\alpha(\varnothing)(\beta(\varnothing)+\beta(X)) \leqslant (\gamma(\varnothing)+\gamma(X))\delta(\varnothing),$$

即(8)的前两个式子之和.

若 $\mathscr{A}=\mathscr{B}=\{\varnothing, X\}$,则(6)成为

$$(\alpha(\varnothing)+\alpha(X))(\beta(\varnothing)+\beta(X))$$
$$\leqslant (\gamma(\varnothing)+\gamma(X))(\delta(\varnothing)+\delta(X)). \tag{9}$$

当 $\delta(\varnothing)=0$ 时,由(8)的前面三式,(9)的左边为 $\alpha(X)\beta(X)$,因而由(8)的第四式,(9)成立.当 $\gamma(X)=0$ 时,情况类似.设 $\delta(\varnothing)$ 与 $\gamma(X)$ 均不为 0,则

$$\gamma(\varnothing) \geqslant \frac{\alpha(\varnothing)\beta(\varnothing)}{\delta(\varnothing)}, \delta(X) \geqslant \frac{\alpha(X)\beta(X)}{\gamma(X)},$$

$$(\gamma(\varnothing)+\gamma(X))(\delta(\varnothing)+\delta(X))$$
$$-(\alpha(\varnothing)+\alpha(X))(\beta(\varnothing)+\beta(X))$$
$$\geqslant \left(\frac{\alpha(\varnothing)\beta(\varnothing)}{\delta(\varnothing)}+\gamma(X)\right)\left(\delta(\varnothing)+\frac{\alpha(X)\beta(X)}{\gamma(X)}\right)-(\alpha(\varnothing)$$
$$+\alpha(X))(\beta(\varnothing)+\beta(X))$$
$$=\gamma(X)\delta(\varnothing)+\frac{\alpha(\varnothing)\alpha(X)\beta(\varnothing)\beta(X)}{\delta(\varnothing)\gamma(X)}-\alpha(\varnothing)\beta(X)-\alpha(X)\beta(\varnothing)$$
$$=\frac{1}{\delta(\varnothing)\gamma(X)}(\gamma(X)\delta(\varnothing)-\alpha(\varnothing)\beta(X))(\delta(\varnothing)\gamma(X)-\alpha(X)\beta(\varnothing))$$
$$\geqslant 0((8) \text{ 的第二、三式}),$$

即(9)成立.

假设结论对 $n-1$ 元集成立.考虑 n 元集 $X=Y \cup W$,其中 $Y=\{1,2,\cdots,n-$

$1\}$, $W=\{n\}$.

对每一个集 $A \subseteq X$,令
$$A = A_1 \cup A_2, A_1 = A \cap Y, A_2 = A \cap W.$$

又对任一集 $C \in P(Y)$(即 $C \subseteq Y$),定义函数
$$\alpha_1(C) = \sum_{\substack{A \in \mathscr{A} \\ A_1 = C}} \alpha(A),$$

则
$$\alpha(\mathscr{A}) = \sum_{A \in \mathscr{A}} \alpha(A) = \sum_{C \in P(Y)} \sum_{\substack{A \in \mathscr{A} \\ A_1 = C}} \alpha(A)$$
$$= \sum_{C \in P(Y)} \alpha_1(C) = \alpha_1(P(Y)).$$

类似地可以定义 $\beta_1, \gamma_1, \delta_1$,并且得到
$$\beta(\mathscr{B}) = \beta_1(P(Y)),$$
$$\gamma(\mathscr{A} \vee \mathscr{B}) = \gamma_1(P(Y)),$$
$$\delta(\mathscr{A} \wedge \mathscr{B}) = \delta_1(P(Y)).$$

若对所有 $C, D \in P(Y)$,
$$\alpha_1(C)\beta_1(D) \leqslant \gamma_1(C \cup D)\delta_1(C \cap D), \tag{10}$$

则由归纳假设,
$$\alpha(\mathscr{A})\beta(\mathscr{B}) = \alpha_1(P(Y))\beta_1(P(Y))$$
$$\leqslant \gamma_1(P(Y))\delta_1(P(Y)) = \gamma(\mathscr{A} \vee \mathscr{B})\delta(\mathscr{A} \wedge \mathscr{B}),$$

因此只需证明(10).

固定 C, D. 对集 $R \in P(W)$(即 $R \subseteq W$),定义
$$\alpha_2(R) = \begin{cases} \alpha(R \cup C), & R \cup C \in \mathscr{A}, \\ 0, & \text{其他}, \end{cases}$$
$$\beta_2(R) = \begin{cases} \beta(R \cup D), & R \cup D \in \mathscr{B}, \\ 0, & \text{其他}, \end{cases}$$
$$\gamma_2(R) = \begin{cases} \gamma(R \cup (C \cup D)), & R \cup (C \cup D) \in \mathscr{A} \vee \mathscr{B}, \\ 0, & \text{其他}, \end{cases}$$
$$\delta_2(R) = \begin{cases} \delta(R \cup (C \cap D)), & R \cup (C \cap D) \in \mathscr{A} \wedge \mathscr{B}, \\ 0, & \text{其他}, \end{cases}$$

则

$$\alpha_1(C) = \sum_{\substack{A \in \mathscr{A} \\ A_1 = C}} \alpha(A) = \sum_{R \subseteq W} \sum_{\substack{A \in \mathscr{A} \\ A_1 = C \\ A_2 = R}} \alpha(A)$$

$$= \sum_{R \subseteq W} \alpha_2(R) = \alpha_2(P(W)),$$

同样可得
$$\beta_1(D) = \beta_2(P(W)), \gamma_1(C \cup D) = \gamma_2(P(W)),$$
$$\delta_1(C \cap D) = \delta_2(P(W)).$$

若对所有 $R, Q \in P(W)$，均有
$$\alpha_2(R)\beta_2(Q) \leqslant \gamma_2(R \cup Q)\delta_2(R \cap Q), \tag{11}$$

则由 $n=1$ 时的结论，
$$\alpha_1(C)\beta_1(D) = \alpha_2(P(W))\beta_2(P(W))$$
$$\leqslant \gamma_2(P(W))\delta_2(P(W))$$
$$= \gamma_1(C \cup D)\delta_1(C \cap D),$$

即(10)成立.

最后，我们证明(11)成立. 若 $\alpha_2(R)\beta_2(Q) = 0$，(11)显然成立. 设 $\alpha_2(R)\beta_2(Q) \neq 0$，则
$$R \cup C \in \mathscr{A}, Q \cup D \in \mathscr{B},$$
$$\alpha_2(R)\beta_2(Q) = \alpha(R \cup C)\beta(Q \cup D),$$

并且
$$(R \cup Q) \cup (C \cup D) = (R \cup C) \cup (Q \cup D) \in \mathscr{A} \vee \mathscr{B},$$
$$(R \cap Q) \cup (C \cap D) = (R \cup C) \cap (Q \cup D) \in \mathscr{A} \wedge \mathscr{B}.$$
$$\gamma_2(R \cup Q)\delta_2(R \cap Q)$$
$$= \gamma((R \cup C) \cup (Q \cup D))\delta((R \cup C) \cap (Q \cup D)).$$

于是由(5)得(11) ($A = R \cup C, B = Q \cup D$).

四函数定理有众多的应用.

▶ **例3** 若 $\mathscr{A}, \mathscr{B}$ 为 X 的集，证明：
$$|\mathscr{A}| \cdot |\mathscr{B}| \leqslant |\mathscr{A} \vee \mathscr{B}| \cdot |\mathscr{A} \wedge \mathscr{B}|. \tag{12}$$

解 在例2中取 $\alpha = \beta = \gamma = \delta = 1$ 即得.

▶ **例4** 试用四函数定理证明克莱特曼引理(4.9节例1).

解

令 $\mathscr{A}=\mathscr{U}\bigcup\mathscr{D}, \mathscr{B}=P(X)$. $\mathscr{A}\vee\mathscr{B}$ 中任一元可表为 $A\cup B, A\in\mathscr{A}, B\in\mathscr{B}$. 因为 $A\in\mathscr{U}$, 而 $\mathscr{U}$ 为上族, 所以 $A\cup B\in\mathscr{U}$. 从而 $\mathscr{A}\vee\mathscr{B}\subseteq\mathscr{U}$. $\mathscr{A}\wedge\mathscr{B}$ 中任一元可表为 $A\cap B$, $A\in\mathscr{A}, B\in\mathscr{B}$. 因为 $A\in\mathscr{D}$, 而 $\mathscr{D}$ 为下族, 所以 $A\cap B\in\mathscr{D}$. 从而 $\mathscr{A}\wedge\mathscr{B}\subseteq\mathscr{D}$.

由(12),
$$2^n|\mathscr{U}\cap\mathscr{D}|=|\mathscr{A}|\cdot|\mathscr{B}|$$
$$\leqslant|\mathscr{A}\vee\mathscr{B}|\cdot|\mathscr{A}\wedge\mathscr{B}|\leqslant|\mathscr{U}|\cdot|\mathscr{D}|.$$

▶ **例5** 令 $\mathscr{A}-\mathscr{B}=\{A-B: A\in\mathscr{A}, B\in\mathscr{B}\}$. 证明:对任一集族 $\mathscr{A}$,
$$|\mathscr{A}-\mathscr{A}|\geqslant|\mathscr{A}|. \tag{13}$$

解

令 $\mathscr{A}'=\{A': A\in\mathscr{A}\}$. 由(12),
$$|\mathscr{A}|\cdot|\mathscr{B}|=|\mathscr{A}|\cdot|\mathscr{B}'|$$
$$\leqslant|\mathscr{A}\vee\mathscr{B}'|\cdot|\mathscr{A}\wedge\mathscr{B}'|$$
$$=|(\mathscr{A}\vee\mathscr{B}')'|\cdot|\mathscr{A}\wedge\mathscr{B}'|$$
$$=|\mathscr{A}'\wedge\mathscr{B}|\cdot|\mathscr{A}\wedge\mathscr{B}'|$$
$$=|\mathscr{B}-\mathscr{A}|\cdot|\mathscr{A}-\mathscr{B}|.$$

取 $\mathscr{B}=\mathscr{A}$, 得 $|\mathscr{A}|^2\leqslant|\mathscr{A}-\mathscr{A}|^2$, 即(13)成立.

4.11　H 族

知识桥

下面是众所周知的黑利(Helly)定理:在平面上的 n 个凸集,如果每三个均有公共点,那么这 n 个凸集必有公共点(可参看《覆盖》,单墫著,上海教育出版社 1983 年出版).换句话说,如果这 n 个凸集没有公共点,那么其中必有三个凸集没有公共点.

H 族(Helly 族)的定义即由此而来.

设 $\mathscr{A}$ 是 X 的子集族.如果对于 $\mathscr{A}$ 的任一个子族 $\mathscr{B}=\{B_1,B_2,\cdots,B_s\}\subseteq \mathscr{A}$,当
$$\bigcap_{B\in\mathscr{B}} B = B_1 \cap B_2 \cap \cdots \cap B_s = \varnothing \tag{1}$$
时,均可从 $B_1,B_2,\cdots,B_s$ 中取出至多 k 个,它们的交为空集,那么 $\mathscr{A}$ 就称为 H_k 族.

H_1 族中,所有非空子集的交必须非空(否则由(1)导出 $B_1,B_2,\cdots,B_s$ 中至少有一个为空集).反之,交非空的一些非空子集组成 H_1 族,将空集添加进去也还是 H_1 族.

H_2 族也常简称为 H 族.在这种族中,如果每两个非空子集均有公共元,那么族中所有非空子集也有公共元.数轴上的闭区间所成的族就是 H_2 族.

平面上的凸集所成的族是 H_3 族.

显然,当 $k \geqslant |\mathscr{A}|$ 时,$\mathscr{A}$ 是 H_k 族.又由定义易知:

(i) H_k 族的子集一定是 H_k 族;

(ii) H_{k-1} 族一定是 H_k 族,但 H_k 族不一定是 H_{k-1} 族.如果 $\mathscr{A}$ 是 H_k 族而不是 H_{k-1} 族,那么 $\mathscr{A}$ 中有 k 个集 $A_1,A_2,\cdots,A_k$,满足
$$A_1 \cap A_2 \cap \cdots \cap A_k = \varnothing, \tag{2}$$
但 $A_1,A_2,\cdots,A_k$ 中任意 $k-1$ 个的交都不是空集;

(iii) 设 $\mathscr{A}=\{A_1,A_2,\cdots,A_t\}$ 是 H_k 族,那么
$$\mathscr{B}=\{A_{i_1} \cap A_{i_2} \cap \cdots \cap A_{i_s} \mid 1 \leqslant i_1 < i_2 < \cdots < i_s \leqslant t\}$$
也是 H_k 族:若 $\mathscr{B}$ 中子集 $B_1,B_2,\cdots,B_u$ 的交为空集,则因为每个 B_i 为若干个 A

$\in \mathcal{A}$ 的交,所以必有若干个 A 的交为空集,不妨设 $A_1, A_2, \cdots, A_v$ 的交为空集,并且每个 $A_i(1 \leqslant i \leqslant v)$ 至少包含一个 $B_{j_i}(1 \leqslant j_i \leqslant u)$.因为 $\mathcal{A}$ 是 H_k 族,在 $A_i(1 \leqslant i \leqslant v)$ 中有 $l \leqslant k$ 个的交为空集,含于这 l 个 A_i 中的相应的 B_{j_i}(其中可能有相等的)的个数 $\leqslant l \leqslant k$,而且交为空集.

为了讨论 H 族的最大元数,我们需要一点准备,即下面的例 1,它本身也是很有趣的.

训练营

▶ **例 1** 设 $A_1, A_2, \cdots, A_t; B_1, B_2, \cdots, B_t$ 都是 n 元集 X 的子集,满足:

(i) $A_i \cap B_i = \varnothing (i=1,2,\cdots,t)$;

(ii) 当 $i \neq j$ 时,A_i 不是 $A_j \cup B_j$ 的子集$(i,j=1,2,\cdots,t)$.

设 $|A_i|=a_i, |B_i|=b_i$,

$$w(i) = w(a_i, b_i, n) = \frac{1}{C_{n-b_i}^{a_i}}. \tag{3}$$

证明:

$$\sum_{i=1}^{t} w(i) \leqslant 1, \tag{4}$$

当且仅当 $B_1=B_2=\cdots=B_t=B, A_1, A_2, \cdots, A_t$ 为 $X-B$ 的全部 a 元子集$(1 \leqslant a \leqslant n-|B|)$时,等号成立.

解

对 n 进行归纳.当 $n=1$ 时 $t=1, A_1=X, B_1=\varnothing$,结论显然成立.设结论对 $n-1$ 成立,考虑 n 元集 X 的情形.

不妨设 $A_i \cup B_i \neq X$(否则由(ii)得 $t=1$,结论显然成立),$i=1,2,\cdots,t$.因而 $a_i+b_i \leqslant n(1 \leqslant i \leqslant t)$.

令 $X_1, X_2, \cdots, X_n$ 为 X 的全部 $n-1$ 元子集$(j \notin X_j, j=1,2,\cdots,n)$.对 $1 \leqslant j \leqslant n$,令

$$I_j = \{i \mid 1 \leqslant i \leqslant t, A_i \subseteq X_j\}.$$

又对 $i \in I_j$,令

$$B_{ij} = B_i \cap X_j, b_{ij} = |B_{ij}|,$$

$$w_{j(i)} = w(a_i, b_{ij}, n-1) = \frac{1}{C_{n-1-b_{ij}}^{a_i}}.$$

对 $n-1$ 元集 X_j 及其子集 $A_i, B_{ij}(i\in I_j)$, 由归纳假设,
$$\sum_{i\in I_j} w_{j(i)} \leq 1, j=1,2,\cdots,n. \tag{5}$$

含 A_i 的 X_j 共 $n-a_i$ 个, 其中含 B_i 的 X_j 共 $n-a_i-b_i$ 个, 不含 B_i 的 X_j 共 b_i 个. 对不含在 X_j 中的 B_i, $b_{ij}=|B_{ij}|=b_i-1, w_{j(i)}=\dfrac{1}{C_{n-b_i}^{a_i}}$. 因此对固定 i,

$$\begin{aligned}\sum_{i\in I_j} w_{j(i)} &= (n-a_i-b_i)\times\frac{1}{C_{n-1-b_i}^{a_i}}+b_i\times\frac{1}{C_{n-b_i}^{a_i}}\\&=(n-b_i)\times\frac{1}{C_{n-b_i}^{a_i}}+b_i\times\frac{1}{C_{n-b_i}^{a_i}}=nw(i).\end{aligned} \tag{6}$$

综合(5),(6)得
$$n=\sum_{j=1}^{n}1\geq\sum_{j=1}^{n}\sum_{i\in I_j}w_{j(i)}=\sum_{i=1}^{t}\sum_{i\in I_j}w_{j(i)}=n\sum_{i=1}^{t}w(i),$$
即(4)成立.

若(4)中等号成立,则(5)中等号成立.可由归纳假设得出等号成立的条件,参见集合部分习题第 31 题.

条件(ii)隐含 A_i 均不是空集.

当 $a_1=a_2=\cdots=a_t=a$, $b_1=b_2=\cdots=b_t=b$ 时,(4)成为 $t\leq C_{n-b}^{a}$.

▶例 2 称 $r+1$ 元集的全部($r+1$ 个)r 元子集所成的族为 $K^{(r+1)}$. 设子集族 $\mathscr{A}=\{A_1,A_2,\cdots,A_t\}$ 中,每个集 A_i 的元数 $\leq r$. 证明: $\mathscr{A}$ 为 H_r 族的充分必要条件是 $\mathscr{A}$ 不含 $K^{(r+1)}$.

解

若 $\mathscr{A}$ 含有 $K^{(r+1)}$, $K^{(r+1)}$ 中各子集的并集为 $\{1,2,\cdots,r+1\}$, 则 $K^{(r+1)}$ 由 $B_i=\{1,2,\cdots,r+1\}-\{i\}(i=1,2,\cdots,r+1)$ 这 $r+1$ 个子集组成. B_1 不含 1, B_2 不含 2, $\cdots$, B_{r+1} 不含 $r+1$, 因此 $B_1\cap B_2\cap\cdots\cap B_{r+1}=\varnothing$. 但任意 r 个子集的交 $B_1\cap\cdots\cap B_{i-1}\cap B_{i+1}\cap\cdots\cap B_{r+1}=\{i\}\neq\varnothing$. 所以 $\mathscr{A}$ 不是 H_r 族.

反之, 设 $\mathscr{A}$ 不是 H_r 族. 因为 $\mathscr{A}$ 是 H_n 族, 所以必存在 $k\geq r$, 使 $\mathscr{A}$ 为 H_{k+1} 族, 但不是 H_k 族. 因此 $\mathscr{A}$ 中必存在 $A_1,A_2,\cdots,A_{k+1}$, 它们的交为空集, 但它们中每 k 个的交非空. 设 $x_i\in\bigcap\limits_{\substack{1\leq j\leq k+1\\j\neq i}}A_j$, 则 $x_i\notin A_i$. 因此 $x_1,x_2,\cdots,x_{k+1}$ 互不相

同,$|A_j|\geq k\geq r$,但已知$|A_j|\leq r$,所以$|A_j|=k=r$. $A_1,A_2,\cdots,A_{r+1}$构成族$K^{(r+1)}$,即$\mathscr{A}$必含$K^{(r+1)}$.

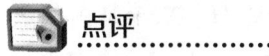 **点评**

从上面的证明顺便得到对任意$k\geq r+1$,$\mathscr{A}$一定是H_k族.

▶ **例 3** 若$k<r$,$\mathscr{A}=\{A_1,A_2,\cdots,A_t\}$是$H_k$族,并且$A_i(1\leq i\leq t)$都是$r$元集,证明:

$$t\leq C_{n-1}^{r-1}, \tag{7}$$

当且仅当$\mathscr{A}$由含某一元素$x\in X$的所有r元子集组成时,等号成立.

解

考虑集族

$$\mathscr{B}=\{B:|B|=r-1,并且B=A_i\cap A_j,1\leq i<j\leq t\}.$$

由知识桥中的(iii),(i)知,$\mathscr{B}$是H_k族.再由(ii),$\mathscr{B}$也是H_{r-1}族,因此$\mathscr{B}$不含$K^{(r)}$.每个A_i是r元集,它必有一个$r-1$元子集$C_i\notin \mathscr{B}$(因为$\mathscr{B}$不含$K^{(r)}$).C_i不含于任一$A_j(j\neq i)$中(否则$C_i=A_i\cap A_j,C_i\in \mathscr{B}$).

对$C_1,C_2,\cdots,C_t$及$A_1-C_1,A_2-C_2,\cdots,A_t-C_t$,应用例1点评中的式子$(a=|C_1|=\cdots=|C_t|=r-1,b=|A_1-C_1|=\cdots=|A_t-C_t|=1)$得

$$t\leq C_{n-1}^{r-1},$$

等号成立导出$A_1-C_1=A_2-C_2=\cdots=A_t-C_t=\{x\}$,即$A_1,A_2,\cdots,A_t$是含某一元素$x\in X$的全体$r$元子集.

因此,若$\mathscr{A}=\{A_1,A_2,\cdots,A_t\}$是$r$元子集所成的族,并且是$H_k$族,则当$k<r$时,$t$的最大值为$C_{n-1}^{r-1}$.当$k\geq r+1$时,$t$的最大值为$C_n^r$,即$\mathscr{A}$可由全体$r$元子集组成(参见例2点评).当$k=r$时,尚无精确的结论.但下面的例4讨论了$\mathscr{A}$中子集的元数为$r$或$r+1$的情况.

▶ **例 4** 若$\mathscr{A}=\{A_1,A_2,\cdots,A_t\}$为$H_r$族,并且$|A_i|=r$或$r+1(1\leq i\leq t)$,证明:

$$t\leq C_n^r. \tag{8}$$

解

将$\mathscr{A}$分为两个部分,$\mathscr{A}_1=\{A_1,A_2,\cdots,A_s\}$,$\mathscr{A}_2=\{A_{s+1},\cdots,A_t\}$.其中$|A_1|$

$=\cdots=|A_s|=r+1, |A_{s+1}|=\cdots=|A_t|=r$. 与例 3 类似,令
$$\mathscr{B}=\{B:|B|=r, 并且 B=A_i\cap A_j, 1\leqslant i<j\leqslant s\}.$$

因为 $\mathscr{A}$ 为 H_r 族,由知识桥中的(iii),(i), $\mathscr{B}\cup\mathscr{A}_2$ 也是 H_r 族.于是由例 2, $\mathscr{B}\cup\mathscr{A}_2$ 不含 $K^{(r+1)}$. 每个 $A_i(1\leqslant i\leqslant s)$ 必有一个 r 元子集 $C_i\notin\mathscr{B}\cup\mathscr{A}_2$. C_i 不是 A_j $(1\leqslant j\leqslant s, j\neq i)$ 的子集(否则 $C_i\in\mathscr{B}$). 于是 $s\leqslant$ 不属于 $\mathscr{B}\cup\mathscr{A}_2$ 的 r 元子集的个数.

$$t=|\mathscr{A}_1|+|\mathscr{A}_2|\leqslant 全部\ r\ 元子集的个数\ \mathrm{C}_n^r.$$

 点评

任取一元素 $x\in X$. 若 $\mathscr{A}$ 由全部含 x 的 r 元与 $r+1$ 元子集组成,则 $\mathscr{A}$ 显然为 H_1 族(因而也是 H_r 族),并且
$$|\mathscr{A}|=\mathrm{C}_{n-1}^{r-1}+\mathrm{C}_{n-1}^r=\mathrm{C}_n^r.$$

所以(8)中上界为最佳.

4.12 相距合理的族

知识桥

本节需要一点线性代数的知识.

$\mathscr{A} = \{A_1, A_2, \cdots, A_t\}$ 是 n 元集 X 的子集族. 如果对 $\mathscr{A}$ 中任意两个集 A_i, A_j, 均有

$$|A_i \triangle A_j| \geq \frac{n}{2}, \tag{1}$$

那么 $\mathscr{A}$ 称为**相距合理的族**.

相距合理的族与编码理论有关.

对每一个集 A_j, 可以定义

$$x_i = \begin{cases} 1, & i \in A_j, \\ -1, & i \notin A_j, \end{cases} \quad (i=1,2,\cdots,n)$$

这就得到一个与 A_j 相对应的、长为 n 的、由 1 与 -1 组成的码(序列)

$$\alpha_j = (x_1, x_2, \cdots, x_n).$$

对两个码 $\alpha_j = (x_1, x_2, \cdots, x_n)$, $\alpha_k = (y_1, y_2, \cdots, y_n)$, 定义它们的积(内积)为

$$\alpha_j \alpha_k = x_1 y_1 + x_2 y_2 + \cdots + x_n y_n. \tag{2}$$

(2)右边负项的个数就是恰属于 A_j, A_k 之一的那些 i 的个数. 因此

$$\alpha_j \alpha_k = n - 2|A_j \triangle A_k|. \tag{3}$$

对相距合理的族, $\alpha_j \alpha_k \leq 0$.

为了定出相距合理的族 $\mathscr{A}$ 的元数 t 的最大值, 需要一个引理, 即下面的例 1.

训练营

▶ **例 1** 若 n 维空间中, $n+r$ 个非零向量 $\alpha_1, \alpha_2, \cdots, \alpha_{n+r}$ 满足内积

$$(\alpha_i, \alpha_j) \leq 0, 1 \leq i < j \leq n+r$$

(即每两个 α_i, α_j 之间的夹角不是锐角),证明:$r \leqslant n$,并且这 $n+r$ 个向量可分为 r 组,每两个不同组的向量互相垂直(即内积为 0).当 $r=n$ 时,这 $2n$ 个向量可分为 n 组,每组两个向量,每两个不同组的向量互相垂直,同一组的两个向量方向相反.

解

采用归纳法.当 $n=1$ 时,结论显然成立.假设结论在 n 换为较小的数时成立,考虑 n 的情况.从 $n+r$ 个向量中任取 $n+1$ 个,例如 $\alpha_1, \alpha_2, \cdots, \alpha_{n+1}$,它们必线性相关,即有不全为 0 的实数 $k_1, k_2, \cdots, k_{n+1}$,使

$$k_1 \alpha_1 + k_2 \alpha_2 + \cdots + k_{n+1} \alpha_{n+1} = 0.$$

不妨设其中 $k_1, k_2, \cdots, k_j$ 为正,其余的非正,移项得

$$k_1 \alpha_1 + k_2 \alpha_2 + \cdots + k_j \alpha_j = -k_{j+1} \alpha_{j+1} - \cdots - k_{n+1} \alpha_{n+1}. \tag{4}$$

两边同乘 $k_1 \alpha_1 + \cdots + k_j \alpha_j$,得

$$0 \leqslant (k_1 \alpha_1 + k_2 \alpha_2 + \cdots + k_j \alpha_j)^2$$
$$= (k_1 \alpha_1 + k_2 \alpha_2 + \cdots + k_j \alpha_j) \cdot (-k_{j+1} \alpha_{j+1} - \cdots - k_{n+1} \alpha_{n+1}).$$

上式右边用分配律展开后,每一项均不大于 0,因此必有

$$k_1 \alpha_1 + k_2 \alpha_2 + \cdots + k_j \alpha_j = 0, \tag{5}$$

其中 $j \leqslant n+1$.

用 $\alpha_i (i > j)$ 乘 (5),得

$$0 = k_1 \alpha_1 \alpha_i + k_2 \alpha_2 \alpha_i + \cdots + k_j \alpha_j \alpha_i \leqslant 0, \tag{6}$$

因为 $k_1, k_2, \cdots, k_j$ 均为正数,所以

$$\alpha_1 \alpha_i = \alpha_2 \alpha_i = \cdots = \alpha_j \alpha_i = 0. \tag{7}$$

因此 $\alpha_1, \alpha_2, \cdots, \alpha_j$ 生成的空间维数 $n_1 < n$,并且 $\alpha_{j+1}, \cdots, \alpha_{n+r}$ 均与这个空间垂直.设后者生成的空间维数为 n_2,则 $n_1 + n_2 \leqslant n$.

(5)表明 $\alpha_1, \alpha_2, \cdots, \alpha_j$ 线性相关,所以 $j \geqslant n_1 + 1$.设 $j = n_1 + r_1, n+r-j = n_2 + r_2$.

由归纳假设 $r_1 \leqslant n_1, r_2 \leqslant n_2$,并且 $\alpha_1, \alpha_2, \cdots, \alpha_j$ 可分为 r_1 组,$\alpha_{j+1}, \cdots, \alpha_{n+r}$ 可分为 r_2 组,每两个不同组的向量互相垂直.而

$$r = (r_1 + r_2 + n_1 + n_2) - n \leqslant r_1 + r_2$$
$$\leqslant n_1 + n_2 \leqslant n.$$

当 $r=n$ 时,$n_1 + n_2 = n, r_1 = n_1, r_2 = n_2$.仍由归纳假设,$2n_1$ 个向量 $\alpha_1, \alpha_2, \cdots, \alpha_j$ 可分为 n_1 组,每组两个向量,$2n_2$ 个向量 $\alpha_{j+1}, \cdots, \alpha_{2n}$ 也可分为 n_2 组,

每组两个向量,并且每两个不同组的向量互相垂直,同一组的两个向量方向相反.

▶ **例2** 设 $\mathscr{A} = \{A_1, A_2, \cdots, A_t\}$ 是 n 元集 X 的相距合理的族.证明:

$$t \leqslant \begin{cases} 2n, & n \equiv 0 \pmod{4}, & (8) \\ n+1, & n \text{ 为奇数}, & (9) \\ n+2, & n \equiv 2 \pmod{4}. & (10) \end{cases}$$

解

如本节开头所说定义向量 $\alpha_j (j=1,2,\cdots,t)$,则

$$\alpha_i \alpha_j = n - 2|A_j \triangle A_i| \leqslant 0. \tag{11}$$

由例1,$t \leqslant 2n$,即(8)成立.

若 $t \geqslant n+2$,则由例1,$\alpha_1, \alpha_2, \cdots, \alpha_t$ 至少可分为两个组,不同组的两个向量 α_i, α_j 互相垂直,因此

$$n - 2|A_i \triangle A_j| = \alpha_i \alpha_j = 0, \tag{12}$$

从而 n 为偶数,即(9)成立.

最后,若 $t \geqslant n+3$,则由例1,至少有三个向量 $\alpha_i, \alpha_j, \alpha_k$ 两两垂直,从而由(12),

$$|A_i \triangle A_j| = |A_j \triangle A_k| = |A_k \triangle A_i| = \frac{n}{2},$$

而由1.10节例2,

$$|A_j' \triangle A_k| = |X - (A_j \triangle A_k)| = n - \frac{n}{2} = \frac{n}{2},$$

所以

$$|A_i \triangle A_j| + |A_j' \triangle A_k| - |A_i' \triangle A_k| = \frac{n}{2}, \tag{13}$$

可知(13)的左边是偶数(参见集合部分习题第5题)

$$2|A_i \cap A_j' \cap A_k'| + 2|A_i' \cap A_j \cap A_k|.$$

因此 n 是4的倍数,即(10)成立.

点评

(8),(9),(10)中的等号均可成立.这与阿达马(Hadamard)矩阵有关,请参看有关专著.

▶ **例3** 若 $\mathscr{A}=\{A_1,A_2,\cdots,A_t\}$ 中,每两个子集 A_i,A_j 均满足

$$|A_i \triangle A_j|=k, \tag{14}$$

证明:当 $k=\dfrac{n+1}{2}$ 时,$t \leqslant n+1$;对其他的 k 值,$t \leqslant n$.

解

$n=1$ 的情况是平凡的.设 $n \geqslant 2$.定义 $\alpha_1,\alpha_2,\cdots,\alpha_t$ 同前.由(11),对 $i \neq j$,

$$\alpha_i \alpha_j = n-2k, \tag{15}$$

$$\alpha_i^2 = n. \tag{16}$$

若 $\alpha_1,\alpha_2,\cdots,\alpha_t$ 线性无关,则 $t \leqslant n$,结论已经成立.设 $\alpha_1,\alpha_2,\cdots,\alpha_t$ 线性相关,则有 $k_1,k_2,\cdots,k_t$ 不全为 0,满足

$$k_1\alpha_1+k_2\alpha_2+\cdots+k_t\alpha_t=0. \tag{17}$$

两边同乘 α_j,得

$$0=\sum_{i=1}^{t}k_i\alpha_i\alpha_j=(n-2k)\sum_{i=1}^{t}k_i+2kk_j,$$

从而

$$k_j=\dfrac{2k-n}{2k}\sum_{i=1}^{t}k_i. \tag{18}$$

因为 k_j 不全为 0,所以 $\sum_{i=1}^{t}k_i \neq 0$.将(18)对 j 求和,得

$$\sum_{j=1}^{t}k_j=\dfrac{t(2k-n)}{2k}\sum_{j=1}^{t}k_i,$$

从而 $\dfrac{t(2k-n)}{2k}=1$,即 $t=\dfrac{2k}{2k-n}$.

若 $t>n$,则

$$\dfrac{2k}{2k-n}>n. \tag{19}$$

(19)表明 $b=2k-n>0$,从而 $n+b>bn$,$1>(b-1)\cdot(n-1)$.于是 $b=1$,$k=\dfrac{n+1}{2}$.

点评

例3中的 $|A_i \triangle A_j|$ 改为 $|A_i \cap A_j|$ 时,有类似的结果.

▶ **例 4** 设子集族 $\mathscr{A}=\{A_1,A_2,\cdots,A_t\}$ 中,每两个子集 A_i,A_j 均满足
$$|A_i \cap A_j|=k. \tag{20}$$
证明:当 $k=0$ 时,$t\leqslant n+1$;其他情况下 $t\leqslant n$.

解

若有某个集,例如 A_1,满足 $|A_1|=k$,则所有 $A_j \supset A_1(j=2,3,\cdots,t)$,并且每两个 A_j,A_r 除 A_1 的元外无其他公共元.因而 $X-A_1$ 的 $n-k$ 个元,每一个至多属于一个 $A_j(j=2,3,\cdots,t)$,同时每个 $A_j(j=2,3,\cdots,t)$ 至少含这 $n-k$ 个元中的一个元.这表明 $n-k\geqslant t-1$,即 $t\leqslant n+1-k$,结论成立.

设每个集 A_i 的元数 $a_i=|A_i|\geqslant k+1$.

对每一个集 A_j,定义:
$$x_i=\begin{cases} 1, & i\in A_j, \\ 0, & i\notin A_j, \end{cases} (i=1,2,\cdots,n)$$

这样就得到一个与 A_j 对应的、长为 n 的、由 1 与 0 组成的码(序列)
$$\alpha_j=(x_1,x_2,\cdots,x_n).$$

显然内积
$$\alpha_i\alpha_j=|A_i\cap A_j|, (i\neq j), \tag{21}$$
$$\alpha_i^2=\alpha_i\alpha_i=\alpha_i. \tag{22}$$

我们证明 $\alpha_1,\alpha_2,\cdots,\alpha_t$ 线性无关,从而 $t\leqslant n$.为此,设有
$$\sum_{i=1}^t k_i\alpha_i=0. \tag{23}$$

与例 3 类似,在(23)两边同乘 α_j,得
$$0=\sum_{i=1}^t k_i\alpha_i\alpha_j=k\sum_{i=1}^t k_i+(a_j-k)k_j,$$

从而
$$k_j=\frac{k}{k-a_j}\sum_{i=1}^t k_i=\frac{k}{k-a_j}S. \tag{24}$$

再对 j 求和得
$$S=\sum_{j=1}^t k_j=S\sum_{j=1}^t \frac{k}{k-a_j}. \tag{25}$$

因为 $a_j\geqslant k+1$,所以 $\sum_{j=1}^t \frac{k}{k-a_j}<0<1$.于是由
$$\left(1-\sum_{j=1}^t \frac{k}{k-a_j}\right)S=0,$$

得 $S=0$.再由(24)得一切 $k_j=0$.从而 $\alpha_1,\alpha_2,\cdots,\alpha_t$ 线性无关.结论成立.

第五讲 无 限 集

5.1 无 限 集

知识桥

通俗地说,无限集就是元数为无限(无穷)的集合.但是,什么是"无限"呢?如果我们回答:无限就是无限集的元数,那么不仅成为循环定义,而且无法进行更深入的研究.

利用对应可以比较两个集合元素的多寡,也可以定义什么是无限集.

定义 如果集合 A 能够与它的一个真子集一一对应,那么 A 就称为**无限集**.

显然,两个有限集如果能一一对应,它们的元数就一样多.因此一个有限集不可能与(元数比它少的)真子集一一对应.

训练营

▶**例 1** 证明:自然数集 $\mathbf{N}$ 与全体正偶数的集 M 之间存在一一对应.

解

令 $n \xmapsto{f} 2n$,则 f 是从 $\mathbf{N}$ 到 M 的对应.对于不同的 n,其像 $f(n)=2n$ 也不同.并且 M 中的每一个数 $2n$,都有原像 n 满足 $f(n)=2n$.所以 f 是一一对应.

M 显然是 $\mathbf{N}$ 的真子集.因此,根据上面的定义,$\mathbf{N}$ 是无限集.

▶**例 2** 如果集合 A,B 之间有一一对应 f,且 A 为无限集,证明:B 也是无限集.

解

因为 A 为无限集,所以有 A 的真子集 A_1 及一一对应 $\varphi:A \to A_1$.

对任一 $b \in B$,有唯一的 $a \in A$,满足 $f(a)=b$. 设 $\varphi(a)=a_1 \in A_1$, $f(a_1)=b_1 \in B$,令

$$\psi(b)=b_1. \tag{1}$$

这一映射可用图 5.1.1 来表示:

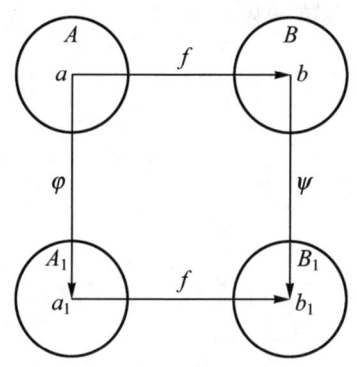

图 5.1.1

设在映射 f 下,A_1 的像 $f(A_1)=B_1$,则 ψ 是从 B 到 B_1 的映射.易知对每个 $b_1 \in B_1$,均有唯一的 a_1 满足 $f(a_1)=b_1$,由 a_1 又得到唯一的 a 与唯一的 b,因此 ψ 是一一对应.

A_1 是 A 的真子集,所以必有元素 $a \in A-A_1$,这时 $f(a) \in B-B_1$,即 B_1 是 B 的真子集.

因此 B 是无限集.

▶ **例 3** 集合 B 是集合 A 的子集,如果 B 是无限集,证明:A 也是无限集.

解

因为 B 为无限集,所以必有 B 的真子集 B_1 与一一对应 $f:B \to B_1$.

作 A 到自身的映射 φ:

$$\varphi(a)=\begin{cases} a, & a \in A-B, \\ f(a), & a \in B. \end{cases}$$

易知像集 $\varphi(A)=(A-B) \cup B_1$ 是 A 的真子集,并且 φ 是 A 到 $\varphi(A)$ 的一一对应.因此 A 是无限集.

 **点评**

若集 A, B 间能建立起一一对应,则称 A 与 B 是**对等**的,或者称它们有相同的**基数**(或**势**),记为 $A \sim B$.

对于有限集,基数就是它的元数.

对于无限集,基数就是能与它一一对应的集合的族.通俗地说,就是这些一一对应的集合的共同性质,把它说成是这个无限集的元数也无不可.但是,要注意无限集可以与它的真子集有相同的基数.

5.2 可数集

知识桥

凡与自然数集 N 对等的集称为**可数集**.下面是几个可数集的例子:

$A = \{1, 4, 9, 16, \cdots, n^2, \cdots\}$,

$B = \{1, 8, 27, 64, \cdots, n^3, \cdots\}$,

$C = \{1, 3, 5, 7, \cdots, 2n-1, \cdots\}$,

$D = \left\{1, \dfrac{1}{2}, \dfrac{1}{3}, \dfrac{1}{4}, \cdots, \dfrac{1}{n}, \cdots\right\}$,

$E = \{p \mid p \text{ 为素数}\}$.

显然一个集合 A 为可数集的充要条件是它的元素可列成一个形如

$$a_1, a_2, a_3, \cdots, a_n, \cdots \tag{1}$$

的(各项不重复出现的)无穷数列,A 的每一个元素恰在(1)中出现一次.

训练营

▶ **例 1** 证明:

(i) 任一无限集 A 必含一真子集是可数集;

(ii) 可数集的任一无限子集是可数的;

(iii) 可数集与有限集的并集是可数集;

(iv) 有限多个可数集的并集是可数集;

(v) 可数个可数集的并集是可数集.

解

(i) A 与它的真子集 A_1 对等. A_1 是无限集,因而又与真子集 A_2 对等,……这样得到

$$A \supset A_1 \supset A_2 \supset \cdots \supset A_n \supset \cdots$$

每一个集 A_i 是前一个集的真子集($i = 1, 2, \cdots$).

在 $A_1 - A_2$ 中取元 a_1,在 $A_2 - A_3$ 中取元 a_2,……,在 $A_n - A_{n+1}$ 中取元 a_n,……,得到集合
$$B = \{a_1, a_2, a_3, \cdots, a_n, \cdots\},$$
它是含于 A 中的可数集.

因此,可数集是无限集中"最小的"集.

(ii) 可数集 A 的元素可列成(1)的形式.它的无限子集可写成(1)的无限子数列,显然是可数集.

(iii) 将可数集 A 的元素列成数列(1).又设有限集 $B = \{b_1, b_2, \cdots, b_k\}$,则 $A \cup B$ 的元素可列成数列
$$b_1, b_2, \cdots, b_k, a_1, a_2, \cdots, a_n, \cdots \tag{2}$$
(若 $b_1, b_2, \cdots, b_k$ 中有在 $a_1, a_2, \cdots, a_n, \cdots$ 中出现的,则将这样的 b 从(2)中划去).

(iv) 设 $A_i = \{a_{i1}, a_{i2}, \cdots, a_{in}, \cdots\}$,$i = 1, 2, \cdots, k$,是 k 个可数集,则
$$a_{11}, a_{21}, \cdots, a_{k1}, a_{12}, a_{22}, \cdots, a_{k2}, \cdots, a_{1n}, a_{2n}, \cdots, a_{kn}, \cdots$$
(必要时划去一些重复元素)是一可数集.

(v) 设 $A_i = \{a_{i1}, a_{i2}, \cdots, a_{in}, \cdots\}$,$i = 1, 2, \cdots$,是可数个可数集.先将它们的元素排成矩阵:

$$\begin{matrix} a_{11} & a_{12} & a_{13} & \cdots \\ a_{21} & a_{22} & a_{23} & \cdots \\ & & \cdots & \\ a_{n1} & a_{n2} & a_{n3} & \cdots \\ & & \cdots & \end{matrix}$$

然后再将这些元素排成一列:
$$a_{11} a_{12} a_{21} a_{13} a_{22} a_{31} \cdots \tag{3}$$
即先排下标和为 2 的元,再排下标和为 3 的元,……依照下标和的大小排列各个元素,在下标和相同时,依照横坐标(第一个下标)的大小排列各个元素(只有有限多个).这样,每个元素在数列(3)中至少出现一次(或早或迟必然出现).如果一个元素在(3)中已经出现过一次,那么在它第二、三、……次出现时,将它划去.这样 $A_1 \cup A_2 \cup \cdots \cup A_n \cup \cdots$ 的每个元素在(3)中恰好出现一次.因此 $\bigcup_{i=1}^{\infty} A_i$ 是可数集.

▶**例 2** 证明:全体有理数的集 **Q** 是可数集.

解

由例 1,只需证明正有理数的集合 $\mathbf{Q}^+$ 是可数集.考虑集合

$$M_n = \left\{ \frac{m}{n} \,\middle|\, m \in \mathbf{N} \right\},$$

显然 M_n 是可数集,它的元素可排成数列

$$\frac{1}{n}, \frac{2}{n}, \frac{3}{n}, \cdots, \frac{m}{n}, \cdots.$$

由例 1(v),

$$\mathbf{Q}^+ = M_1 \cup M_2 \cup M_3 \cup \cdots \cup M_n \cup \cdots$$

是可数集.

▶**例 3** 如果集 A 的每个元素由 n 个互相独立的下标决定,每个下标各自遍经一个可数集,证明:A 是可数集.

解

当 $n=1$ 时,结论显然成立.设当 $n=m$ 时结论成立,则对元素为 $a_{i_1 i_2 \cdots i_{m+1}}$ 的集 A,因为当 i_{m+1} 固定时,由元素 $a_{i_1 i_2 \cdots i_m}$ 组成的集 $A_{i_{m+1}}$ 是可数集,根据例 1(v),

$$\bigcup_{i_{m+1}} A_{i_{m+1}} = A$$

也是可数集.

点评

由例 3 立即可得平面上的有理点(即横、纵坐标都是有理数的点)组成的集合是可数集,空间中的有理点组成的集合也是可数集.

▶**例 4** 证明:整系数多项式

$$a_0 x^n + a_1 x^{n-1} + \cdots + a_n \tag{4}$$

($n \in \mathbf{N}, a_0, a_1, \cdots, a_n \in \mathbf{Z}$) 的全体 A 是可数集.

解

对固定的 n,形如(4)的整系数多项式与 $n+1$ 维空间的整点 $(a_0, a_1, \cdots, a_n)$ 一一对应,它们都组成可数集.记前者所成的集为 A_n.

由例 1(v),$A = \bigcup_{n=1}^{\infty} A_n$ 是可数集.

> **点评**

(4)的根称为代数数.因为每个多项式只有有限个根,所以代数数的全体是可数集.

5.3 连续统的基数

无限集不都是可数集.

▶ **例 1** 证明:0 与 1 之间的实数组成的集
$$A = \{x \mid 0 \leqslant x \leqslant 1\} \tag{1}$$
不是可数集.

解

如果 A 是可数集,将它的元素排成
$$\alpha_1, \alpha_2, \cdots, \alpha_n, \cdots. \tag{2}$$
将每个 α_i 表成十进制小数,并排成
$$\begin{aligned} \alpha_1 &= 0.a_{11}a_{12}a_{13}\cdots a_{1n}\cdots, \\ \alpha_2 &= 0.a_{21}a_{22}a_{23}\cdots a_{2n}\cdots, \\ &\cdots \\ \alpha_n &= 0.a_{n1}a_{n2}a_{n3}\cdots a_{nn}\cdots, \\ &\cdots \end{aligned} \tag{3}$$
$a_{ij}(i,j=1,2,\cdots)$ 都是一位数字,即 $0,1,\cdots,9$ 中的一个.

现在作一个数 $\alpha = 0.a_1 a_2 \cdots a_n \cdots$,其中 $a_1, a_2, \cdots$ 都是一位数字,并且
$$a_n = \begin{cases} a_{nn}+2, & a_{nn} < 7, \\ a_{nn}-2, & a_{nn} \geqslant 7. \end{cases} (n=1,2,\cdots) \tag{4}$$

显然 $0 \leqslant \alpha \leqslant 1$,即 $\alpha \in A$.因此 α 应当在(3)中出现.设 $\alpha_n = \alpha$.但由定义 $a_n \neq a_{nn}$,并且 a_n 与 a_{nn} 的差为 2,因此 $\alpha_n \neq \alpha$,矛盾.这表明 A 不是可数集.

点评

为避免出现 $0.999\cdots = 1.00\cdots$ 的情况,我们取 a_n 与 a_{nn} 相差 2.

上面的证法称为对角线法.

例 1 的 A 及与 A 对等的集,称为具有连续统的基数,或称 A 的基数为 $\aleph_1$

(读做阿列夫 1).而可数集的基数记为 $\aleph_0$.

▶ **例2** 证明:区间 $[a,b],(a,b),[a,b),(a,b]$ 的基数都是 $\aleph_1$.

解

令 $y=a+(b-a)x$.这是 $[0,1]$ 与 $[a,b]$ 之间的一一对应.因此 $[a,b]$ 与 $[0,1]$(即例1中的 A)具有相同的基数 $\aleph_1$.

我们也可以给出 $(a,b),[a,b),(a,b]$ 与 $[0,1]$ 间的一一对应(参见集合部分习题第33题),但更方便的是利用这样的结论:

无限集 M 去掉有限多个元素后,所得的集 K 与 M 对等.

事实上,由上节,M 含有一个可数集 E,不妨假定要去掉的有限多个元素均在 E 中(否则将它们加到 E 中).从 E 中去掉这有限多个元素后所得的集 F 也是可数集.在 E 与 F 之间有一一对应 φ,令

$$f(x)=\begin{cases} x, & x\in M-E, \\ \varphi(x), & x\in E, \end{cases}$$

则 f 是 M 到 K 的一一对应.

▶ **例3** 证明:全体实数所成的集 $\mathbf{R}$,基数是 $\aleph_1$.

解

$y=\tan\dfrac{\pi}{2}x$ 是 $(-1,1)$ 到 $\mathbf{R}$ 的一一对应.

 点评

类似地,$[0,+\infty)$ 的基数也是 $\aleph_1$.

▶ **例4** 如果集 A 的基数是 $\aleph_1$,证明:从 A 中去掉一个可数集 B 后,剩下的集的基数仍为 $\aleph_1$.

解

因为 A 的基数是 $\aleph_1$,所以 $A-B$ 是无限集(否则 $B\cup(A-B)=A$ 是可数集).由上节知 $A-B$ 有一真子集 D 是可数集.$B\cup D$ 仍为可数集,它与 D 之间有一一对应 φ.令

$$f(x) = \begin{cases} x, & x \in A-B-D, \\ \varphi(x), & x \in B \cup D, \end{cases}$$

则 f 是 A 到 $A-B$ 的一一对应.因此 $A-B$ 的基数是 $\aleph_1$.

点评

由例 4 立即得到全体无理数所成的集,基数为 $\aleph_1$;全体超越数(不是代数数的数)所成的集,基数也是 $\aleph_1$.

▶ **例 5** 证明:自然数集 $\mathbf{N}$ 的全体子集所成的族 $\mathscr{A}$ 的基数为 $\aleph_1$.

解

对 $\mathscr{A}$ 的元素 $A(\subseteq \mathbf{N})$,令二进制的小数
$$0.b_1 b_2 \cdots b_n \cdots$$
与之对应.其中
$$b_n = \begin{cases} 1, n \in A, \\ 0, n \notin A. \end{cases}$$

显然这是 $\mathscr{A}$ 到 $[0,1]$ 中所有二进制小数的一一对应.因此 $\mathscr{A}$ 与 $[0,1]$ 有同样的基数 $\aleph_1$.

▶ **例 6** 证明:可数个两两不相交的基数为 $\aleph_1$ 的集,它们的并集基数为 $\aleph_1$.

解

设 $\bigcup_{i=1}^{\infty} E_i$ 中每一个 E_i 的基数为 $\aleph_1$,则 E_i 可与区间 $[i-1, i)$ 中的点一一对应.从而,$\bigcup_{i=1}^{\infty} E_i$ 与 $[0, +\infty)$ 中的点一一对应.

点评

"两两不相交"这一条件可以去掉.参见下节例 7.

5.4 基数的比较

知识桥

如果集合 A,B 的基数分别为 α,β,并且满足:

(i) A 与 B 不对等;

(ii) A 与 B 的一个子集对等,

那么就说 A 的基数**小于** B 的基数,或 B 的基数**大于** A 的基数.记为
$$\alpha<\beta \text{ 或 } \beta>\alpha.$$

对有限集,上述概念与元数的大小完全一致.

每个有限集都与 $\mathbf{N}$ 的一个子集对等(n 元集与 $\{1,2,\cdots,n\}$ 对等),从而有限集的基数小于 $\aleph_0$.

根据上节所说,$\aleph_0 < \aleph_1$.

在 $\aleph_0$ 与 $\aleph_1$ 之间没有基数,即不存在一个集合 A,它的基数大于 $\aleph_0$,小于 $\aleph_1$.这称为连续统假设.大数学家希尔伯特(D.Hilbert,1862—1943)在 1900 年提出的 23 个问题中,将连续统假设列为第一个.根据现代的研究,特别是 1963 年美国数学家科恩(Cohen)所作的工作,连续统假设与 ZF 公理是彼此独立的.这里的 ZF 公理是由策梅罗(Zermelo,1871—1953)建立、弗伦克尔(Fraenkel,1891—1965)加以改进的公理系统,为绝大多数数学家所接受.因此连续统假设在 ZF 公理系统中是无法证明的(正如平行公设无法用欧几里得的其他公理导出).

有没有比 $\aleph_1$ 更大的基数?回答是肯定的.

训练营

▶ **例 1** 设集 A 的基数为 α,$\mathscr{A}$ 是 A 的一切子集所成的族.证明:$\mathscr{A}$ 的基数大于 α.

解

对 A 的任一个元 a,令 $a \longmapsto \{a\}$.这是 A 到 $\mathscr{A}$ 的子集 $\{\{a\}:a \in A\}$ 的一一对应.因此 A 与 $\mathscr{A}$ 的一个子集对等.

另一方面,A 与 $\mathscr{A}$ 不对等.不然的话,设 A 与 $\mathscr{A}$ 之间有一一对应 f.

将 A 中元素分为两类:

设 $a \in A$.若 $a \in f(a)$,则称 a 为好元素.若 $a \notin f(a)$,则称 a 为坏元素.

设 A 中坏元素组成的集为 A_1.A_1 与 A 的元素 a_1 对应,即 $A_1 = f(a_1)$.

若 a_1 是好元素,则 $a_1 \in f(a_1) = A_1$.但这与 A_1 的定义不符.若 a_1 是坏元素,则 $a_1 \in A_1 = f(a_1)$,这又导出 a_1 为好元素,矛盾.

因此,A 与 $\mathscr{A}$ 不对等.

综合以上两个方面,$\mathscr{A}$ 的基数大于 α.

点评

通常将 A 的全体子集的族 $\mathscr{A}$ 的基数记为 2^α.当 A 为有限集时,$|\mathscr{A}|$ 确实为 2^α.当 A 为无限集时,2^α 仅是代表 $\mathscr{A}$ 的基数的一个符号.例 1 的结论就是
$$2^\alpha > \alpha. \tag{1}$$
上节例 5 表明 $2^{\aleph_0} = \aleph_1$.从而由(1)又得到 $\aleph_1 > \aleph_0$.

▶**例 2** 设集 $A \supseteq A_1 \supseteq A_2$,若 $A_2 \sim A$,证明 $A_1 \sim A$.

解

设对应 f 使 A 与 A_2 对等.在对应 f 下,A 的子集 A_1 应与 A_2 的子集 A_3 对等,A_1 的子集 A_2 应与 A_3 的子集 A_4 对等,如此继续下去,得到一串集合
$$A \supseteq A_1 \supseteq A_2 \supseteq A_3 \supseteq A_4 \supseteq A_5 \supseteq \cdots$$
具有性质:
$$A \sim A_2,$$
$$A_1 \sim A_3,$$
$$A_2 \sim A_4,$$
$$A_3 \sim A_5,$$
$$\cdots$$
并且由 $A_n (n=1,2,\cdots)$ 的定义,
$$A - A_1 \sim A_2 - A_3,$$

$$A_1 - A_2 \sim A_3 - A_4,$$
$$A_2 - A_3 \sim A_4 - A_5,$$
$$\cdots \quad (2)$$

因为
$$A = (A - A_1) \bigcup (A_1 - A_2) \bigcup (A_2 - A_3)$$
$$\bigcup (A_3 - A_4) \bigcup (A_4 - A_5) \bigcup \cdots \bigcup (AA_1A_2\cdots), \quad (3)$$
$$A_1 = (A_1 - A_2) \bigcup (A_2 - A_3) \bigcup (A_3 - A_4)$$
$$\bigcup (A_4 - A_5) \bigcup \cdots \bigcup (AA_1A_2\cdots), \quad (4)$$

并且由(2),(3)中的一、三、……诸项分别与(4)中的二、四、……诸项对等,其余的项则两两相同,所以 $A_1 \sim A$.

▶**例3** 若 $A \supseteq A_1, B \supseteq B_1$,并且 $A \sim B_1, B \sim A_1$,证明:$A \sim B$.

解

B 与 A_1 有一一对应 f.在对应 f 下,B 的子集 $B_1 \sim A_1$ 的子集 A_2.因为 $A \sim B_1, B_1 \sim A_2$,所以 $A \sim A_2$.

因为 $A \supseteq A_1 \supseteq A_2, A \sim A_2$,所以由上例,$A \sim A_1$.因为 $B \sim A_1$,所以 $A \sim B$.

点评

例3称为伯恩斯坦(Bernstein)定理,它有很多应用.

$A \sim B_1 \subseteq B$ 可记成 $\alpha \leqslant \beta$.例3即由 $\alpha \leqslant \beta, \beta \leqslant \alpha$ 可推出 $\alpha = \beta$.应当注意,这并不是显然的.因为关于无限集基数的不等式与通常的不等式意义不尽相同.

▶**例4** 设三个基数 α, β, γ 满足 $\alpha < \beta, \beta < \gamma$,证明:$\alpha < \gamma$.

解

设集 A, B, C 的基数分别为 α, β, γ.由已知 $A \sim B_1 \subseteq B, B \sim C_1 \subseteq C$.从而 $A \sim C_2 \subseteq C_1$.

另一方面,若 $A \sim C$,则 $C \sim C_2$.从而由例2,$C \sim C_1 \sim B$.这与 $\beta < \gamma$ 的定义不符,因此 A 不对等于 C.

综合以上两方面得 $\alpha < \gamma$.

点评

例4表明关于基数的不等式具有传递性.

由关于基数的不等式的定义及例 3，$\alpha=\beta,\alpha<\beta,\alpha>\beta$ 三式不能同时成立．但这三个关系是否必有一个成立则需要证明，而证明过程中要用到有序集与序数的概念．我们建议读者阅读有关专著，例如豪斯道夫的《集论》（中译本由科学出版社 1960 年出版）．

▶ **例 5** 证明：平面上点的全体组成的集 A，基数为 $\aleph_1$．

正方形
$$I=\{(x,y)\mid 0\leqslant x<1, 0\leqslant y<1\}$$
中的点，坐标可写成无限的十进制小数
$$x=0.a_1a_2a_3\cdots, \tag{5}$$
$$y=0.b_1b_2b_3\cdots.$$
（约定不以 9 为循环节，即 $0.12=0.1200\cdots$ 不写成 $0.1199\cdots$．这样每个坐标的表示是唯一的．）

因此，对于 (x,y)，有区间 $[0,1)$ 中的一个实数
$$0.a_1b_1a_2b_2a_3b_3\cdots \tag{6}$$
与之对应．显然不同的 (x,y) 对应的实数 (6) 也不同．因此 I 与 $[0,1)$ 的一个子集对等．

另一方面，显然 $[0,1)\sim\{(x,0)\mid 0\leqslant x<1\}\subseteq I$．因此 I 的基数即 $[0,1)$ 的基数 $\aleph_1$．

平面点集 $A=\bigcup\limits_{a,b\in\mathbf{Z}}\{(x,y)\mid a\leqslant x<a+1, b\leqslant y<b+1\}$，由上节例 6，$A$ 的基数为 $\aleph_1$．

同样可证空间中全体点的所成集基数为 $\aleph_1$．

▶ **例 6** 证明：区间 $[0,1]$ 上的全体实函数所成的集，基数为 $2^{\aleph_1}$（即 $\aleph_2$）．

解

设所成的集为 A．因为每个实函数 f 对应于平面上一条曲线 $\{(x,f(x))\mid 0\leqslant x\leqslant 1\}$，它是平面点集的一个子集，所以 A 的基数 $\leqslant 2^{\aleph_1}$．

另一方面，$[0,1]$ 的每个子集 B 对应于一个函数（即 3.1 节所说的特征函数）：
$$f(x) = \begin{cases} 1, & x \in B, \\ 0, & x \notin B, \end{cases}$$
是一一对应. 因此 A 的基数 $\geq 2^{\aleph_1}$.

综合以上两方面即得 A 的基数为 $2^{\aleph_1}$.

▶ **例 7** 证明：可数个基数为 $\aleph_1$ 的集，它们的并集基数为 $\aleph_1$，即上节例 6 "两两不相交"的条件可以去掉.

解

设 $\bigcup_{i=1}^{\infty} E_i$ 中每一个 E_i 的基数为 $\aleph_1$. 显然 $\bigcup_{i=1}^{\infty} E_i$ 的基数 $\geq E_1$ 中的基数 $\aleph_1$.

另一方面，将 $E_2 \cap E_1$ 中每个元素 a_1 换成一个新元素 a_1'，将 $E_3 \cap (E_2 \cup E_1)$ 中每个元素 a_2 换成新元素 a_2'，…… 得到集 $F_2, F_3, \cdots$，每两个无公共元素，并且 $F_2 \sim E_2, F_3 \sim E_3, \cdots$，基数均为 $\aleph_1$. 因此由上节例 6，$\bigcup_{i=1}^{\infty} F_i$ 的基数为 $\aleph_1$. 又显然有 $\bigcup_{i=1}^{\infty} E_i$ 的基数 $\leq \bigcup_{i=1}^{\infty} F_i$ 的基数 $\aleph_1$.

因此 $\bigcup_{i=1}^{\infty} E_i$ 的基数 $= \aleph_1$.

▶ **例 8** 证明：$\aleph_1$ 个基数为 $\aleph_1$ 的集，它们的并集基数为 $\aleph_1$.

解

可设各集两两不相交（否则用例 7 的方法处理）. 每一个集对等于平面上一条直线 $y = c$（c 为常数）. 它们的并集对等于整个平面.

5.5 直线上的开集与闭集

知识桥

直线是一维点集.如果以一条直线为数轴,那么直线上的每一点对应于一个实数(所以称为一维).

设 E 是(直线上的)一个点集.对于一点 x_0,如果 E 中有一个区间含有 x_0,那么称 x_0 为点集 E 的**内点**.这时 x_0 本身当然属于 E.

如果 E 中每一个点都是 E 的内点,那么 E 称为**开集**.

显然开区间 (a,b) 是开集.直线本身是开集.闭区间 $[a,b]$ 不是开集,因为端点 a 与 b 不是 $[a,b]$ 的内点.

空集算作开集.

训练营

▶**例 1** 证明:任意多个开集的并集是开集.

解

设 $S=\bigcup_\alpha E_\alpha$,其中每个 E_α 都是开集.

对任一点 $x_0 \in S$,x_0 必属于某个 E_α.因为 E_α 是开集,所以有区间 $(c,d) \subseteq E_\alpha$,并且 $x_0 \in (c,d)$.于是 $x_0 \in (c,d) \subseteq S$,$x_0$ 是 S 的内点.

因为 S 的任一点都是内点,所以 S 是开集.

▶**例 2** 证明:有限个开集的交集是开集.

解

设 $P=\bigcap_{k=1}^{n} E_k$,其中每个 E_k 都是开集.

对任一点 $x_0 \in P$,x_0 必属于每个 E_k,并且有区间 $(c_k,d_k) \subseteq E_k$,$x_0 \in (c_k, d_k)$,$k=1,2,\cdots,n$.令

$$c=\max c_k(<x_0), d=\min d_k(>x_0),$$

则 $x_0 \in (c,d)$，并且 $(c,d) \subseteq E_k (k=1,2,\cdots,n)$。

从而 $x_0 \in (c,d) \subseteq P$。所以 P 是开集。

点评

注意无限多个开集的交集未必是开集，如

$$E_k = \left(-1-\frac{1}{k}, 1+\frac{1}{k}\right), k=1,2,\cdots$$

则

$$P = \bigcap_{k=1}^{\infty} E_k = [-1,1]$$

不是开集。

可以证明直线上的每个开集都是不相重叠的开区间的并集（下节例1）。

知识桥

设 E 是一点集。对于一点 x_0，如果任一个含有 x_0 的区间，除 x_0 外至少还含有 E 的一点，那么 x_0 称为 E 的**极限点**或**聚点**。

注意 E 的极限点 x_0 本身不一定属于 E。如果 x_0 是 E 的极限点，那么含 x_0 的区间内必有无穷多个属于 E 的点（设含 x_0 的区间 (a,b) 中有 $x_1, x_2, \cdots, x_k$ 属于 E。又设 $\delta = \min_{1 \leq i \leq k} |x_0 - x_i|$，则含 x_0 的区间 $(x_0-\delta, x_0+\delta)$ 中的点均不同于 $x_1, x_2, \cdots, x_k$。而这个区间 $(x_0-\delta, x_0+\delta)$ 中又有一点 $x_{k+1} \in E$ 并且 $x_{k+1} \neq x_0$。这样，(a,b) 中有无穷多个点 $x_1, x_2, \cdots, x_k, x_{k+1}, \cdots$ 属于 E）。

如果 $x_0 \in E$，并且 x_0 不是 E 的极限点，那么 x_0 称为 E 的**孤立点**。如果 x_0 是 E 的孤立点，那么必有一个区间 (c,d)，在 (c,d) 中只有一个点即 x_0 属于 E。

如果 E 的极限点都属于 E，那么 E 称为**闭集**。

显然闭区间是闭集，直线本身是闭集。开区间 (a,b) 不是闭集，因为 a, b 是 (a,b) 的极限点，它们不在 (a,b) 中。一个点所成的集也是闭集。空集 $\varnothing$ 算作闭集。又开又闭的集只有全直线与空集。$[a,b)$ 非开非闭。

训练营

▶ **例3** 证明：开集的补集是闭集，闭集的补集是开集。

解

设 E 为开集.对任一点 $x_0 \in E$,必有区间 $(a,b) \subseteq E, x_0 \in (a,b)$.这时 (a,b) 中每一个点都不属于 E'.因此 x_0 不是 E' 的极限点.从而 E' 的极限点都属于 E',E' 是闭集.

设 E 为闭集.E' 中的任一点 x_0 不是 E 的极限点,因而必有区间 (c,d),(c,d) 含 x_0 并且 (c,d) 中没有 E 的点,即 $(c,d) \subseteq E'$.从而 x_0 是 E' 的内点.E' 是开集.

 点评

由例 3、例 1、例 2 可知:

任意多个闭集的交集是闭集,

有限多个闭集的并集是闭集.

5.6 康托尔的完备集

知识桥

康托尔(Georg Cantor,1845.3.3—1918.1.6)是集合论的创始者,他是丹麦一位犹太商人的儿子,出生在圣彼得堡,1856 年移居德国.1874 年,他开始引入基数的概念,由此证明了超越数大大多于代数数(5.3 节例 4 点评).这一成果当时轰动了整个数学界,同时也遭到强烈的反对.戴德金(Dedekind)、米塔-列夫勒(Mittag-Leffler)等人支持他,而克罗内克(Kronecker)等的反对使他十分苦恼.他注意到在其他数学分支,例如概率论的历史中,也存在正确的理论未被普遍接受的时期,因而高喊"数学的本质在于它的自由化".

康托尔还定义了序型、超限序数等概念,并奠定了由基本序列建立实数理论的基础,他将欧氏空间里一般的点集作为研究的对象,定义极限点、闭集、开集等概念.他也是维数理论的开拓者,为点集理论与拓扑空间理论开辟了道路.

康托尔晚年病魔缠身,在精神病院去世.

本节着重介绍康托尔构造的一个完备集.

训练营

▶**例 1** 证明:直线上每一个非空的有界开集 G 可以表为有限个或可数个不相重叠的开区间的并集.

解 对任一点 $x \in G$,因为 G 是开集,所以 x 是内点,存在一个开区间 (a,b) 包含 x,并且 $(a,b) \subseteq G$.可以选取区间 (a,b),使得 $a,b \notin G$(例如 b 可这样产生:设 $(x,b_1) \subseteq G$,并且 b_1 为有理数 $m + 0.c_1 c_2 \cdots c_n$, $m \in \mathbf{Z}, c_1, c_2, \cdots, c_n \in \{0,1,2,\cdots,9\}$.可设 $\left(x, b_1 + \dfrac{1}{10^n}\right)$ 不含在 G 中$\left(\right.$否则用 $b_1 + \dfrac{1}{10^n}$ 代替 $\left.b_1\right)$.令 $b_2 = b_1 + \dfrac{c_{n+1}}{10^{n+1}}$,

$c_{n+1} \in \{0,1,2,\cdots,9\}$,使得$(x,b_2) \subseteq G$而$\left(x, b_2 + \dfrac{1}{10^{n+1}}\right)$不含于$G$.这样继续下去,得出一个数$b = m + 0.c_1 c_2 \cdots c_n c_{n+1} \cdots$.任一小于$b$而大于$x$的数$y$,或小于$b_1$,或不小于$b_1$但至少有一位小数小于$b$的相应数字,从而$y$小于那个直到这一位都与$b$相同的$b_k$.因此$y \in G$.这表明$(x,b) \subseteq G$.另一方面,$G$的补集$G'$是闭集.$\left[b_1, b_1 + \dfrac{1}{10^n}\right)$,$\left[b_2, b_2 + \dfrac{1}{10^{n+1}}\right)$,$\cdots$中各有一个点$\in G'$,$b$是它们的极限点,因而$b \in G'$,即$b \notin G$.这样的区间$(a,b)$,称为$G$的构成区间.它们是包含$x$的、完全在$G$内的最大的开区间.

根据定义,这些构成区间不相重叠.

对每一个构成区间,取这区间中任一有理数与之对应.由于区间互不重叠,这些有理数各不相同.有理数的全体是可数集,因此G的构成区间个数为有限或可数.

▶ **例2** 将闭区间$[0,1]$三等分,取去中间的开区间$\left(\dfrac{1}{3}, \dfrac{2}{3}\right)$.将每一个留下来的闭区间$\left[0, \dfrac{1}{3}\right]$,$\left[\dfrac{2}{3}, 1\right]$又各自三等分,并各取去中间的开区间$\left(\dfrac{1}{9}, \dfrac{2}{9}\right)$与$\left(\dfrac{7}{9}, \dfrac{8}{9}\right)$.再将每一个留下来的闭区间三等分,并取去中间的开区间.这样无限继续下去.留下的集记为P.证明:

(i) P是闭集,并且没有孤立点;

(ii) 点集P的基数是$\aleph_1$.

解

(i) 去掉了可数个开区间,这些开区间的并集是一个开集G.G'是闭集,所以$P = G' \cap [0,1]$是闭集.

如果0是P的孤立点,那么在0的一个邻域中,0右边的点均属于G.从而0是G的一个构成区间的端点.但由P与G的构造,G的每一个构成区间是$\left[0, \dfrac{1}{3^n}\right]$的中间部分$\left(\dfrac{1}{3^{n+1}}, \dfrac{2}{3^{n+1}}\right)$或属于$\left[\dfrac{1}{3^n}, 1\right]$,因而$0$不是构成区间的端点.这一矛盾表明$0$不是$P$的孤立点.同样$1$也不是$P$的孤立点.

对于$x \in (0,1)$,如果x是P的孤立点,那么必有含x的区间$(a,b) \subseteq$

$[0,1]$,(a,b)中仅有 $x \in P$. 因而 x 是 G 的两个构成区间的公共点. 但由 G 的构造, 每两个构成区间没有公共点. 所以 P 没有孤立点.

(ii) 用三进制小数 $0.a_1 a_2 \cdots$ 表示 $[0,1]$ 中的数. 去掉 $\left(\dfrac{1}{3}, \dfrac{2}{3}\right)$, 即去掉那些 a_1 必定为 1 的数 $\left(\dfrac{1}{3}=0.100\cdots=0.022\cdots, \dfrac{2}{3}=0.122\cdots=0.200\cdots,\right.$它们的小数第一位都可以不为 $\left.1\right)$. 去掉 $\left(\dfrac{1}{9}, \dfrac{2}{9}\right)$ 与 $\left(\dfrac{7}{9}, \dfrac{8}{9}\right)$ 即去掉那些 a_2 必定为 1 的数. 依此类推, 从而

$$P = \{0.a_1 a_2 \cdots \mid a_k = 0 \text{ 或 } 2, k=1,2,\cdots\}.$$

令

$$b_k = \begin{cases} 0, & a_k = 0, \\ 1, & a_k = 2, \end{cases} \quad (k=1,2,\cdots)$$

则 $0.a_1 a_2 \cdots \longmapsto 0.b_1 b_2 \cdots$ 是 P 到 $[0,1]$ 中的数(用二进制小数表示)的一一对应. 所以 P 的基数为 $\aleph_1$.

点评

没有孤立点的闭集(即每一点都是极限点的闭集)称为**完备集**. 例 2 是康托尔发明的完备集. 通常称为康托尔的完备集.

有趣的是, 在例 2 中去掉的区间总长为

$$\dfrac{1}{3} + \dfrac{2}{9} + \dfrac{4}{27} + \cdots = \dfrac{\dfrac{1}{3}}{1 - \dfrac{2}{3}} = 1,$$

因而剩下的康托尔完备集 P 的"长度"(或称为测度)为 0, 但它的基数却是 $\aleph_1$.

5.7 库拉托夫斯基定理

知识桥

拓扑学中有一著名的库拉托夫斯基(Kuratowski)闭包定理:由集 A 经过补与闭的运算,至多能产生 14 个集.

这里的闭运算可以定义为集族上的函数.

设 $\mathscr{A}$ 为集 X 的全部子集所成的族.函数 $f:\mathscr{A}\to\mathscr{A}$ 如果满足以下条件:

(1) 若集 $A\subseteq B$,则 $f(A)\subseteq f(B)$;

(2) $f(A)\supseteq A$;

(3) $f(f(A))=f(A)$;

(4) $f(A\bigcup B)=f(A)\bigcup f(B)$,

那么便称 f 为**闭运算**.

其中性质(1),(2),(3),(4)分别称为单调增,扩大,幂等,可加.

同样地,可以定义补运算.

如果函数 $g:\mathscr{A}\to\mathscr{A}$,满足:

(1) 若集 $A\subseteq B$,则 $g(A)\supseteq g(B)$;

(2) $g(A)\bigcap A=\varnothing$;

(3) $g(g(A))=A$;

(4) $g(A\bigcup B)=g(A)\bigcap g(B)$,

那么便称 g 为**补运算**.其中性质(1),(3)分别称为单调减,幂零.

显然,通常集的补集与闭包具有以上性质.

现在,我们证明库拉托夫斯基定理.为此先建立两个图(图 5.7.1),图中 f 是 $f(A)$ 的简写,$fgfgf$ 是 $f(g(f(g(f(A)))))$ 的简写等等.$B\to C$ 表示 $B\supseteq C$.

左图的关系建立如下:

(1) 由 $g\subseteq fg$ 得 $A\supseteq gfg$;

(2) 由 $f\supseteq gfg(f)$得 $f\supseteq fgfgf$;

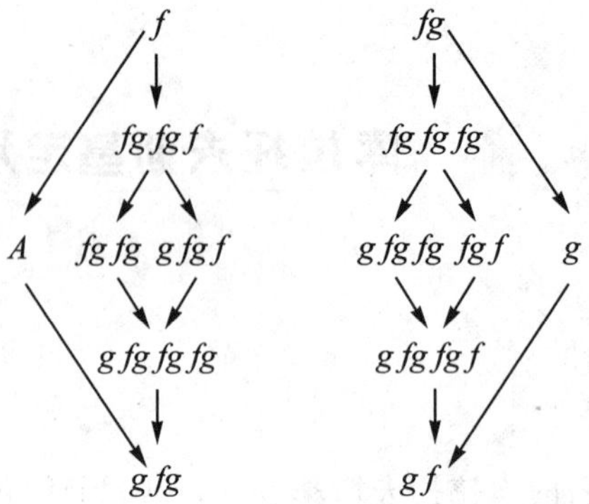

图 5.7.1

(3) 易知 gfg 是单调增的. 因而, 由 $f \supseteq A$ 得 $gfgf \supseteq gfg$, 从而 $fgfgf \supseteq fgfg$;

(4) $gfgfgfg = gfg(fgfg) \subseteq gfg(f) = gfgf$;

(5) $gfgfgfg = gfg(fgfg) \subseteq fgfg$;

(6) 由 $f(gfg) \supseteq gfg$ 得 $gfgfg \subseteq fg$, 从而 $gfgfgfg \supseteq gf(fg) = gfg$.

将 g 作用于左图, 就产生右图.

在左、右两个图中已有 14 个集. 未在图中出现、由复合而得的接下去的两个集应当是 $fgfgfgf$ 与 $fgfgfgfg$. 我们证明:

(1) $fgfgfgf = fgf$.

事实上, 由右图
$$fgfgfgf = f(gfgfgf) \supseteq f(gf) = fgf;$$
由左图
$$fgf = f(gf) \supseteq fgfgf(gf) = fgfgfgf.$$

(2) $fgfgfgfg = fgfg$.

由(1)(将 A 换作 $g(A)$),
$$fgfgfgfg = fgfgfgf(g) = fgf(g) = fgfg.$$

于是, 用 f, g 复合, 除图中 14 个集外, 不能产生其他的集.

在上述证明中, 只利用了 f 的性质(1),(2),(3),以及 g 的性质(1),(3).

▶ **例 1** 举出一个集 A, 它经过 f, g 的复合恰好产生 14 个不同的集.

解

首先注意图 5.7.1 左图的任一集不与右图的集相等.否则,左图的最大集 f 包含右图的最小集 gf,产生矛盾.

如果左图的 7 个集两两不同,那么它们的补集,即右图的 7 个集也两两不同.因此,只要左图的 7 个集两两不同,结合右图,我们就得到 14 个两两不同的集.

设 $X=[1,5]$,
$$A=\{[1,2]\text{中的有理点}\}\cup[2,3)\cup(3,4]\cup\{5\}.$$
则左图的其他六个集为:
$$f=[1,4]\cup\{5\},$$
$$gfg=(2,3)\cup(3,4),$$
$$fgfg=[2,4],$$
$$gfgfg=(2,4),$$
$$gfgf=[1,4),$$
$$fgfgf=[1,4].$$

左图这 7 个集两两不同,因此它们与右图的 7 个集构成 14 个不同的集.

库拉托夫斯基定理有许多推广,下面举一个关于自然数的例子.对自然数集 **N** 的任一子集 A,我们令 $g(A)=\mathbf{N}-A$,$f(A)=\langle A\rangle$,这里 $\langle A\rangle$ 表示 A 经乘法生成的集,即
$$\langle A\rangle=\{\text{任意多个 }A\text{ 中元素(允许相同)相乘的积}\}.$$
(单独一个元素也算作积,所以 $\langle A\rangle\supseteq A$.)

显然 f 具有单调增,扩大,幂等这三个性质.于是,根据前面的证明,由 f,g 复合,至多产生 14 个不同的集.

▶ **例 2** 举出一个自然数集 A,它经过 f,g 的复合恰好产生 14 个不同的集.

解

取 $A=\{2,2\times3,2\times5,2\times3\times5,3^3\}$,则
$gfg=\{2,2\times3,2\times5,2\times3\times5\}\neq A.$
$3^3\in f,3\notin f,3\in gf,3,3^2\in fgf,3,3^2,3^3\notin fgfgf$,所以 $fgfgf\neq f$.
$(2\times3\times5)^2\in fgfg;2\times3^2,2\times5^2\notin f$,所以 $2\times3^2,2\times5^2\in gf,(2\times3^2)\times(2$

$\times 5^2) \in fgf$,即$(2\times 3\times 5)^2 \in fgf$,$(2\times 3\times 5)^2 \notin gfgf$.

$2^2\times 3^3 \notin f(gfg)=fgfg$;$2^2\times 3^3 \in f$,并且若$2^2\times 3^3=n_1 n_2\cdots n_k(k\geqslant 2)$,则至少有一个$n_i$中3的幂指数不大于2的幂指数,因而这个$n_i \in f$.从而$n_i \notin gf$,$2^2\times 3^3 \notin fgf$,$2^2\times 3^3 \in gfgf$.

综合以上两段,$fgfg$ 与 $gfgf$ 不可比较,从而 $fgfg$,$gfgf$,$fgfgf$,$gfgfgfg$ 两两不等.

$2,2^2,2^3,\cdots \in fgfg$;$2,2^2,2^3,\cdots \notin gfgfg$;$2,2^2,2^3,\cdots \notin fgfgfg$;$2,2^2,2^3,\cdots \in gfgfgfg$.所以 $gfgfgfg$,$fgfg$,$gfgf$,$fgfgf$,f 都是无限集,不与有限集 A,gfg 相等.

于是左图的 7 个集各不相同.它们的补集即右图的 7 个集也各不相同.

左图的任一集决不可能等于右图的集.如果这种情况发生,左图的最大集 f 包含右图的最小集 gf,产生矛盾.

因此,由 $A=\{2,2\times 3,2\times 5,2\times 3\times 5,3^3\}$,经过 f,g 复合可产生 14 个不同的集.

▶ **例 3** 列举几种库拉托夫斯基定理的推广.

解

第一种:设 t 为区间$[0,1]$中的实数,定义
$$g(t)=1-t,$$
显然 g 具有单调减、幂零这两个性质.又设函数 $f:[0,1]\to[0,1]$ 满足:

(1) 单调增;

(2) $f(t)\geqslant t$;

(3) $f(f(t))=f(t)$.

根据前面的证明(将$\subseteq$改为$\leqslant$),g 与 f 复合,至多能产生 14 个不同的函数.

为了举出恰好产生 14 个不同函数的例子,首先注意 $f(t)$ 的像集必为一些点或一些区间组成,在每一个区间上,$f(t)=t$.若(c,d)内的点不属于 $f(t)$ 的像集,而 c,d 属于 $f(t)$ 的像集,那么 $f(c)=c,f(d)=d$,并且在(c,d)上恒有 $f(t)=d$.

现在令

$$f(t) = \begin{cases} \dfrac{1}{6}, & t \in \left[0, \dfrac{1}{6}\right], \\ \dfrac{7}{24}, & t \in \left(\dfrac{1}{6}, \dfrac{7}{24}\right], \\ \dfrac{3}{4}, & t \in \left(\dfrac{7}{24}, \dfrac{3}{4}\right], \\ \dfrac{7}{8}, & t \in \left(\dfrac{3}{4}, \dfrac{7}{8}\right], \\ 1, & t \in \left(\dfrac{7}{8}, 1\right], \end{cases}$$

则当 $t = \dfrac{1}{3}$ 时,左图中各函数的值如图 5.7.2 所示.

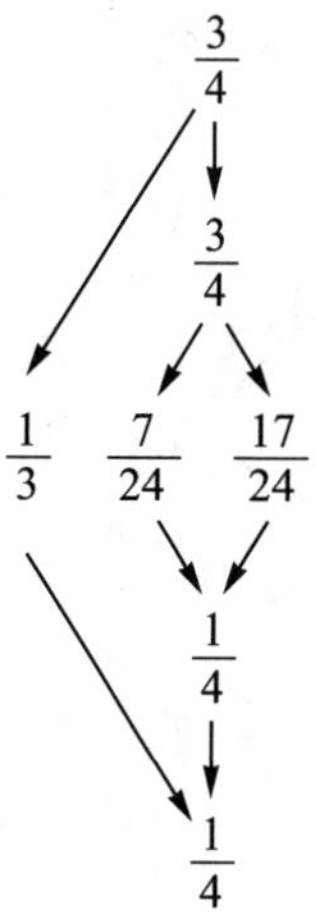

而当 $t \in \left(\dfrac{7}{8}, 1\right)$ 时,$f(t) = 1$,

$$fgfgf = fgf(0) = fg\left(\dfrac{1}{6}\right) = f\left(\dfrac{5}{6}\right) = \dfrac{7}{8}.$$

图 5.7.2

当 $t < \dfrac{1}{8}$ 时,$gfg = 0$,

$$gfgfgfg = gfgfg(1) = gfg\left(\dfrac{1}{6}\right) = \dfrac{1}{8}.$$

于是左图中 7 个函数各不相同,这时右图中 7 个函数也各不相同(用 1 减去左图的函数就得出右图中相应的函数).

左图中的函数决不可能与右图中的函数相同,否则将导出 $f \geqslant gf$ 恒成立.但当 $t \leqslant \dfrac{1}{6}$ 时,$f(t) = \dfrac{1}{6} < gf = \dfrac{5}{6}$.

因此,我们得到 14 个不同的函数.

第二种:设数轴上的点所成的集为 X,g_1 是关于原点的对称.$f_1 : X \to X$,满足:

(1) 单调增(点的大小顺序即相应的实数大小顺序);

(2) $f_1(t) \geqslant t$;

(3) $f_1(f_1(t)) = f_1(t)$,

则由 f_1 与 g_1 复合,至多能产生 14 个不同的函数.

将第一种解法中的自变量 t 改为 $t - \dfrac{1}{2}$ (即将原点移至原来的点 $\dfrac{1}{2}$ 处),则在

那里的 g 就是现在的 $g_1\left(t\in\left[-\dfrac{1}{2},\dfrac{1}{2}\right]\right)$.

令 $f_1(t)=f\left(t+\dfrac{1}{2}\right),t\in\left[-\dfrac{1}{2},\dfrac{1}{2}\right]$;并且当 $t\notin\left[-\dfrac{1}{2},\dfrac{1}{2}\right]$ 时,$f(t)=t$,则经 g_1,f_1 复合恰产生 14 个不同的函数.

第三种:平面上的点所成的集为 X.对于任两个点 $(a_1,b_1),(a_2,b_2)$,约定当 $a_2>a_1$ 或 $a_2=a_1,b_2>b_1$ 时,
$$(a_1,b_1)<(a_2,b_2).$$

如果 g 是关于原点的对称,而 $f_2:X\to X$,满足:

(1) 单调增;

(2) 对任一点 t,$f_2(t)\geqslant t$,$f_2(f_2(t))=f_2(t)$,

那么由 f_2 与 g 复合,至多能产生 14 个不同的函数.

我们可以令 $f_2((a,b))=(f_1(a),b)$,以产生 14 个不同的函数.

第四种:平面上的整点所成的集为 X,大小顺序及 g,f_2 满足的条件均与上面相同.

只需令 $f_2((a,b))=\left(24f_1\left(\dfrac{a}{24}\right),b\right)$,就可以产生 14 个不同的函数.

集合部分习题

1. 已知 $A \cup B \cup X = A \cup B, A \cap X = B \cap X = A \cap B$. 证明：集合 $X = A \cap B$.

2. 用 $n(A)$ 表示 A 的子集的个数. 已知 $|A| = |B| = 100, n(A) + n(B) + n(C) = n(A \cup B \cup C)$. 求 $|A \cap B \cap C|$ 的最小值.

3. 从自然数数列 $1, 2, 3, 4, 5, \cdots$ 中依次划去 4 的倍数，7 的倍数，但其中凡 5 的倍数均保留不划去. 剩下的数中第 1995 个是几？

4. 在正 $6n+1$ 边形中，k 个顶点染红色，其余顶点染蓝色. 证明：具有同色顶点的等腰三角形的个数 P_k 与染色方式无关，并且 $P_{k+1} - P_k = 3k - 9n$，从而求出 P_k.

5. 证明：
$$|A_1 \triangle A_2| + |A_2' \triangle A_3| - |A_1' \triangle A_3|$$
$$= 2|A_1 \cap A_2' \cap A_3'| + 2|A_1' \cap A_2 \cap A_3|.$$

6. 证明：
$$\sum_{A_1, \cdots, A_k} |A_1 \cup A_2 \cup \cdots \cup A_k| = n(2^k - 1) 2^{k(n-1)},$$
这里的求和遍及 n 元集 X 的所有子集 $A_1, A_2, \cdots, A_k$，其中允许有空集与相同的集，并且计及顺序（即 $A_1 \neq A_2$ 时，$A_1 \cup A_2$ 与 $A_2 \cup A_1$ 算作不同的）.

7. 证明：
$$\sum |A_1 \cup A_2 \cup \cdots \cup A_k| = (2^k - 1) \sum |A_1 \cap A_2 \cap \cdots \cap A_k|,$$
和号意义同上题.

8. 若 $m > n$, $A = \{1, 2, \cdots, m\}$, $B = \{1, 2, \cdots, n\}$，求满足 $C \subseteq A, C \cap B \neq \varnothing$ 的 C 的个数.

9. $\mathscr{A} = \{A_1, A_2, \cdots, A_m\}$ 是 n 元集 X 的子集族. 对 $1 \leqslant i < j \leqslant m$，$A_i \cup A_j \neq X$，证明：$m \leqslant 2^{n-1}$，并且当 $m < 2^{n-1}$ 时，一定能补充若干个子集到 $\mathscr{A}$ 中，使得 $|\mathscr{A}| = 2^{n-1}$，同时 $\mathscr{A}$ 中每两个子集的并不是 X.

10. 证明：n 元集 X 的满足 $A \subset B$ 的子集对 A, B 共有 $3^n - 2^n$ 对.

11. 已知集 S 中的元素均为正实数，S 对加法封闭（即 $a, b \in S$ 时，$a + b \in S$），并且对任意区间 $[a, b]$ $(a > 0)$，均有区间 $[c, d] \subseteq [a, b] \cap S$. 试确定 S.

12. 设 A, B 都是集 $X = \{1, 2, \cdots, n\}$ 的子集. 如果 A 中的每一个数都严格地

大于 B 中所有的数,那么有序子集对 (A,B) 称为"好的".求 X 的"好的"子集对的个数.

13. 数轴上 n 个有界闭区间,其中任 k 个中均有两个无公共点.证明:其中至少有 $\left[\dfrac{n-1}{k}\right]+1$ 个两两不相交.

14. 25 位绅士围一圆桌而坐.他们中有些人属于一些团体.同一团体的绅士相邻而坐,并且满足:

(1) 每个团体至多 9 个人;

(2) 每两个团体至少有一个公共成员.

证明:有一位绅士属于所有团体.

15. 设 $\mathscr{A}=\{A_1,A_2,\cdots,A_t\}$ 是集 X 的 r 元子集的族.若 $\mathscr{A}$ 中每 $r+1$ 个集的交非空,证明:$A_1\cap A_2\cap\cdots\cap A_t\neq\varnothing$.

16. $\mathscr{A}$ 为 X 的子集族,$|\mathscr{A}|=t\geqslant 2$.证明:形如 $A\triangle B(A,B\in\mathscr{A})$ 的子集中,至少有 t 个互不相同.

17. 设 $A_1,A_2,\cdots,A_n$ 为 n 个两两不同的集.$\{A_{i_1},A_{i_2},\cdots,A_{i_r}\}$ 为这族集中不含并集的最大子族(不含并集即对任意不同的 $j,s,t\in\{i_1,i_2,\cdots,i_r\}$,$A_j\cup A_s \neq A_t$).对一切 $A_1,A_2,\cdots,A_n$,令 $f(n)=\min r$.证明:
$$\sqrt{2n}-1\leqslant f(n)\leqslant 2\sqrt{n}+1.$$

18. 设 $A_1,A_2,\cdots,A_n$ 都是 r 元集,$\bigcup_{i=1}^n A_i=X$.若对自然数 k,这族集中每 k 个的并为 X,每 $k-1$ 个的并为 X 的真子集.证明:$|X|\geqslant C_n^{k-1}$,等号成立时,必有 $r=C_{n-1}^{k-1}$.

19. $A_1,A_2,\cdots,A_t$ 都是 r 元集,$X=\bigcup_{i=1}^t A_i$,求 $\min|X|$.这里的最小值是指对所有 $A_1,A_2,\cdots,A_t$ 的 $|X|$ 的最小值.

20. 设 $\{A_i\}_{1\leqslant i\leqslant m},\{B_i\}_{1\leqslant i\leqslant m}$ 是两族集,具有性质 $|A_1|=|A_2|=\cdots=|A_m|=p,|B_1|=|B_2|=\cdots=|B_m|=q$,并且当且仅当 $i=j$ 时,$A_i\cap B_j=\varnothing$.证明:$m\leqslant C_{p+q}^p$.

21. n 元集 X 的非空子集族 $\mathscr{A}$ 称为滤子族.如果对每对 $A,B\in\mathscr{A}$,存在 $C\in\mathscr{A}$,使得 $C\subseteq A\cap B$,求滤子族的个数.

22. 设 $\mathscr{A}=\{A_1,A_2,\cdots,A_t\}$ 是集 X 的 r 元子集的族,$t\leqslant 2^{r-1}$.证明:可将 X 的元素各染成红、黑两种颜色之一,使得每个 $A_i(1\leqslant i\leqslant t)$ 的元素不全同色.

23. 设 $\mathscr{A}=\{A_1,A_2,\cdots,A_t\}$ 是集 X 的子集族,满足 $|A_i|\geqslant 2$,并且 $|A_i\cap A_j|\neq 1(i,j=1,2,\cdots,t,i\neq j)$.证明:可将 X 的元素各染成红、黑两种颜色之一,使

得每个 $A_i(1\leqslant i\leqslant t)$ 的元素不全同色.

24. 设 X 为 n 元集. $\mathscr{A}=\{A_1,A_2,\cdots,A_t\}$ 是 X 的子集族,对所有 $i\neq j$,$1\leqslant i$,$j\leqslant t$,$|A_i\cap A_j|=1$. 证明:$t\leqslant n$.

25. 设 $A_1,A_2,\cdots,A_n$ 与 $B_1,B_2,\cdots,B_n$ 是集 X 的两个分拆,并且当 $A_i\cap B_j=\varnothing$ 时,$|A_i\cup B_j|\geqslant n(1\leqslant i,j\leqslant n)$. 求证:$|X|\geqslant\dfrac{n^2}{2}$,并说明当 n 为偶数时,等号可以成立.

26. $\mathscr{A}$ 是 n 元集 X 的一个子集族. 若 X 的每个子集 B 至少与 $\mathscr{A}$ 中一个子集 A 可比较(即 $B\subseteq A$ 或 $A\subseteq B$),则称 $\mathscr{A}$ 为横截族. 设 $\mathscr{A}$ 为最小的横截族(即 $\mathscr{A}$ 为横截族而 $\mathscr{A}$ 的子族均非横截族). 证明:$|\mathscr{A}|\leqslant C_n^{\left[\frac{n}{2}\right]}$.

27. $X=\{1,2,\cdots,n\}$ 的子集族 $\mathscr{A}=\{A_1,A_2,\cdots,A_t\}$. 如果对任意的 $i,j(1\leqslant i<j\leqslant n)$,存在 $A_k,A_h\in\mathscr{A}$,使得 $i\in A_k-A_h$,$j\in A_h-A_k$,那么 $\mathscr{A}$ 称为完全可分的. 对任一集族 $\mathscr{A}=\{A_1,A_2,\cdots,A_t\}$,定义 $B_i=\{k\mid i\in A_k\}$,产生一个 $\{1,2,\cdots,t\}$ 的子集族 $\mathscr{A}^*=\{B_1,B_2,\cdots,B_n\}$,$\mathscr{A}^*$ 称为 $\mathscr{A}$ 的对偶. 证明:当且仅当 $\mathscr{A}^*$ 是 S 族时,$\mathscr{A}$ 完全可分.

28. X 的子集族 $\mathscr{A}$ 是 S 族,令 $b(\mathscr{A})$ 为 X 的所有与 $\mathscr{A}$ 中每一子集都相交的最小集组成的族. 证明:$b(b(\mathscr{A}))=\mathscr{A}$.

29. 证明:任意 t 个集 $A_1,A_2,\cdots,A_t$ 中,总能找出 $[t^{\frac{1}{2}}]$ 个,每两个的并不等于第三个.

30. 设 $\mathscr{A},\mathscr{B}$ 为 n 元集 X 的子集族,$\mathscr{A}$ 中的每个子集 A 与 $\mathscr{B}$ 中的每个子集 B 均不可比较. 证明:$\sqrt{|\mathscr{A}|}+\sqrt{|\mathscr{B}|}\leqslant 2^{\frac{n}{2}}$.

31. 研究 4.11 节例 1(4) 中等号成立的条件.

32. 列出 5.7 节例 1 中右图的 7 个集.

33. 建立区间 (a,b),$[a,b)$,$(a,b]$ 与 $[0,1]$ 的一一对应.

34. 对集合 $A_1,A_2,\cdots$,令 $\overline{A}=\bigcap\limits_{m=1}^{\infty}\left(\bigcup\limits_{n=m}^{\infty}A_n\right)$,$\underline{A}=\bigcup\limits_{m=1}^{\infty}\left(\bigcap\limits_{n=m}^{\infty}A_n\right)$. 证明:$\overline{A}\supseteq\underline{A}$,并举一个 $\overline{A}\supset\underline{A}$ 的例子.

35. 设 X 为 n 元集,Y 为 X 的 k 元子集. 证明:X 的恰含 Y 中 r 个元的子集,所成的最大的 S 族由 $C_k^r C_{n-k}^{\left[\frac{n-k}{2}\right]}$ 个子集组成.

36. 考虑 n 元集 X 到自身的映射 $f(n\geqslant 2)$. 若 a 为 X 中一固定元素,对每个 $x\in X$,均有 $f(f(x))=a$,求这种映射 f 的个数.

37. 设 $x=(x_1,x_2,\cdots,x_n)$, $y=(y_1,y_2,\cdots,y_n)$ 为两个 n 维向量. 若 $x=y$ 或 $x_i=y_i$ 对 $n-1$ 个 i 成立, 则称 y 覆盖 x. 令 X 表示 p^n 个向量 $(x_1,x_2,\cdots,x_n)$, $x_i\in\{1,2,\cdots,p\}$, $i=1,2,\cdots,n$ 的集. 若 X 中每个向量至少被 Y 中一个向量覆盖, 求证: $|Y|\geqslant\dfrac{p^n}{n(p-1)+1}$, 并且当 $n=2$ 时, $\min|Y|=p$.

38. 设 X 为 n 元集, $n\geqslant 4$, $A_1,A_2,\cdots,A_{100}$ 为 X 的子集, 其中可以有相同的, 满足 $|A_i|>\dfrac{3}{4}n$, $i=1,2,\cdots,100$. 证明: 存在 $Y\subseteq X$, $|Y|\leqslant 4$, 并且 $Y\cap A_i\neq\varnothing$, $i=1,2,\cdots,100$.

39. X 为 n 元集, $n\geqslant 2$, $\mathscr{A}$ 为 X 的子集族. 若 X 的每个真子集与 $\mathscr{A}$ 中偶数个集的交非空, 证明: X 的所有非空子集均在 $\mathscr{A}$ 中.

40. 集 X 的元数 $n>1$, 并且有一关系 $\wedge$, 满足:

(1) 对任一 $x\in X$, $x\wedge x$ 不成立;

(2) 对任一对不同元素 $x,y\in X$, $x\wedge y$ 与 $y\wedge x$ 恰有一个成立;

(3) 若 $x\wedge y$, 则有 $z\in X$, 使得 $x\wedge z$, $z\wedge y$.

问: X 至少有几个元素?

第二部分 对应

第六讲 映射的应用

6.1 映射与一一对应

知识桥

人们常常说到"对应",例如"兵对兵,将对将","兵来将挡,水来土掩","天上一颗星,地下一个人",……

"对应",是数学中一个极为重要的基本概念.在第二讲中,我们已经说过映射与对应.

例如 $X=\{a,b,c\}$,$Y=\{1,2,3\}$.从集合 X 到 Y 有许多不同的映射(不久我们就会知道,共有 27 个不同的映射).我们可以令映射 f 为:
$$a \mapsto 1, b \mapsto 2, c \mapsto 3,$$
令映射 g(在同一个问题中,对不同的映射采用不同的记号,以免混淆)为
$$a \mapsto 2, b \mapsto 1, c \mapsto 3.$$

又如 $X=\{1,2,\cdots,n\}$,$Y=\{0\}$.映射 f 定义为 $f(x)=0$(其中 $x \in X$).这样的映射可称为**零映射**.

训练营

▶ **例1** $X=\{1,2,3,\cdots,300\}$,$Y=\{0,1,2\}$.有映射 f:

$$f(x)=\begin{cases} 0, & x \text{ 能被 3 整除}, \\ 1, & x \text{ 被 3 除余 1}, \\ 2, & x \text{ 被 3 除余 2}. \end{cases}$$

▶ **例 2** $X=\{1,2,\cdots,100\}, Y=\{1,2,\cdots,200\}$. 有映射 φ:
$$\varphi(n)=2n, \text{ 其中 } n=1,2,\cdots,100.$$

▶ **例 3** $X=\{1,2,\cdots,200\}, Y=\{1,2,\cdots,100\}$. 有映射 ψ:
$$\psi(n)=\begin{cases} \dfrac{n}{2}, & n \text{ 为偶数}, \\ \dfrac{n+1}{2}, & n \text{ 为奇数}. \end{cases}$$

▶ **例 4** $X=\{1,2,\cdots,3n\}, Y=\{1,2,\cdots,n\}$. 有映射 f:
$$f(3k-2)=f(3k-1)=f(3k)=k, \text{ 其中 } k=1,2,\cdots,n.$$

▶ **例 5** $X=\{1,2,\cdots,n\}$. 有从 X 到 X 自身的非恒等映射(恒等映射的概念参见 2.1 节) f:
$$f(x)=n+1-x, \text{ 其中 } x \in X.$$

请读者自己举一些映射的例子.

点评

例 2, 例 5 中的映射都是单射, 例 1, 例 3, 例 4, 例 5 中的映射都是满射. 例 5 中的映射是一一对应, 其他各例都不是一一对应(相关概念参见 2.1 节).

知识桥

如果集 X 与集 Y 之间存在一一对应 f, 那么集 X 与集 Y 的元素个数相等, 即 $|X|=|Y|$. 反过来, 如果 $|X|=|Y|$, 那么在集 X 与集 Y 之间必存在一个一一对应. 这只要使 X 的第一个元素的像为 Y 的第一个元素, X 的第二个元素的像为 Y 的第二个元素, 依此类推.

如果 f 是满射, 并且每一个 $y \in Y$ 恰好是 X 中 m 个元素的像, 那么 f 称为

倍数映射.

例 1, 例 3, 例 4 中的映射,都是倍数映射,倍数 m 分别为 100, 2, 3. 例 2 中的映射不是倍数映射.

一一对应也可以看成倍数 $m=1$ 的倍数映射.

6.2 淘汰赛

知识桥

16名乒乓球选手要决出单打冠军,通常按图6.2.1进行淘汰赛:

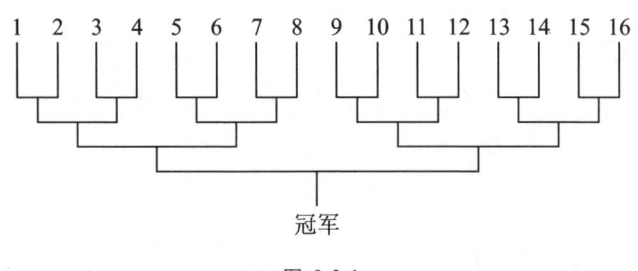

图 6.2.1

即第一轮分成8对进行比赛;胜者进入第二轮,再分成4对进行比赛;第二轮的胜者(4名)分成两对进行第三轮的比赛;最后,由第三轮的胜者(2名)决出冠军.如果选手的人数不是2的正整数幂,通常先补充几名"乌有选手",凑成2的正整数幂,那些与乌有选手配对的选手"轮空",不用比赛便可直接进入下一轮.例如在仅有12名选手参加比赛时,可以将上面图中的4个号码作为乌有选手.如果2,6,10,14是乌有选手,那么1,5,9,13四名选手第一轮轮空,直接进入第二轮.

训练营

▶例 n 名选手参加淘汰赛,要进行多少场比赛才能决出冠军?

解

如果先算出每一轮的场数,然后相加,是比较麻烦的.简便的解法是注意每场比赛恰好淘汰一名选手,即比赛的场次与被淘汰的选手是一一对应的.因为一共淘汰 $n-1$ 名选手,所以比赛的场数也是 $n-1$.

6.3 锯立方体

训练营

▶例 一个棱长为 3 个单位的立方体,锯 6 次:横锯两次,纵锯两次,竖锯两次,可以锯成 27 个棱长为 1 个单位的立方体.如果允许你把各次得到的木块任意地叠起来锯,能否锯 5 次(或更少)就得出 27 个单位立方体?

解

问题的关键是在原立方体中心的那个单位立方体有 6 个面.每锯 1 次至多能使它有 1 个面暴露在"光天化日"之下.因此,要使它的 6 个面完全"曝光",至少要锯 6 次.当然,6 次也确实可以把原立方体锯成 27 个单位立方体.

这里,第一次锯,第二次锯,……,第六次锯,恰好与在原立方体中心的那个单位立方体的 6 个面一一对应.

6.4 棋盘上的方格

▶**例 1** 所谓 $m \times n$ 的棋盘，是指一边由 m 个方格组成，另一边由 n 个方格组成的矩形棋盘.例如 8×8 的棋盘就是通常的国际象棋棋盘.在 8×8 的棋盘上取两个小方格，这两个小方格恰有一个公共点，有多少种不同的取法？

解

每一种取法，有一个点与它对应.这个点就是所取的两个小方格的公共点.它是棋盘上横线与竖线的交点，不在棋盘的边界上.

从图 6.4.1 可以看出，每一个点对应于两种不同的取法，即取两个黑格，或两个白格；与它们对应的是同一个点（A 点）.所以，这里的映射是一个倍数映射（$m=2$）.

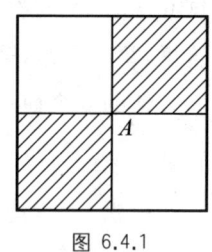

图 6.4.1

因为在 8×8 的棋盘上，内部的 7 条横线与 7 条竖线有 $7 \times 7 = 49$ 个交点，所以共有
$$49 \times 2 = 98$$
种不同的取法.

点评

一般地，在 $m \times n$ 的棋盘中，取两个恰有一个公共点的小方格，共有 $2(m-1)(n-1)$ 种方法.

类似地，我们可以解决下面的问题：

▶**例 2** 从 $m \times n$ 的棋盘中，取出一个由三个方格组成的 L 形（如图6.4.2），有多少种不同的取法？

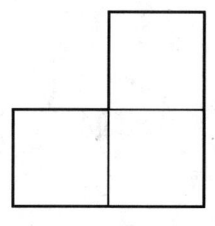

图 6.4.2

解

答案是 $4(m-1)(n-1)$. 因为每一个点与 4 种取法对应.

6.5 对称

知识桥

在几何中,"对称"是一种常见的对应. 例如,在坐标平面中,令
$$(x,y) \mapsto (x,-y),$$
这个一一对应就是上(或下)半平面$\{(x,y) \mid y > (或 <) 0\}$关于$x$轴的轴对称. 而
$$(x,y) \mapsto (-x,y)$$
是右(或左)半平面$\{(x,y) \mid x > (或 <) 0\}$关于$y$轴的轴对称.
$$(x,y) \mapsto (-x,-y)$$
是以原点$O(0,0)$为对称中心的中心对称.

训练营

▶ **例** 甲、乙两人轮流在一张方桌(或圆桌)上放硬币(硬币互不重叠),直至放不下为止. 规定放最后一枚的为胜. 证明:放第一枚硬币的甲,有百战百胜的策略.

解

甲将第一枚硬币放在桌子中央(对称中心). 以后,每当乙放一枚硬币时,甲就在(关于中心)对称的地方放一枚硬币. 这样,只要乙能放硬币,甲就一定能放,所以甲必胜无疑.

6.6 集合自身的对称

知识桥

设 $X=\{1,2,\cdots,n\}$ 是一个有限集合. X 到自身的映射 f：
$$x \mapsto n+1-x \qquad (\text{其中 } x=1,2,\cdots,n)$$
是一一对应(即 6.1 节例 5 中的映射).它可以称为**集合自身的对称**.

训练营

▶ **例 1** 求 $1+2+3+\cdots+n$.

解

将 $S=1+2+3+\cdots+n$ 与 $S=n+(n-1)+(n-2)+\cdots+1$ 相加,得
$$2S=\overbrace{(n+1)+(n+1)+\cdots+(n+1)}^{n \text{ 个}}=(n+1)n,$$
所以
$$S=\frac{n(n+1)}{2}.$$

这是一个众所周知的问题,它有各种各样的"变形".

▶ **例 2** 设不超过 n 并且与 n 互素的数共 $\varphi(n)$ 个.如果 n 的素因数分解式是
$$n=p_1^{\alpha_1}p_2^{\alpha_2}\cdots p_k^{\alpha_k},$$
这里 $p_1,p_2,\cdots,p_k$ 是不同的素数, $\alpha_1,\alpha_2,\cdots,\alpha_k$ 是正整数,那么,在数论中有计算 $\varphi(n)$ 的公式
$$\varphi(n)=p_1^{\alpha_1-1}p_2^{\alpha_2-1}\cdots p_k^{\alpha_k-1}(p_1-1)(p_2-1)\cdots(p_k-1).$$
试利用这个公式,求出和
$$1+3+7+9+11+\cdots+99.$$

这里的加数,是 $X=\{x\mid 1\leqslant x\leqslant 100, x$ 为与 100 互素的自然数$\}$ 中的所有元素.

解

$f(x)=100-x$ 是集 X 自身的对称.所以
$$99+97+93+91+89+\cdots+1$$
也是 X 中所有元素的和.将它与
$$1+3+7+9+11+\cdots+99$$
相加,得 $100\varphi(100)$,从而所求的和为
$$\frac{100\varphi(100)}{2}=\frac{100\times\varphi(2^2\times 5^2)}{2}$$
$$=\frac{100\times 2\times 5\times(2-1)(5-1)}{2}=2000.$$

点评

一般地,小于 n 并且与 n 互素的自然数的和为 $\frac{1}{2}n\varphi(n)$.

▶ **例 3** 对于数集 M,M 中最大的数与最小的数的和,称为 M 的**特征**,记为 $m(M)$.求集合 $X=\{1,2,\cdots,n\}$ 的所有非空子集的特征的平均数.

解

设 $A\subseteq X$,则
$$A'=\{n+1-a\mid a\in A\}\subseteq X.$$
所以 $A\mapsto A'$ 是 X 的子集的全体(子集组成的集)Y 到 Y 自身的一一对应.特征的平均数
$$g=\frac{1}{|Y|}\sum_{A\in Y}m(A)=\frac{1}{2|Y|}\sum_{A\in Y}(m(A)+m(A')).$$
注意 A 中最大(小)的数与 A' 中最小(大)的数相加得 $n+1$,所以
$$\frac{1}{2}(m(A)+m(A'))=\frac{1}{2}\times 2(n+1)=n+1,$$
从而
$$g=\frac{1}{|Y|}\sum_{A\in Y}(n+1)=(n+1)\cdot\frac{1}{|Y|}\sum_{A\in Y}1=n+1.$$

6.7 自然数的因数

▶ 例 设自然数 n 的（正）因数个数为 $\tau(n)$，因数的和为 $\sigma(n)$。例如，对于 $n=12=2^2\times 3$，有 6 个因数（$\tau(12)=6$），即 $1,2,3,4,6,12$。因数的和为
$$\sigma(12)=1+2+3+4+6+12=28.$$

证明

(i) n 的因数的积为 $n^{\tau(n)/2}$；

(ii) $\tau(n) \leqslant 2\sqrt{n}$；

(iii) $\dfrac{\sigma(n)}{\tau(n)} \geqslant \sqrt{n}$。

解

(i) 设集 $M=\{d\mid d\text{ 是 }n\text{ 的因数}\}$。因为 $\dfrac{n}{d}$ 是自然数，而且是 n 的因数，所以

$$d \mapsto \frac{n}{d} \tag{1}$$

是集 M 到自身的一一对应（这与上一节的映射类似，只不过那里是 $+,-$，现在是 $\times,\div$）。n 的所有因数的积是（符号 $\prod$ 表示求积）

$$S=\prod_{d\in M} d,$$

它也等于

$$\prod_{d\in M} \frac{n}{d}.$$

将这两个式子相乘，得

$$S^2=\prod_{d\in M}\left(d\cdot\frac{n}{d}\right)=\prod_{d\in M} n=n^{\tau(n)}, \qquad (\tau(n)=|M|)$$

所以

$$S=n^{\tau(n)/2}.$$

(ii) 因为 $d \cdot \dfrac{n}{d} = n$，所以 d 与 $\dfrac{n}{d}$ 中总有一个 $\leqslant \sqrt{n}$，另一个 $\geqslant \sqrt{n}$. 从而映射(1)也是集合
$$M_1 = \{d \mid d \in M, d \leqslant \sqrt{n}\}$$
到
$$M_2 = \{d \mid d \in M, d \geqslant \sqrt{n}\}$$
的一一对应. 于是 $|M_1| = |M_2|$，
$$\tau(n) = |M| = |M_1 \cup M_2|$$
$$\leqslant |M_1| + |M_2| = 2|M_1| \leqslant 2\sqrt{n}.$$

(iii) 因为 m 个正数的算术平均数不小于它们的几何平均数，所以
$$\dfrac{\sigma(n)}{\tau(n)} = \dfrac{1}{\tau(n)} \sum_{d \in M} d \geqslant \sqrt[\tau(n)]{\prod_{d \in M} d} = \sqrt[\tau(n)]{n^{\frac{\tau(n)}{2}}} = \sqrt{n}.$$

点评

在上面的证明中，我们并未用到计算 $\tau(n)$ 与 $\sigma(n)$ 的公式.

计算 $\tau(n)$ 的公式，我们将在 7.3 节中介绍. 计算 $\sigma(n)$ 的公式则可以在任何一本初等数论的教科书中找到.

6.8 国际象棋中的象

▶ **例** 国际象棋中的棋子放在方格中,每只"象"可以吃掉与它在同一斜线上的棋子.

(i) 在 8×8 的普通棋盘上,至多能放多少只互不相吃的象?在 $n\times n$ 的棋盘上呢?

(ii) 每一种使互不相吃的象的个数达到最大的放法,称为一个最大组.证明:当 n 为偶数时,最大组的个数是平方数.

解

(i) 在普通的 8×8 的棋盘上至多能放 14 只互不相吃的象,图 6.8.1 即是一例.

图 6.8.1

要证明至多只能放 14 只互不相吃的象,我们把象分成两类:在黑格中的象称为黑象,在白格中的象称为白象(棋盘上通常涂上黑白两种颜色,相邻的方格具有不同的颜色).

从图中可以看出,黑格组成七条(从左上到右下的)斜线,每条斜线上至多放 1 只黑象,因而至多可放 7 只互不相吃的黑象.同样(由于对称)至多可放 7 只互不相吃的白象.所以,至多可放

$$7+7=14$$

只互不相吃的象.

在 $n \times n$ 的棋盘上,可放 $2n-2$ 只互不相吃的象(黑象、白象各 $n-1$ 只),证明的细节请读者自己补出.

(ii) 当 n 为偶数时,棋盘关于中间的直线左右对称,在这个对称(一一对应)下,黑格变成白格,白格变成黑格.从而,黑象的最大组与白象的最大组一一对应.因此,白象的最大组的个数 w 等于黑象的最大组的个数 b.

因为一个白象的最大组与一个黑象的最大组组成一个象的最大组,共有 wb 种搭配,所以
$$象的最大组的个数 = w \times b = w^2$$
是一个平方数.

6.9 "连城"游戏

知识桥

很多小朋友玩过这样的"连城"游戏：在一个"井"字形的九个格子中,由甲、乙两人轮流填"○"与"×",谁先将三个属于自己的符号排成一条直线,便算赢家.这种游戏在国外称为"tick-tack-toe".

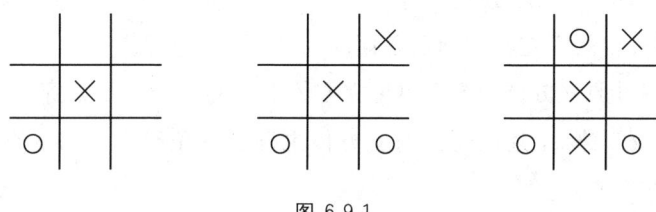

图 6.9.1

在图 6.9.1 中,容易看出只有 8 条直线上可以连出三个符号(横竖各 3 条及对角线 2 条).但是,在立方体中,类似的问题并非这样显然.

训练营

▶**例** 由 8×8×8 个单位立方体组成的,每边都是 8 个单位的立方体中,有多少条直线可以穿过 8 个单位立方体的中心?

解

在这个边长为 8 的立方体外面再加一个"椁",椁的厚度为 1 个单位,它与这个立方体一起构成一个边长为 10 的立方体.因而这个椁由
$$10^3 - 8^3 = 488$$
个单位立方体组成.

将这 488 个立方体两两配对,方法如下:设顶面的 10×10=100 个立方体,用通常的坐标方法记为

$$(1,1),(1,2),\cdots,(1,10),$$
$$(2,1),(2,2),\cdots,(2,10),$$

$$(10,1),(10,2),\cdots,(10,10),$$

底面的立方体也采用完全同样的记法.

对于 $2 \leqslant i,j \leqslant 9$,将顶面的立方体 (i,j) 与在它正下方的,底面的立方体 (i,j) 配成一对.

对于 $i=1$ 或 $10, 2 \leqslant j \leqslant 9$,将顶面的立方体 $(1,j)$ 与底面的 $(10,j)$ 配成一对,顶面的立方体 $(10,j)$ 与底面的 $(1,j)$ 配成一对.

对于 $2 \leqslant i \leqslant 9, j=1$ 或 10,将顶面的 $(i,1)$(或 $(i,10)$)与底面的 $(i,10)$(或 $(i,1)$)配成一对.

最后,将顶面的 $(1,1),(10,10),(1,10),(10,1)$ 分别与底面的 $(10,10)$, $(1,1),(10,1),(1,10)$ 配对.

同样地,可以处理左右与前后各面.

每一条穿过原立方体中 8 个单位立方体中心的直线 x 恰好穿过上述立方体对中的一对,反过来,上述的每一对立方体也确定一条符合要求的直线 x(通过这对立方体的中心).

因此,直线 x 与上述立方体对一一对应.从而符合要求的直线有
$$488 \div 2 = 244$$
条.

 点评

一般地,对于 $n \times n \times n$ 的立方体,有
$$\frac{(n+2)^3-n^3}{2}=(n+2)^2+n(n+2)+n^2=3n^2+6n+4$$
条穿过 n 个单位立方体中心的直线.

6.10 加德纳的游戏

▶例 马丁·加德纳(Martin Gardner)是《科学美国人》杂志的专栏作家.他设计了一种游戏：

"两个人轮流从{1,2,3,4,5,6,7,8,9}中取数,每次取一个数,谁所取的数中有三个数的和为15就算赢家."

如果第一个人先取5,那么第二个人应当取什么数呢？

解

这个问题并不容易,如果第二个人取错了,则必输无疑.正确的取法是在{2,4,6,8}中任取一个数.

为什么？

请注意从{1,2,3,4,5,6,7,8,9}中取三个数,使总和为15,恰有8种情形,它们可以表成一个三阶幻方：

8	1	6
3	5	7
4	9	2

.

这个幻方的每一行、每一列及两条对角线上三个数的和都是15,它代表了上述的8种可能.

由此可见,加德纳设计的游戏实际上就是"连城"游戏：甲、乙两人轮流在幻方上选择数字,谁选的数中有三个数在一条直线上(即和为15)谁就是赢家.

如果甲选5时乙选1,那么甲选6.这时乙必须选4(否则甲胜).甲再选7,这时乙就无法阻挡甲取得胜利.同样,在甲选5时,乙选3,9或7,也不能阻挡甲取胜.所以乙必须从{2,4,6,8}中取数.

只有发现这两种游戏的对应关系,才能立于不败之地.

6.11 穿过多少个方格

训练营

▶ **例1** 在 $m \times n$ 的棋盘上,从左下角到右上角连一条直线 l,这条直线与多少个方格(单位正方形)的内部有公共点?

解

设左下角为坐标原点,右上角的坐标是 (m, n).

先设 m, n 互素,即设它们的最大公约数为 1.这时,斜率为 $\dfrac{n}{m}$ 的直线 l 除了两个端点外,不通过任何一个方格的顶点 (h, k) $\left(\text{否则将有 } \dfrac{n}{m} = \dfrac{k}{h}, \text{而 } h < m, \text{这与 } \dfrac{n}{m} \text{ 是既约分数矛盾}\right)$.

每一条横线 $y = k$(其中 $k = 1, 2, \cdots, n-1$)与 l 有一个交点,每一条纵线 $x = h$(其中 $h = 1, 2, \cdots, m-1$)也与 l 有一个交点.这些交点互不相同,所以共有
$$(n-1) + (m-1) = m + n - 2$$
个交点.它们与两个端点将 l 分成 $m + n - 1$ 条线段,每一个内部与 l 有公共点的方格对应于一条线段,所以有 $m + n - 1$ 个方格的内部与 l 有公共点.

如果 m, n 的最大公约数 $d > 1$,那么 l 经过方格的顶点 $\left(\dfrac{m}{d}, \dfrac{n}{d}\right)$, $\left(\dfrac{2m}{d}, \dfrac{2n}{d}\right)$, $\left(\dfrac{3m}{d}, \dfrac{3n}{d}\right)$, $\cdots$, $\left(\dfrac{(d-1)m}{d}, \dfrac{(d-1)n}{d}\right)$.当它从 $\left(\dfrac{lm}{d}, \dfrac{ln}{d}\right)$ 到 $\left(\dfrac{(l+1)m}{d}, \dfrac{(l+1)n}{d}\right)$ 时 $(0 \leqslant l \leqslant d-1)$,根据上一段所说,穿过 $\dfrac{m}{d} + \dfrac{n}{d} - 1$ 个方格的内部,因此有
$$d\left(\dfrac{m}{d} + \dfrac{n}{d} - 1\right) = m + n - d$$
个方格的内部与 l 有公共点.

▶ **例2** 反过来,给定自然数 c,有多少对 (m, n),能使在 $m \times n$ 的棋盘上,

从左下角到右上角的直线 l 恰与 c 个方格的内部有公共点?

解

问题即求方程
$$m+n-d=c \tag{1}$$
(其中 d 是 m 与 n 的最大公约数)的正整数解 (m,n) 的个数.

(1)的左边能被 d 整除,所以右边也能被 d 整除.设 $m=m'd, n=n'd, c=c'd$,则
$$m'+n'-1=c', \tag{2}$$
其中 m' 与 n' 的最大公约数为 1,c' 为 c 的因数.

因为 m' 与 n' 互素,所以 m' 与 $c'+1$ 互素.反之亦然.因此,m' 的个数恰好是 $\varphi(c'+1)$,即小于 $c'+1$ 并且与 $c'+1$ 互素的自然数的个数($\varphi(n)$ 的计算公式见 6.7 节例 2).在给定 c' 后,由(2),m' 可唯一确定 n'(有唯一确定的 n' 与 m' 对应).所以(2)的解的个数为 $\varphi(c'+1)$.

(1)的解 (m,n) 与满足(2)的 (m',n',c') 一一对应.所以本题的答案是
$$\sum_{c'|c}\varphi(c'+1),$$
这里 $c'|c$ 表示 c' 整除 c,即 $\sum$ 是对 c 的所有(正)因数 c' 求和.

6.12 恒 等 映 射

训练营

▶例 **N** 表示全体自然数所成集合 $\{1,2,\cdots\}$. 求出所有满足下列条件的映射 $f:\mathbf{N}\to\mathbf{N}$.

(i) f 严格递增(即 $x>y$ 时,$f(x)>f(y)$);

(ii) $f(2)=2$;

(iii) 如果 m,n 互素,那么 $f(mn)=f(m)\cdot f(n)$.

解

恒等映射 $f(n)=n$(所有 $n\in\mathbf{N}$)显然是一个满足要求的映射.我们猜想仅有这个映射满足要求.

设 f 满足所述要求.由(i),(ii),$f(1)=1$.要证明 $f(3)=3$ 稍有困难.首先由(i),

$$f(15)<f(18),$$

所以,由(iii),(i),

$$f(3)f(5)<f(2)f(9)<f(2)f(10)=f^2(2)f(5).$$

从而,由(ii),

$$f(3)<f^2(2)=4.$$

又由(i),得

$$f(3)=3.$$

现在假设对于 $\leqslant n$(这里 $n\geqslant 3$)的自然数 k,均有 $f(k)=k$.则因为 n 与 $n-1$ ($\geqslant 2$)互素,所以

$$f(n(n-1))=f(n)f(n-1)=n(n-1),$$

从而,对于 $\leqslant n(n-1)$ 的自然数 k,均有 $f(k)=k$.因为当 $n\geqslant 3$ 时,

$$n(n-1)=n^2-n\geqslant 3n-n=2n\geqslant n+1,$$

所以有 $f(n+1)=n+1$.因此,对一切自然数 k,均有 $f(k)=k$,即 f 是恒等映射.

6.13 复 合 映 射

知识桥

复合映射 gf（参见 2.2 节）不可写成 fg，后者不一定存在. 因为 g 是从 Y 到 Z 的映射，而 f 是从 X 到 Y 的映射，除非 $Z \subset X$，fg 才有意义，它是从 Y 到 Y 的映射. 一般说来，即使 fg 有意义，它与 gf 也可能不相同.

例如，$X=\{1,2,\cdots,100\}$，$Y=\{3,6,\cdots,300\}$，$Z=\{4,7,10,\cdots,301\}$. f 是从 X 到 Y 的映射，$f(x)=3x$. g 是从 Y 到 Z 的映射，$g(y)=y+1$. 这时，
$$g(f(x))=g(3x)=3x+1,$$
而 $f(g(y))$ 仅在 $y \leqslant 99$ 时才有意义，它的值为
$$f(g(y))=f(y+1)=3(y+1)=3y+3.$$
又如，$X=\{1,2,\cdots,100\}$，$Y=\{1,2,\cdots,200\}$. $f:X \to Y$ 定义为：
$$f(x)=2x, \quad x \in X,$$
$g:Y \to X$ 定义为：
$$g(y)=\begin{cases} \dfrac{y}{2}, & y \text{ 为偶数,} \\ \dfrac{y+1}{2}, & y \text{ 为奇数.} \end{cases}$$

则 $h=gf$ 是从 X 到 X 的映射，满足
$$h(x)=g(f(x))=g(2x)=\frac{2x}{2}=x,$$
即 h 是恒等映射.

而 $\varphi=fg$ 是从 Y 到 Y 的映射，满足
$$\varphi(y)=f(g(y))=\begin{cases} f\left(\dfrac{y}{2}\right)=y, & y \text{ 为偶数,} \\ f\left(\dfrac{y+1}{2}\right)=y+1, & y \text{ 为奇数.} \end{cases}$$

显然，如果 f 是 X 到 Y 的一一对应，g 是 Y 到 Z 的一一对应，那么，复合映射 gf 是 X 到 Z 的一一对应.

6.14 逆映射

知识桥

若 $g(y)=x$ 是 $f(x)=y$ 的逆映射(参见 2.1 节),则满足
$$g(f(x))=g(y)=x,$$
及
$$f(g(y))=f(x)=y.$$
即(从 X 到 X 的)复合映射 gf 与(从 Y 到 Y 的)复合映射 fg 都存在,并且都是恒等映射.

每个一一对应都有逆映射存在,所以一一对应也称为**双射**(意指双方映射).

上节最后一个例子中的 f,g 虽然满足 gf 是恒等映射,但它们都不是一一对应.

训练营

▶ **例** X 是三位数的集合,Y 是自然数的集合. $f:X \to Y$ 定义如下:
$$f(x)=143x \text{ 的末三位数字所成的数}.$$
求下列情况下的 x:

(i) $f(x)=637$;

(ii) $f(x)=894$.

解 令集 Y' 为 x 的像所组成的集合.我们证明 f 是 X 到 Y' 的一一对应.映上(满射)是显然的.要证明 f 是单射,请注意
$$7 \times 143 = 1001$$
(这是本题的关键所在).如果有 $x,x' \in X$,使
$$f(x)=f(x'),$$
即 $143x$ 与 $143x'$ 的末三位数字相等,那么

$$143(x-x')\text{能被}1000\text{整除},$$

更有
$$7\times143(x-x')=1001(x-x')$$

能被 1000 整除,从而 $x-x'$ 能被 1000 整除.

但 x,x' 都是三位数,所以必有
$$x=x'.$$

这就表明 f 是单射(当 $x\neq x'$ 时,$f(x)\neq f(x')$).

一一对应 f 有一个逆映射 g. 如果能求出 g,那么就可由 $f(x)$ 确定出 $x=g(f(x))$.

上面的论证业已暗示逆映射 g 是
$$y\mapsto 7y \text{ 的末三位数字所成的数}.$$

事实上,当 $y=f(x)$ 时,
$$g(y)=7\times(143x \text{ 的末三位数字所成的数})$$
$$=1001x \text{ 的末三位数字所成的数}$$
$$=x.$$

(i) 当 $f(x)=637$ 时,
$$x=(7\times 637)\text{的末三位数字所成的数}=459.$$

(ii) 当 $f(x)=894$ 时,$x=258$.

6.15 单射

知识桥

如果 f 是从集 X 到集 Y 的映射,那么集
$$\{f(x)|x\in X\}$$
是像所成的集,通常记为 $f(X)$. $f(X)$ 是 Y 的子集. 如果 $f(X)=Y$, 那么 f 就是从 X 到 Y 的满射. 即使 $f(X)\neq Y$, f 不是从 X 到 Y 的满射, 但 f 是从 X 到 $f(X)$ 的满射. 因此, 我们往往假定 $Y=f(X)$, 并且假定 f 是从 X 到 Y 的满射.

如果 f 又是单射, 那么 f 就是一一对应, 它有逆映射 g. 因此, 要证明 f 有逆映射, 只要证明 f 是单射.

训练营

▶**例** 给出一个正整数的所有正因数的乘积,是否总能唯一确定这个正整数?

解

在 6.7 节, 我们已经知道正整数 n 的正因数的乘积是 $n^{\tau(n)/2}$, 其中 $\tau(n)$ 是 n 的正因数的个数. 问题就是要证明映射 f:
$$n \mapsto n^{\tau(n)/2}$$
有逆映射, 也就是要证明 f 是单射.

假定有 $n^{\tau(n)/2}=m^{\tau(m)/2}$, 即
$$n^{\tau(n)}=m^{\tau(m)}, \tag{1}$$
那么 n 与 m 的素因数完全相同, 并且任一素因数 p 在 n 的(素因数)分解式中的幂指数与在 m 的分解式中的幂指数的比是 $\tau(m):\tau(n)$.

如果 $\tau(m)>\tau(n)$, 那么任一素因数 p 在 n 的分解式中的幂指数大于 p 在 m 的分解式中的幂指数, 从而 n 的因数个数大于 m 的因数个数, 即 $\tau(n)>\tau(m)$, 这就导致了矛盾. 如果 $\tau(n)>\tau(m)$, 同样导出矛盾. 所以必有 $\tau(m)=\tau(n)$. 从而, 由(1)得 $m=n$. 即 f 为单射, n 可由 $n^{\tau(n)/2}$ 唯一确定.

6.16 密　　码

▷知识桥

用 26 个字母 $a,b,c,d,\cdots,y,z$ 可以组成很多单词,但在很多场合(例如军事上),这些单词不能直接发出,需要先换成密码.所谓密码,其实就是一种映射.

据说罗马的恺撒大帝使用过这样的密码:将每个字母换成字母表中在它后面三个位置的字母,即采用映射 f:

$$a \mapsto d, b \mapsto e, \cdots, w \mapsto z, x \mapsto a, y \mapsto b, z \mapsto c.$$

这样,"$dwarf$"用密码发出时便成为"$gzdui$".

为了译出密码,我们只需将每个字母换成在它前面三个位置的字母,即采用 f 的逆映射 g:

$$d \mapsto a, e \mapsto b, \cdots, z \mapsto w, a \mapsto x, b \mapsto y, c \mapsto z.$$

另一种方法是,事先取定一个"单词",例如 $math$,作为"钥匙".这里 m 表示后移 13 位(因为 m 是第 13 个字母),a 表示后移 1 位,t 表示后移 20 位,h 表示后移 8 位.

这样,"$He\ died\ yesterday$"可以用下面的方法(映射 f)变为密码发出:

$$\begin{array}{l} H\ e\ d\ i\ e\ d\ y\ e\ s\ t\ e\ r\ d\ a\ y \\ m\ a\ t\ h\ m\ a\ t\ h\ m\ a\ t\ h\ m\ a\ t \end{array} (+$$
$$\overline{u\ f\ x\ q\ r\ e\ s\ m\ f\ u\ y\ z\ q\ b\ s}$$

$H+m$ 表示 H 后移 13 位变为 u,$e+a$ 表示 e 后移一位变为 f,依此类推.

如果知道钥匙 $math$,密码

$$ufxqresmfuyzqbs$$

是不难破译的.只需用逆映射 g 即可:

$$\begin{array}{l} u\ f\ x\ q\ r\ e\ s\ m\ f\ u\ y\ z\ q\ b\ s \\ m\ a\ t\ h\ m\ a\ t\ h\ m\ a\ t\ h\ m\ a\ t \end{array} (-$$
$$\overline{h\ e\ d\ i\ e\ d\ y\ e\ s\ t\ e\ r\ d\ a\ y}$$

近年来,出现了一种"公开密钥".方法是取两个大素数 p,q,作出乘积 $r=pq$.再取一个与 $(p-1)(q-1)$ 互素的数 s.r,s 是钥匙,可以公之于众,所以称为公开密钥.

对于每个数 x(字母 $a,b,\cdots,z$ 与数 $1,2,\cdots,26$ ——对应,所以每个字母都是"数",即用相应的数来代替它),将 x^s 除以 r 所得的余数 y 发出.根据数论,接收方只要知道一个数 t,这里 t 满足条件:$ts-1$ 能被 $(p-1)(q-1)$ 整除,就可以采用逆映射:将 y^t 除以 r,求出余数,这个余数就是 x.

"敌人"虽然知道 y 及公开密钥 r,s,但当 p,q 很大时,r 难于分解,所以无法求出 p,q,也无法定出 t,因此无法进行破译.

一般说来,密码是一个映射 f,将 x 变为 $y=f(x)$.译码就是设法找出逆映射 g,使 $g(y)=x$.

6.17 魔 术 师

▶**例** 魔术师的助手要求观众将 n 个数字写成一行,然后助手盖住某两个相邻的数字.为了保证魔术师猜出结果(数字及顺序),求 n 的最小值.

解

每个 n 位数被助手映射为被盖住相邻两位的 n 位数.如果这个映射是单射,那么魔术师就可以由像推出原像.

n 位数共 10^n 个,即原像共 10^n 个.因为是单射,像的个数必须 $\geqslant 10^n$.

像的集合中的元素是被盖住相邻两位的 n 位数,这种元素的个数为
$$(n-1) \times 10^{n-2}$$
(盖住相邻两位的办法有 $n-1$ 种.盖住两位后,其余 $n-2$ 位有 10^{n-2} 种).由
$$(n-1) \times 10^{n-2} \geqslant 10^n,$$
得
$$n \geqslant 101,$$
即当 $n < 101$ 时,映射不可能是单射,从而不能保证魔术师可以猜出结果.

另一方面,对于 $n=101$,魔术师可以猜出结果.为此,将 101 个数位自左至右编为 1 至 101 位.设所有偶数位上的数字和除以 10,所得余数为 $s(0 \leqslant s \leqslant 9)$,而所有奇数位上的数字和除以 10,所得余数为 $t(0 \leqslant t \leqslant 9)$.魔术师与助手约定,盖住第 $10s+t+1$ 位与第 $10s+t+2$ 位($10s+t+2 \leqslant 10 \times 9 + 9 + 2 = 101$).

魔术师一看所盖的位置,就能知道 s 与 t 的值(比如说盖住第 54,55 位,则 $s=5, t=3$)而只要知道 s,就能算出被盖的偶数位上的数字 x(用 s 减去其他偶数位上的数字的和,再连续加上 10,加到结果在 0 与 9 之间时,就是 x 的值),知道 t,就能算出被盖住的奇数位上的数字 y.

6.18 让你猜不出

训练营

▶ **例** 甲计算整数 81 至 99 中每一个数的阶乘的倒数,将所得的十进制小数分别打印在 19 张无限长的纸条上(例如在最后一张纸条上打印的数是 $\frac{1}{99!}=0.00\cdots0010715\cdots$,小数点后有连续的 155 个 0).乙从其中的一张纸条上剪下一段,上面恰好有 n 个数字,并且不带小数点.如果乙不想让甲猜出他是从哪张纸条上剪下的,那么 n 的最大值是多少?

解

$\frac{1}{81!}, \frac{1}{82!}, \cdots, \frac{1}{99!}$ 各有一个像,即其小数表示中的长为 n 的一段.

如果这个映射是单射,那么每个像都有一个唯一的原像.因此,乙不想让甲猜出原像是多少,所说的映射一定不是单射.换句话说,必有 $\frac{1}{k!}$ 与 $\frac{1}{l!}$ $(81 \leqslant k < l \leqslant 99)$,两个数的小数表示中,有一段长为 n 的部分完全相同.

将 $\frac{1}{k!}, \frac{1}{l!}$ 分别乘以 10 的适当方幂后,可以使得相同的那一段恰从小数点后第一位开始.于是有正整数 a, b,使

$$\left|\frac{10^a}{k!} - \frac{10^b}{l!}\right| \text{的小数部分} \leqslant \frac{1}{10^n}.$$

但对于 $81 < l \leqslant 99$,显然 $l \nmid 10^b$,所以通分后,左边的分子

$$10^a(k+1)(k+2)\cdots l - 10^b$$

不能被分母 $l!$ 整除,从而

$$\frac{1}{99!} \leqslant \frac{1}{l!} \leqslant \frac{1}{10^n}.$$

由已知给出的例子,$\frac{1}{99!} > \frac{1}{10^{156}}$,所以

$$n < 156,$$

即 $n \geqslant 156$ 时,所说映射是单射.

n 的最大值为 155.事实上,

$$\frac{1}{99!} = 0.\underbrace{0\cdots0}_{155\text{个}}10715\cdots$$

$$\frac{1}{98!} = \frac{100}{99!} - \frac{1}{99!}$$

$$= 0.\underbrace{0\cdots0}_{153\text{个}}10715\cdots - 0.\underbrace{0\cdots0}_{155\text{个}}10715\cdots$$

$$= 0.\underbrace{00\cdots0}_{153\text{个}}0106\cdots$$

两者有由 155 个数字组成的相同的片断 $\underbrace{00\cdots0}_{153\text{个}}10$.

6.19 一个较复杂的例子

训练营

在前面各节中,很容易验证映射是否一一对应.下面的例子则较为复杂.

▶ **例** 对每个自然数 n,令 $f(n)=m$,这里 m 满足两个条件:

(i) 存在一个递增的自然数数列

$$n=a_1<a_2<\cdots<a_k=m,$$

使乘积

$$a_1a_2\cdots a_k=\text{平方数}$$

(这样的数列总是存在的,例如 $n\times 4n=(2n)^2$);

(ii) m 是使(i)成立的最小的自然数

(例如 $f(1)=1, f(2)=6(2\times 3\times 6=6^2), f(3)=8(3\times 6\times 8=3^2\times 4^2), f(4)=4, f(8)=15(8\times 10\times 12\times 15=8^2\times 5^2\times 3^2)$).

证明:f 是从自然数集到集合 $\{1\}\cup\{\text{合数}\}$ 的一一对应.

解

首先证明当 $n>1$ 时,$f(n)$ 是合数.

用反证法.假如 $f(n)=p$(p 为素数),那么在乘积

$$a_1a_2\cdots a_k \quad (\text{其中 } n=a_1<a_2<\cdots<a_k=p)$$

中,p 的幂指数为 1,从而 $a_1a_2\cdots a_k$ 不是平方数,与(i)矛盾.

其次,我们证明 f 是单射.仍用反证法.假设有自然数 $a<b$,满足

$$f(a)=f(b)=m,$$

那么,由 m 的定义(i),存在自然数数列

$$a=a_1<a_2<\cdots<a_k=m$$

与

$$b=b_1<b_2<\cdots<b_h=m,$$

使乘积 $a_1a_2\cdots a_k$ 与 $b_1b_2\cdots b_h$ 都是平方数.

集合 $S=\{a_1,a_2,\cdots,a_k\}$ 与 $T=\{b_1,b_2,\cdots,b_h\}$ 当然是不同的(因为 $a\in S\setminus T$).考

虑那些只属于 S 与 T 中一个的那些元素,设它们为
$$a=c_1<c_2<\cdots<c_r,$$
显然 $c_r<m$(因为 $m\in S\cap T$).

因为 $a_1a_2\cdots a_k$ 与 $b_1b_2\cdots b_h$ 为平方数,所以乘积
$$a_1a_2\cdots a_k b_1b_2\cdots b_h$$
也是平方数.每个既属于 S 又属于 T 的数在这乘积中出现两次,所以,将这些数删去后,剩下的数的乘积仍是平方数.而这就是说,
$$c_1c_2\cdots c_r$$
是平方数.

因为 $c_1=a<c_2<\cdots<c_r$ 满足(i),所以
$$f(a)\leqslant c_r<m,$$
矛盾! 这表明 f 一定是单射.

最后,证明 f 是满射.

设 m 是一个合数,要证明存在一个自然数 n,满足 $f(n)=m$.为此,取自然数 n 满足两个条件(试与(i),(ii)比较):

(I) 存在递增的自然数数列
$$n=b_1<b_2<\cdots<b_h=m,$$
使乘积
$$b_1b_2\cdots b_h=\text{平方数}$$
(这样的 n 总是存在的.因为 m 可表为
$$m=p_1p_2\cdots p_j t^2,$$
其中 $p_1<p_2<\cdots<p_j$ 都是素数,所以
$$m\times p_j\times p_{j-1}\times\cdots\times p_1=(p_1p_2\cdots p_j t)^2).$$

(II) n 是使(I)成立的最大的自然数.

由 f 的定义(条件(i),(ii)),显然有 $f(n)\leqslant m$.如果 $f(n)<m$,那么存在自然数数列
$$n=a_1<a_2<\cdots<a_k=f(n),$$
且
$$a_1a_2\cdots a_k=\text{平方数}.$$

和前面类似,现考虑仅属于 $S=\{a_1,a_2,\cdots,a_k\}$ 与 $T=\{b_1,b_2\cdots,b_h\}$ 中一个的那些元素 $c_1<c_2<\cdots<c_r$.显然 $c_1>n$(因为 $n\in S\cap T$),$c_r=m$.而用与前面同样的推理,可知

$$c_1 c_2 \cdots c_r = 平方数.$$

这与(II)矛盾!所以 $f(n)=m$,即 f 是满射.

综上所述,f 是从自然数集到 $\{1\} \cup \{合数\}$ 的一一对应.

仅属于集合 S, T 中一个的那些元素组成的集合,即 1.8 节所说的对称差 $S \Delta T$.

第七讲 计数

7.1 阿凡提的驴

知识桥

国王说:"阿凡提,你能说出我头上有多少根头发吗?"

阿凡提握住毛驴的尾巴摇了两摇,"你的头发恰好和这毛驴尾巴上的毛一样多".

国王没能难倒阿凡提.

阿凡提懂得一种重要的**计数方法**——对应原理:

为了算出某种对象(例如国王的头发)的个数,除了直接计算外,人们也常常采用间接的方法(尤其在直接计算有较大困难时),即去计算另一种对象(例如毛驴尾巴上的毛)的个数.如果知道这两种对象之间存在着一种对应关系,通常是一一对应(即两种对象一样多)或倍数映射,那么只要算出一种,借助于对应关系,另一种的个数也就立即得出了.这是组合数学中常用的技巧.在上一讲中已经有这样的例子,本讲将这一原理与其他计数方法(乘法原理、加法原理、排列、组合、允许重复的组合等等)结合起来,介绍更多的例题,俾使读者掌握这一方法.

7.2 乘法原理

▶**例1** 一个团辖3个营,每个营辖3个连,每个连辖3个排.问:一个团辖多少个排?

解

一个团辖

$$3 \times 3 \times 3 = 27$$

个排.

▶**例2** 从甲地到乙地有3种走法,从乙地到丙地有4种走法.问:从甲地先到乙地,再从乙地到丙地有多少种不同的走法?

解

共有

$$3 \times 4 = 12$$

种走法.

点评

一般地,设做第一件事有 l 种方法,第一件事做完后再做第二件事有 m 种方法,第二种事做完后再做第三件事有 n 种方法……,则顺次做第一件事、第二件事、第三件事,……,共有 $l \times m \times n \times \cdots$ 种方法.这称为**乘法原理**,是计数问题中的一条基本原理.

▶**例3** 用数字0,1,2,3,4,5,6,7可以组成多少个三位数(数字允许重复)?

解

百位数字有7种选法(0不能在首位),十位数字与个位数字各有8种选法,

所以共可以组成

$$7 \times 8^2 = 448$$

个三位数.

▶例4 n 个符号,每个符号可以使用任意多次,能组成多少个长为 m 的"词"——由 m 个符号(可以有相同的)组成的序列?

第一位,第二位,…,第 m 位均有 n 种取法,所以共有 n^m 个长为 m 的词.

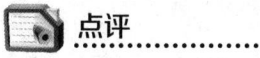

例4的问题常常称为从 n 个元素中取 m 个元素的允许重复的排列.

7.3 因数的个数

如果自然数 n 的素因数分解式是

$$n = p_1^{\alpha_1} p_2^{\alpha_2} \cdots p_k^{\alpha_k}, \tag{1}$$

其中 $p_1 < p_2 < \cdots < p_k$ 是素数，$\alpha_1, \alpha_2, \cdots, \alpha_k$ 是自然数，那么形如

$$p_1^{\beta_1} p_2^{\beta_2} \cdots p_k^{\beta_k} \tag{2}$$

的数(其中 β_i 是非负整数，$\beta_i \leqslant \alpha_i, i=1,2,\cdots,k$)都是 n 的因数.反过来，n 的因数也必定是形如(2)的数.

因为 β_1 有 α_1+1 种选择(即 $0,1,2,\cdots,\alpha_1$)，β_2 有 α_2+1 种选择，$\cdots$，β_k 有 α_k+1 种选择，所以 n 的(正)因数的个数是

$$\tau(n) = (\alpha_1+1)(\alpha_2+1)\cdots(\alpha_k+1).$$

▶ **例** 76403250 有多少个因数？

解

$$76403250 = 2 \times 3^4 \times 5^3 \times 7^3 \times 11.$$

所以，

$$\tau(76403250) = (1+1)(4+1)(3+1)(3+1)(1+1)$$
$$= 320.$$

7.4 映射的个数

▶ **例1** 从 n 元集 $X=\{x_1,x_2,\cdots,x_n\}$ 到 m 元集 $Y=\{y_1,y_2,\cdots,y_m\}$,有多少个不同的映射?

解

x_1 的像可以为 $y_1,y_2,\cdots,y_m$ 中任一个,即有 m 种选择,x_2 的像也有 m 种选择,…….根据乘法原理,共有 m^n 个从集 X 到 Y 的映射.

▶ **例2** 集 $X=\{x_1,x_2,\cdots,x_n\}$ 有多少个子集含偶数个元素?有多少个子集含奇数个元素?

解

含偶数个元素的子集与含奇数个元素的子集个数相等,即均为子集总数的一半 2^{n-1}.

 点评

可以想到这两者之间应当存在着一一对应.

现在我们来建立这种对应.

如果 n 是奇数,对于任意一个元素个数为偶数的集合 $M\subseteq X$,令映射 φ 为:
$$M\mapsto X\backslash M.$$
由于集 $X\backslash M$ 的元数等于 $n-|M|$,是一个奇数,所以 φ 是集
$$A=\{M|M\subseteq X \text{ 并且 } |M|=\text{偶数}\}$$
到集
$$B=\{M|M\subseteq X \text{ 并且 } |M|=\text{奇数}\}$$
的映射.这是一一对应,所以
$$|A|=|B|=\frac{1}{2}\times 2^n=2^{n-1}. \tag{1}$$

遗憾的是,当 n 为偶数时,这一方法不适用.所以,需要有另一种对应方法.

我们将 A 中元素,即 X 的含偶数个元素的子集 M,分为两类,第一类中的 M 含元素 x_1,第二类中的 M 不含 x_1.定义映射 ψ 为

$$\psi(M) = \begin{cases} M\setminus\{x_1\}, & x_1 \in M, \\ M\cup\{x_1\}, & x_1 \notin M. \end{cases}$$

不论哪一种情况,$\psi(M)$ 总是含奇数个元的集合.即 ψ 是从 A 到 B 的映射.

容易验证:ψ 是一一对应,所以(1)仍然成立.

7.5 吃巧克力的方案

▶**例** n 块相同的巧克力,小苹每天至少吃一块,直至吃完.问:有多少种不同的吃巧克力的方案?

解

将 n 块巧克力排成一行.如果第一天吃 3 块,第二天吃 4 块,……,那么,就在第 3 块后面画一条竖线,在竖线后面的第 4 块的后面(即第 7 块的后面)画一条竖线,……

这样,吃巧克力的方案就变成(被映射成)在 n 块巧克力之间的 $n-1$ 个空隙里添加竖线,每个空隙里可以加 1 根竖线,也可以不加.

由于每个空隙都有两种处理方法:加竖线或者不加,所以,由乘法原理,共有

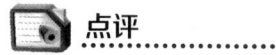

$$\underbrace{2\times 2\times \cdots \times 2}_{n-1 \text{个}} = 2^{n-1}$$

种.

点评

这恰好是 $n-1$ 元集的子集的个数,因而,两者之间应当存在着一一对应.事实上,如果将 $n-1$ 个空隙从左到右编上号码 $1,2,\cdots,n-1$,那么集 $\{1,2,\cdots,n-1\}$ 的每一个子集就是一个吃巧克力的方案,即对于这个子集的每个元素 k,在编号为 k 的空隙画一条竖线.反过来,每个吃巧克力的方案产生 $\{1,2,\cdots,n-1\}$ 的一个子集,即由画竖线的那些空隙的编号所组成的集.

这种在空隙处添加竖线的方法,后面还会出现.

7.6 排列

▶**例1** 从 m 个元素中选出 n 个元素(不能重复选取)排成一列,有多少种不同的方法?

解

从 m 个元素中选出一个元素排在(左起)第一个位置上,有 m 种方法.

在剩下的 $m-1$ 个元素中选出一个元素排在第二个位置上,有 $m-1$ 种方法.

在剩下的 $m-2$ 个元素中选出一个元素排在第三个位置上,有 $m-2$ 种方法.

……

最后,在剩下的 $m-(n-1)=m-n+1$ 个元素中选出一个元素排在第 n 个位置上,有 $m-n+1$ 种方法.

因此,根据乘法原理,共有

$$m(m-1)\cdots(m-n+1) \tag{1}$$

种从 m 个元素中选 n 个元素排成一列的方法.

(1)就是计算(从 m 个元素中选 n 个元素的)排列的公式.其中约定 $m \geq n$.当 $m=n$ 时,(1)成为

$$m(m-1)\cdots \times 1, \tag{2}$$

这通常称为**全排列公式**.(2)也常常简记为 $m!$(读做"m 的阶乘").通常约定 $0!=1$.于是,(1)也可写成

$$\frac{m!}{(m-n)!}. \tag{3}$$

▶**例2** 在国际象棋棋盘(8×8 的棋盘)上放 8 只"车",使这些"车"互不相吃,即每两只"车"不在同一行也不在同一列,有多少种不同的放法?

解

设这些"车"的坐标为

$$(1,i_1),(2,i_2),\cdots,(8,i_8)$$

(即第一行第 i_1 个方格,第二行第 i_2 个方格,……),则 $i_1,i_2,\cdots,i_8$ 互不相同,它们是 $1,2,\cdots,8$ 的一个排列.反之,$1,2,\cdots,8$ 的每一种排列 $i_1,i_2,\cdots,i_8$,确定这些"车"的坐标,因而共有 $8!$ 种不同的放法.

7.7 河 马

训练营

▶ **例** 用单词 $hippopotamus$（河马）的 12 个字母，回答下列问题：

(i) 可以产生多少个不同的排列？

(ii) 字母 a,i,u 依照这一顺序出现（不要求它们相邻）的有多少？

(iii) 3 个 p 相连的排列有多少？

(iv) 至少有两个 p 相连的有多少？

解

(i) 我们暂且把 $hippopotamus$ 中的三个 p 看作是不同的字母 p_1, p_2, p_3，两个 o 看作是 o_1, o_2. 这样，由全排列公式，共有 12! 种排列.

取消 p_1, p_2, p_3, o_1, o_2 的下标. 这实际上是一种映射，从有下标的排列到无下标的排列的映射.

因为 p_1, p_2, p_3 有 3! 种排列，o_1, o_2 有 2! 种排列，所以在上述映射（取消下标）下，每 $3! \times 2!$ 个有下标的排列映射成同一个无下标的排列，即这个映射是倍数映射，所以本题的答案（无下标的排列个数）是

$$\frac{12!}{2!\,3!} = 39916800.$$

点评

一般地，用上面的方法可以证明：用 l 个 a，m 个 b，n 个 c，…… 排成一列，有

$$\frac{(l+m+n+\cdots)!}{l!\,m!\,n!\,\cdots}$$

种方法. 这就是**有重复元素的全排列公式**.

(ii) a,i,u 有 3! 种不同的排列，因此，在(i)中所得的 $\dfrac{12!}{3!\,2!}$ 个排列中，每 3! 个排列里有 1 个排列，a,i,u 是依照这样的顺序（保留其他字母的位置，而将 a，

i,u 排来排去,共得 3!个排列),所以(这又是一个与倍数映射有关的问题)本题答案是 $\dfrac{12!}{3!2!3!}=6652800$.

(iii) 我们将三个 p 当作一个字母 p,这样共有 10 个字母,其中有两个字母是相同的 o.于是由有重复元素的排列,本题答案是

$$\dfrac{10!}{2!}=1814400.$$

(iv) 将两个相连的 p 当作一个大写字母 P,这样共有 11 个字母,其中有两个 o,一个 P,一个 p.这些元素的排列有

$$\dfrac{11!}{2!}=19958400$$

种.

将 P"还原"为两个 p(这也是一种映射),这时上面的 19958400 个排列中,凡 p 与 P 相邻的,无论 p 是 P 的左邻还是右邻,都变成同一种,即 3 个 p 连在一起的那种,而其余的排列则仍互不相同,它们是恰有两个 p 连在一起的全部排列,于是本题的答案应当是从 19958400 中减去 3 个 p 连在一起的排列数(因为它们被算了两次),即

$$19958400-1814400=18144000.$$

点评

另一种解法是考虑从至少有两个 p 相连的排列到三个 p 相连的排列的映射.方法是将另一个 p 移至两个相连的 p 的前面.因为第三个 p 原来的位置有 10 种可能,所以这是一个倍数为 10 的倍数映射.故答案为

$$1814400\times 10=18144000.$$

当然还可以有第三种、第四种……解法,这里就不一一列举了.

7.8 圆周上的排列

例 1 在圆周上排列 n 个不同的元素,有多少种方法?

解

我们已经知道,在直线(段)上 n 个不同元素的排列有 $n!$ 种.对于每一种排列,我们将直线两端连起来,卷成一个圆周,使直线上从左到右的方向变为圆周上的顺时针方向,这就产生一个圆周上的排列."卷"是直线上的排列到圆周上的排列的一种映射.这是倍数为 n 的倍数映射.因为 n 个直线排列

$$(a_1, a_2, \cdots, a_{n-1}, a_n), (a_2, a_3, \cdots, a_n, a_1),$$
$$\cdots, (a_n, a_1, \cdots, a_{n-2}, a_{n-1})$$

的像是同一个(圆周上的排列),所以圆周上的排列的个数是

$$\frac{1}{n} \times n! = (n-1)!.$$

例 2 26 个英文字母排在圆周上,要求从 x (沿顺时针方向前进)到 y 中间经过 6 个字母(不包括 x 与 y 在内),有多少排法?

解法一

先将 x, y 放在圆周上,然后选 6 个字母排在从 x 到 y 这段弧上,这是从 24 个字母中选 6 个的直线排列,共有 $\frac{24!}{18!}$ 种.最后,剩下的 18 个字母排在从 y 到 x 这段弧上,共有 18! 种方法.所以,由乘法原理,本题答案为

$$\frac{24!}{18!} \times 18! = 24!.$$

解法二

除 x, y 外的 24 个字母排在圆周上,有 23! 种方法. x 可放在任两个字母之间,这有 24 种方法. x 放好后, y 的位置也就唯一确定.因而答案是

$$24\times 23!=24!.$$

解法三

对于每一种合乎要求的排法,将圆周自 x 处剪开,展成一条直线(段),使圆周上的顺时针方向变为直线上从左到右的方向.将 x 与 y 除去,我们得到一个 24 个字母的(直线)排列.这样的剪开拉直,是一种映射,而且是一一对应,所以本题的答案是 $24!$.

点评

我们可以从不同的角度去考察同一个问题,因而产生各种不同的解法.计数问题是这样,其他的数学问题也是这样.

7.9 组　　合

训练营

▶**例1**　$M=\{a_1,a_2,\cdots,a_m\}$ 是 m 元集，它有多少个 n 元子集($n\leqslant m$)？换句话说，从 m 个元素中取出 n 个元素(不许重复)，有多少种不同的方法？

解　从 m 个元素中取 n 个的排列，有 $\dfrac{m!}{(m-n)!}$ 个。如果不考虑这 n 个元之间的顺序，那么它们就组成一个 n 元子集，因此"忽略顺序"是从排列到组合(集合)的一个映射。因为 n 个元素有 $n!$ 种(全)排列，所以上述映射是一个倍数为 $n!$ 的倍数映射，即每 $n!$ 个排列的像是同一个组合(n 元集)。因此本题答案是

$$C_m^n = \dfrac{m!}{n!(m-n)!}. \tag{1}$$

C_m^n 表示"从 m 个元素中取 n 个的组合数"，亦即 n 元子集数，也常常记为 $\binom{m}{n}$。

约定当 $n=0$ 时，$C_m^n=1$。又约定：当 $n>m$ 或 n 为负整数时，$C_m^n=0$。

(1)表示 n 元子集的个数，当然是整数。所以，任意 n 个连续自然数的乘积 $m(m-1)\cdots(m-n+1)$，能被前 n 个自然数的乘积 $n!$ 整除。

▶**例2**　m 个队进行循环赛，每两个队之间比赛一场，一共比赛多少场？

解　令 M 为 m 个队所成的集合。每场比赛对应于集 M 的一个二元子集，所以，比赛的场数等于 M 的二元子集的个数，即 C_m^2。

点评　类似地，平面上 m 个点，每两个点用一条线段相连，一共连成 C_m^2 条线段(即3.9节所说的完全图)。所以，m 个点的完全图有 C_m^2 条边。

由此,也可以得出凸 m 边形有

$$C_m^2 - m = \frac{m(m-1)}{2} - m = \frac{1}{2}m(m-3)$$

条对角线.

▶ **例3** 圆周上有 $m(\geqslant 3)$ 个点,每两点连一条弦.如果没有三条弦交于一点(端点除外),这些弦在圆内一共有多少个交点?

解

圆上每 4 个点构成一个凸四边形,它的对角线(弦)交于一点.因此每 4 个点组成的集合对应于一个交点.因为没有三条弦交于一点,所以不同的四元集对应于不同的交点.反过来,设点 P 是弦 AC 与 BD 的交点,则 P 是与四元集 $\{A, B, C, D\}$ 对应的点.所以,交点的个数就是这 m 个点的四元子集的个数 C_m^4.

▶ **例4** 设直线 $l_1 \parallel l_2$,在 l_1 上取 n_1 个点,在 l_2 上取 n_2 个点.将 l_1 上取的点与 l_2 上取的点两两相连.如果所得线段中每三条不相交于同一点,问:在 l_1, l_2 所夹的带形区域 D 中,这些线段有多少个交点?

解

l_1 上一对点 A_1, B_1 与 l_2 上一对点 A_2, B_2 构成一个梯形,它的对角线产生一个在 D 中的交点.

l_1 上有 $C_{n_1}^2$ 个点对,l_2 上有 $C_{n_2}^2$ 个点对,它们一共产生 $C_{n_1}^2 \times C_{n_2}^2$ 个梯形,这也就是本题的答案.

▶ **例5** m 个球中有 k 个是完全相同的白球,其余的是完全相同的黑球,将它们排成一列,有多少种不同的排法?

解法一

由有重复元素的排列,可知答案为

$$\frac{m!}{k!(m-k)!}.$$

解法二

本题也就是从 m 个位置中取出 k 个位置放白球,因而答案为 C_m^k.

点评

如果考虑从 m 个位置中取 $m-k$ 个放黑球,那么答案为 C_m^{m-k}.用两种不同的方法计算同一种对象的个数,所得的结果应当相同,因而产生一个等式

$$C_m^k = C_m^{m-k}, \tag{2}$$

这也可由公式(1)直接推出.

7.10 加法原理

知识桥

如果集合 A 可以分拆为子集 $A_1, A_2, \cdots, A_k$，也就是说，
$$A_1 \cup A_2 \cup \cdots \cup A_k = A;$$
并且
$$A_i \cap A_j = \varnothing, \quad (\text{其中 } i, j = 1, 2, \cdots, k; i \neq j)$$
那么
$$|A| = |A_1| + |A_2| + \cdots + |A_k|.$$

这称为**加法原理**.

训练营

▶**例 1** 在 8×8 的棋盘上剪下一个由四个小方格组成的凸字形（如图 7.10.1），有多少种不同的剪法？

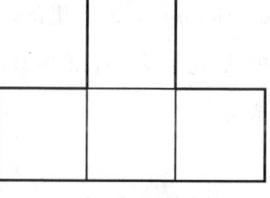

图 7.10.1

解

我们把凸字形上面的那个小方格称为它的头. 显然，每个凸字形恰有一个头.

凸字形可以分作两类. 第一类的头在棋盘的边框. 因为棋盘的 4 个角不能充当凸字形的头，而边框上其余的方格共 $4 \times 6 = 24$ 个，其中每个都可以充当一个凸字形的头，所以第一类的凸字形有 24 个.

第二类凸字形的头在棋盘内部. 棋盘内部有 $6 \times 6 = 36$ 个方格，每个方格可以充当 4 个凸字形的头，所以第二类凸字形有 $4 \times 36 = 144$ 个.

由加法原理，共有
$$24 + 144 = 168$$
种不同的剪法.

集合与对应

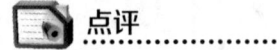

对于 $m \times n$ 的棋盘,答案是
$$2(m-2)+2(n-2)+4(m-2)(n-2).$$

▶ **例 2** 证明: $C_m^n + C_m^{n-1} = C_{m+1}^n$. (1)

解

(1) 称为"组合恒等式"或"贾宪-杨辉恒等式". 在国外, 也常常称为"帕斯卡(B. Pascal)恒等式". 它可以用上节计算组合数的公式(1)直接证明. 但我们宁愿采取另一途径, 即上节例 5 已经说到的一个重要思想: 用两种不同的方法来计算同一个对象的个数, 可以产生一个等式.

这里要计算的对象是 $m+1$ 元集 $\{a_1, a_2, \cdots, a_{m+1}\}$ 的 n 元子集的个数 s. 由上一节,
$$s = C_{m+1}^n.$$

另一方面, n 元子集可以分为两类, 第一类的子集含有元素 a_{m+1}, 第二类不含 a_{m+1}. 第一类的 n 元子集可以看作是 m 元集 $\{a_1, a_2, \cdots, a_m\}$ 的 $n-1$ 元子集添加一个元素 a_{m+1} 而得到的, 所以第一类子集的个数就等于 m 元集 $\{a_1, a_2, \cdots, a_m\}$ 的 $n-1$ 元子集的个数, 即 C_m^{n-1}. 第二类的子集则是 m 元集 $\{a_1, a_2, \cdots, a_m\}$ 的 n 元子集, 因而共有 C_m^n 个. 两类子集共 $C_m^{n-1} + C_m^n$ 个, 这也就是 s, 所以(1)成立.

▶ **例 3** 证明: $C_r^r + C_{r+1}^r + C_{r+2}^r + \cdots + C_m^r = C_{m+1}^{r+1}$. (2)

解

可以利用(1), 或上节的(1)来证明. 不过, 我们还是采用上面的思想, 用两种方法去计算 $m+1$ 元集 $\{a_1, a_2, \cdots, a_{m+1}\}$ 的 $r+1$ 元子集的个数 s. 一方面, 显然有 $s = C_{m+1}^{r+1}$, 另一方面, 这些 $r+1$ 元子集可以分为以下的类:

第 1 类是含 a_{m+1} 的 $r+1$ 元子集, 其个数等于 m 元集 $\{a_1, a_2, \cdots, a_m\}$ 的 r 元子集的个数, 即 C_m^r.

第 2 类是不含 a_{m+1}, 但含 a_m 的 $r+1$ 元子集, 其个数等于 $\{a_1, a_2, \cdots, a_{m-1}\}$ 的 r 元子集的个数, 即 C_{m-1}^r.

第 3 类是不含 a_{m+1} 与 a_m, 但含 a_{m-1} 的 $r+1$ 元子集, 其个数等于 $\{a_1,$

$a_2, \cdots, a_{m-2}\}$ 的 r 元子集的个数,即 C_{m-2}^r.

……

第 $m-r+1$ 类是不含 $a_{m+1}, a_m, \cdots, a_{r+2}$,但含 a_{r+1} 的 $r+1$ 元子集,其个数等于 $\{a_1, a_2, \cdots, a_r\}$ 的 r 元子集的个数,即 $C_r^r(=1)$.

于是,总和
$$C_r^r + C_{r+1}^r + \cdots + C_{m-1}^r + C_m^r = s,$$
即(2)成立.

▶ **例 4**　证明:$C_m^0 + C_m^1 + \cdots + C_m^m = 2^m$. 　　　　　　　　　(3)

解

考虑 m 元集的子集的个数 s.由 3.1 节例题,可知 $s = 2^m$.另一方面,这 m 元集有 $C_m^0(=1)$ 个空子集,C_m^1 个 1 元子集,C_m^2 个 2 元子集,……,C_m^m 个 m 元子集,所以共有
$$C_m^0 + C_m^1 + C_m^2 + \cdots + C_m^m = s$$
个子集,即(3)成立.

7.11 问题举隅(Ⅰ)

前几节介绍了基本的计数方法.但计数问题多种多样,往往不是死套公式就可以解决的,需要灵活运用,以巧取胜.对应原理就是最常用的技巧.

▶ **例1** 有多少个满足条件
$$1\leqslant i<j\leqslant k<h\leqslant n+1$$
的四元有序(整)数组(i,j,k,h)?

解

作映射
$$(i,j,k,h)\mapsto(i,j,k+1,h+1)$$

这映射是从集
$$X=\{(i,j,k,h)\mid 1\leqslant i<j\leqslant k<h\leqslant n+1\}$$
到集
$$Y=\{(i,j,k',h')\mid 1\leqslant i<j<k'<h'\leqslant n+2\}$$
的一一对应,所以$|X|=|Y|$.

而$|Y|$显然是集合$\{1,2,\cdots,n+2\}$的四元子集的个数,即C_{n+2}^4.所以$|X|=C_{n+2}^4$.

▶ **例2** 将n个完全一样的白球及n个完全一样的黑球逐一从袋中取出,直至取完.在取球过程中,至少有一次取出的白球多于(取出的)黑球的取法有多少种?

解

设集
$$X=\{在取球过程中至少有一次$$
$$取出的白球多于黑球的取法\},$$

$Y = \{$将 $n+1$ 个白球，$n-1$ 个黑球排成一列的方法$\}$.

对于 $x \in X$，根据定义，在 x 这种取法中，必有某一时刻首次出现取出的白球多于黑球，这时未取的黑球比未取的白球多 1. 将未取的白球与未取的黑球颜色互换，则总球数仍为 $2n$，但白球总数变为 $n+1$，黑球总数变为 $n-1$. 这就将取法 x 映射为某个 $y \in Y$.

这个映射 f 是单射. 因为对另一种取法 x'，或者在 x' 中第一次出现取出的白球多于黑球的时刻不同于 x，或者在相同时刻首次出现取出的白球多于黑球，而以后的取法有所不同. 不论哪一种情况，$f(x')$ 均与 $y = f(x)$ 不同.

映射 f 是满射，因为对任一 $y \in Y$，依排列 y 的顺序数过去，在白球个数第一次超出黑球后，将以后的黑球与白球颜色互换，就产生一种取球方法 $x \in X$，并且显然 $f(x) = y$.

于是 f 是一一对应. 由 7.9 节例 5，
$$|X| = |Y| = C_{2n}^{n+1}.$$

▶ **例 3** 由正号"$+$"与负号"$-$"组成的符号序列，例如
$$++-+-+-, \tag{1}$$
其中由"$+$"到"$-$"，或由"$-$"到"$+$"，称为"一次变号". 如序列 (1) 中有五次变号. 问：有多少个长为 m 的符号序列，其中恰有 n 次变号 ($n < m$)？

解

设集
$$X = \{\text{长为 } m, \text{恰有 } n \text{ 次变号的符号序列}\},$$
$$X_1 = \{x \mid x \in X, \text{并且 } x \text{ 的第一个符号为"+"}\},$$
$$X_2 = \{x \mid x \in X, \text{并且 } x \text{ 的第一个符号为"-"}\}.$$

对于符号序列 $x \in X_1$，将 x 中"$+$"号变为"$-$"号，"$-$"号变为"$+$"号，容易知道这是一个从 X_1 到 X_2 的一一对应. 所以，
$$|X_1| = |X_2| = \frac{1}{2}|X|.$$

现在我们来求 $|X_1|$. 令集
$$Y = \{\text{将 } n \text{ 个黑球与 } m-n-1 \text{ 个白球排成一列的方法}\}.$$

对任一符号序列 $x \in X_1$，在 x 的两个相邻的符号之间（"空隙"）放一个球. 如果这两个符号同号，则放一个白球；否则，放一个黑球. 这样，共放了 $m-1$ 个球，其中 n 个为黑球，$m-n-1$ 个为白球. 这就产生了 Y 中的一个元素 y. 因此

是从 X_1 到 Y 的映射 f. 它显然是单射. 同时也是满射, 因为对任一 $y \in Y$, 设已按 y 将 $m-1$ 个球排成一列 (自左到右), 先在第一个球左侧放一个"+"号. 如果这个球是白球, 则在它与第二个球之间放一个"+"号; 如果这个球是黑球, 则在它与第二个球之间放一个"-"号. 如此继续进行, 对于每一个白球, 在它与右邻之间放一个与左侧相同的符号; 对于每一个黑球, 在它与右邻之间放一个与左侧不同的符号, 直到最后一个球的右侧放上符号. 这样得到一个符号序列 $x \in X_1$, 并且 $f(x) = y$. 所以 f 是一一对应, $|X_1| = |Y|$.

由 7.9 节例 5, $|Y| = C_{m-1}^n$, 所以
$$|X| = 2|X_1| = 2C_{m-1}^n.$$

▶ **例 4** 用"0","1"(或"·","—")组成电码. 有多少个长为 m 的 0,1 序列
$$a_1 a_2 \cdots a_m, \quad a_i \in \{0, 1\}$$
其中恰有 n 个"01"(0 的后继是 1) 块?

例如 $m=5, n=2$ 时, 有 6 个长为 5 的数列, 其中恰有两个 01 块. 它们是
$$01011, \quad 01010, \quad 01101,$$
$$01001, \quad 10101, \quad 00101.$$

解

设 0,1 序列的集合
$X = \{a_1 a_2 \cdots a_m \mid$ 其中恰有 n 个"01"块$\}$,
$Y = \{1 a_1 a_2 \cdots a_m 0 \mid$ 其中恰有 $2n+1$ 个"01"或"10"块$\}$.

若序列
$$a_1 a_2 \cdots a_m \in X,$$
考虑映射 f:
$$a_1 a_2 \cdots a_m \mapsto 1 a_1 a_2 \cdots a_m 0. \tag{2}$$

因为每两个相邻的"01"块之间恰有一个"10"块 (这两个"01"块及在它们之间的数呈
$$011 \cdots 100 \cdots 01$$
的形状), 所以 (2) 的右边恰有 n 个"01"块及 $n+1$ 个"10"块, 即恰有 $2n+1$ 个"01"或"10"块. 于是, f 是 X 到 Y 的映射, f 显然是单射.

对于任一 $y \in Y, y = 1 a_1 a_2 \cdots a_m 0$ 中恰有 $2n+1$ 个"01"或"10"块. 若这时, $x = a_1 a_2 \cdots a_m$ 中有 k 个"01"块, 则根据上面的推导, y 中恰有 $2k+1$ 个"01"或

"10"块,于是 $k=n$,即 $x=a_1a_2\cdots a_m \in X$,并且显然 $f(x)=y$.所以,f 是满射,从而 f 是一一对应,$|X|=|Y|$.

如果把"1"作为"+"号,"0"作为"−"号(这又是一个一一对应),那么"01"或"10"块的个数就是相应的符号序列中变号的次数.故由例 3,
$$|X|=|Y|=C_{m+2-1}^{2n+1}=C_{m+1}^{2n+1}.$$

7.12 问题举隅(Ⅱ)

例1 m 个白球排成一列,从其中选 n 个球涂成黑色,若每两个黑球均不能相邻,有多少种不同的涂法?

解 若球已经涂好,设想这 n 个黑球,除最后一个外,每一个"吃掉"紧跟在它后面的那个白球,结果剩下 $m-(n-1)=m-n+1$ 个球,其中 n 个是黑球.这就产生一个从集合

$X=\{$从排成一列的 m 个白球中选 n 个涂黑,每两个黑球均不相邻的涂法$\}$

到集合

$Y=\{$从排成一列的 $m-n+1$ 个白球中选 n 个涂黑的涂法$\}$

的映射 f.它显然是单射.

反过来,对 $y\in Y$,我们令 y 中的那 n 个黑球,除最后一个外,各"吐"出一个白球作为它的右邻,这就产生一个元素 $x\in X$,显然 x 的像是 y.所以 f 也是满射.

因为 f 是一一对应,所以

$$|X|=|Y|=C_{m-n+1}^{n}.$$

例2 在圆周上有 m 个白球,依顺时针次序编上号码 $1,2,\cdots,m$.从中选 n 个球,将它们涂黑,若每两个黑球不能相邻,有多少种涂法?

解 设集 X 为所说的涂法组成的集.对每一个 $x\in X$,圆周上还有 $m-n$ 个白球,将圆周在一个白球与下一个球之间剪开,拉成一条直线,使圆周上的顺时针方向变成直线上从左到右的方向(在 7.8 节例 2 中已经这样做过).因为可在 $m-n$ 个地方剪开,所以每个 x 产生 $m-n$ 个直线上的排列,共得 $(m-n)|X|$ 个直线排列.每个排列中有 n 个黑球,$m-n$ 个白球,每两个黑球互不相邻,并且这些

球是有号码的,从左到右数过去,号码为以下 m 种之一:

$$1,2,3,\cdots,m;2,3,\cdots,m,1;\cdots;m,1,2,\cdots,m-1.$$

现在取消号码,这时每 m 种变为同一种,故共有 $\dfrac{m-n}{m}|X|$ 个不同的直线排列,而且每一种中结尾的一个总是白球(我们是在白球与下一个球之间将圆周剪开的).

让每一个黑球吃掉紧跟在它后面的白球,上面 $\dfrac{m-n}{m}|X|$ 个排列就变成 n 个黑球 $m-2n$ 个白球的排列,这样的排列共有 C_{m-n}^{n} 个,所以

$$\dfrac{m-n}{m}|X|=C_{m-n}^{n},$$

从而

$$|X|=\dfrac{m}{m-n}C_{m-n}^{n}.$$

点评

图 7.12.1 以 $m=5,n=2$ 为例,来说明上面的推导:

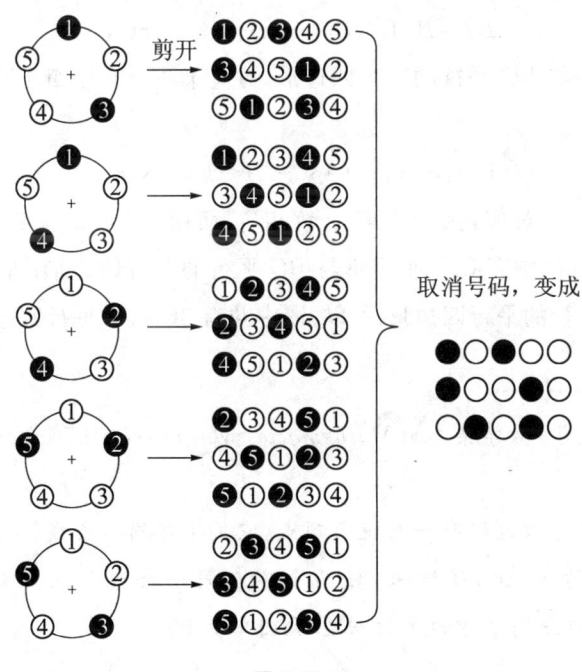

图 7.12.1

7.13 两个几何问题

例1 如图 7.13.1,将△ABC 的每一边 n 等分,过各分点作边的平行线,在所得的图形中有多少个平行四边形?

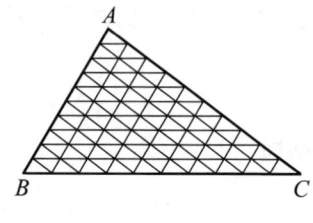

图 7.13.1

解

首先考虑边不与 BC 平行的平行四边形.延长这种平行四边形的边,与 BC 相交于 BC 边上顺次的四个分点.在特殊情况下,第二个交点与第三个交点可能重合(即这个平行四边形的一个顶点).如果将 BC 边上的分点依次记为

$$B_1=B, B_2, B_3, \cdots, B_n, B_{n+1}=C,$$

那么每一个边不与 BC 平行的平行四边形,对应于一个有序四元数组(即四个分点的下标)

$$(i, j, k, h), \text{其中 } 1 \leqslant i < j \leqslant k < h \leqslant n+1. \tag{1}$$

这是一个一一对应,因而两者个数相等.而由 7.11 节例 1,(1)的个数为 C_{n+2}^4.因此上面的图中有 C_{n+2}^4 个边不与 BC 平行的平行四边形.同样可考虑边不与 AB 或 AC 平行的平行四边形.所以,图中共有 $3C_{n+2}^4$ 个平行四边形.

点评

本题曾刊载于《数学杂志》(*Mathematics Magazine*)1976 年第 3 期.原来的解法如下:

图中每个平行四边形有一对锐角顶点,它们不在同一条线(指图中所作的平行线与△ABC 的边)上;反过来,任两个不在同一条线上的点确定一个边与△ABC 的两条边分别平行的平行四边形.图中共有

$$1+2+\cdots+(n+1)=\frac{(n+1)(n+2)}{2}$$

个(线的交)点,共组成 $C_{\frac{(n+1)(n+2)}{2}}^2$ 个点对.其中两点在同一条线上的点对应当删

去.如果一条线上有 k 个点,那么就产生 C_k^2 个点对.由于在平行于 BC 的线上依次有 $2,3,\cdots,n+1$ 个点,所以应删去的点对有 $3\sum_{k=2}^{n+1}C_k^2$ 个.从而图中的平行四边形共有

$$C_{\frac{(n+1)(n+2)}{2}}^2 - 3\sum_{k=2}^{n+1}C_k^2$$

$$= \frac{\frac{(n+1)(n+2)}{2} \times \left(\frac{(n+1)(n+2)}{2}-1\right)}{2} - 3C_{n+2}^3$$

$$= \frac{(n+1)(n+2)n(n+3)}{8} - \frac{(n+2)(n+1)n}{2}$$

$$= \frac{(n+2)(n+1)n(n-1)}{8} = 3C_{n+2}^4$$

个.

·······························

▶例 2　圆周上有 n 个点,每两点连一条弦.如果没有三条弦交于圆内一点,这些弦把这圆分成多少个区域?

解

由 7.9 节例 2 知,共有 C_n^2 条弦.由 7.9 节例 3 知,这些弦在圆内的交点共 C_n^4 个.现在我们把这些弦一条一条地取消.如果一条弦在圆内与 k 条弦相交,那么 k 个交点把这弦分为 $k+1$ 段,每一段是两个区域的公共边界,在这条弦取消后,这两个相邻的区域就合而为一,所以区域的个数减少 $k+1$.这样逐步减少弦,直至最后弦全取消,而区域只剩下一个(即整个圆).

将上述过程追溯回去,即一条接一条地添弦.每添一条弦,区域的个数就相应地增加 $k+1$,这里 k 是所添的弦与已有的弦在圆内的交点.所有的 k 的和是 C_n^4,而弦有 C_n^2 条,所以区域总数是 $1+C_n^4+C_n^2$.

7.14 最短路线

知识桥

设 m, n 为非负整数,从原点 $(0,0)$ 沿着坐标网(即直线 $y=k$ 与 $x=h$,其中 k, h 为整数)走到整点 (m, n) 的最短路线,简称为**路线**.

训练营

▶**例1** 有多少条从 $(0,0)$ 到 (m, n) 的路线?

解 从 $(0,0)$ 到 (m, n),必须向东(沿水平方向向右)走 m 个单位,向北(沿竖直方向向上)走 n 个单位.我们把向东走一个单位记为 E,向北走一个单位记为 N.这样,每一条路线就是由 m 个 E 与 n 个 N 组成的一个排列.反过来,m 个 E 与 n 个 N 的一个排列,确定了一条路线.

由 7.9 节例 5,共有 C_{m+n}^n 个由 m 个 E 与 n 个 N 组成的排列.所以,从 $(0,0)$ 到 (m, n) 的路线共 C_{m+n}^n 条.

▶**例2** 设非负整数 $h \leqslant m, k \leqslant n$. 从 $(0,0)$ 经过 (h, k) 到 (m, n) 的路线有多少条?

解 由例1,从 $(0,0)$ 到 (h, k) 的路线有 C_{h+k}^k 条;而从 (h, k) 到 (m, n) 的路线(相当于从 $(0,0)$ 到 $(m-h, n-k)$ 的路线)有 $C_{m+n-h-k}^{n-k}$ 条.因此,由乘法原理,从 $(0,0)$ 经过 (h, k) 到 (m, n) 的路线有 $C_{h+k}^k \times C_{m+n-h-k}^{n-k}$ 条.

▶**例3** 证明恒等式:

$$C_m^0 C_n^r + C_m^1 C_n^{r-1} + C_m^2 C_n^{r-2} + \cdots + C_m^r C_n^0 = C_{m+n}^r. \tag{1}$$

解

考虑从$(0,0)$到$(m+n-r,r)$的路线.

由例1,这种路线有C_{m+n}^r条.

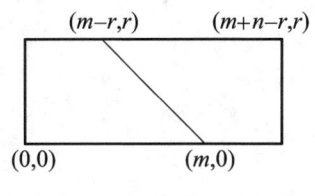

图 7.14.1

另一方面,联结点$(m-r,r)$与$(m,0)$.从$(0,0)$到$(m+n-r,r)$的任一条路线必定经过这条线段上的一点$(m-k,k)$,这里$0\leqslant k\leqslant r$.而由例2,从$(0,0)$经过点$(m-k,k)$到点$(m+n-r,r)$的路线有
$$C_m^k \times C_{m+n-m}^{r-k} = C_m^k \times C_n^{r-k}$$
条.所以,从$(0,0)$到$(m+n-r,r)$的路线共有
$$C_m^0 C_n^r + C_m^1 C_n^{r-1} + C_m^2 C_n^{r-2} + \cdots + C_m^r C_n^0$$
条.因而(1)成立.

7.15 允许重复的组合

▶**例1** 掷 5 颗相同的骰子,可以产生多少种不同的结果?

解

每颗骰子上有 $1,2,3,4,5,6$ 这 6 个数字,所以掷出的结果是 $1,2,3,4,5,6$ 的一个组合,但这里每个数字都可以重复出现(最多可出现 5 次).这种问题与 7.9 节的组合不同,称为**允许重复的组合**.

一般地,设从 m 元集中取出 n 个元素,每个元素可以重复选取的组合的集为 $X_{m,n}$,则

$$|X_{m,n}| = C_{m+n-1}^n. \tag{1}$$

在本例中,$m=6, n=5$,所以可以产生

$$C_{6+5-1}^5 = C_{10}^5 = \frac{10\times 9\times 8\times 7\times 6}{2\times 3\times 4\times 5} = 252$$

种不同的结果.

我们将给(1)以三个不同的证明.

证法一 设 $x \in X_{m,n}$,是从 m 元集 $\{1,2,\cdots,m\}$ 中取出 n 个元素的允许重复的组合.将这 n 个元素依照大小排成

$$(1\leqslant)a_1 \leqslant a_2 \leqslant \cdots \leqslant a_n (\leqslant m). \tag{2}$$

再将 a_i 加上 $i-1(i=1,2,\cdots,n)$,便产生一个严格的不等式(类似于 7.11 节例 1 所使用的技巧)

$$(1\leqslant)a_1 < a_2+1 < a_3+2 < \cdots < a_n+n-1(\leqslant m+n-1). \tag{3}$$

令映射 f 为

$$x \mapsto y = \{a_1, a_2+1, a_3+2, \cdots, a_n+n-1\}.$$

因为 y 是 $m+n-1$ 元集 $\{1,2,3,\cdots,m+n-1\}$ 的 n 元子集,所以 f 是从 $X_{m,n}$ 到集

$$Y = \{y \mid y \text{ 是 } \{1,2,\cdots,m+n-1\} \text{ 的 } n \text{ 元子集}\}$$

的映射.易知 f 是一一对应(因由(3)可逆推至(2)),因而
$$|X_{m,n}|=|Y|=\mathrm{C}_{m+n-1}^m.$$

证法二 考虑 m 个房间,排成一列,每两个相邻的房间用隔板"1"隔开.如果从 m 元集 $\{1,2,\cdots,m\}$ 选出的 n 个元中有 n_i 个 i(这里 n_i 都是非负整数,$i=1,2,\cdots,m$,且 $n_1+n_2+\cdots+n_m=n$),那么就在第 i 个房间中住 n_i 个人(我们用一个 0 表示一个人),这样,对于 $X_{m,n}$ 中的每一个 x,有一个形如

$$\underbrace{0\cdots00}_{n_1\text{个}}1\underbrace{0\cdots00}_{n_2\text{个}}1\cdots1\underbrace{0\cdots00}_{n_m\text{个}}$$

的,由 n 个"0"与 $m-1$ 个"1"组成的序列 y 与它对应.

设集

$$Y=\{n\text{ 个"0"与 }m-1\text{ 个"1"组成的序列}\},$$

容易看出,上述从集 $X_{m,n}$ 到 Y 的映射 $x\mapsto y$ 是一一对应.从而
$$|X_{m,n}|=|Y|=\mathrm{C}_{m+n-1}^n.$$

证法三 考虑集
$$Y=\{\text{从}(0,0)\text{到}(m-1,n)\text{的路线}\}.$$

对于 $X_{m,n}$ 中的元素 x,设它有 n_i 个 i,这里 n_i 是非负整数,并且满足(4).我们可以作出一条路线 $y\in Y$:

首先是 n_1 个 N,然后一个 E,n_2 个 N,再是一个 E,n_3 个 N,……,最后是一个 E,n_m 个 N.

容易看出,$f:x\mapsto y$ 是 $X_{m,n}$ 到 Y 的一一对应,所以
$$|X_{m,n}|=|Y|=\mathrm{C}_{m+n-1}^n.$$

▶ **例 2** 将 n 个相同的球分配给 m 个编号分别为 $1,2,\cdots,m$ 的盒子,每个盒子里可装任意多个球,有多少种分配法?

解

问题可换一种说法,即从 m 个(有编号的)盒子中选出 n 个来装 n 个球,每个盒子可以重复选取,一个盒子出现 k 次就表示它装 k 个球,所以这就是从 m 个元素中取 n 个的允许重复的组合.答案为 C_{m+n-1}^n.

7.16 线性方程的整数解

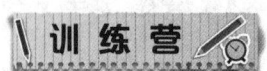

▶ **例1** 方程
$$x_1 + x_2 + \cdots + x_m = n \tag{1}$$
有多少组非负整数解 $(x_1, x_2, \cdots, x_m)$?

解 考虑本题与将 n 个球放入 m 个(有编号的)盒子中的对应.(1)的每一组非负整数解 $(x_1, x_2, \cdots, x_m)$ 产生一种放球的方法:在编号为 $1,2,\cdots,m$ 的盒子中分别放入 $x_1, x_2, \cdots, x_m$ 个球.反之,每一种放球的方法产生(1)的一个非负整数解.所以两者是一一对应的.由上节例2,本题答案为 C_{m+n-1}^{n}.

▶ **例2** 方程(1)有多少组正整数解 $(x_1, x_2, \cdots, x_m)$?

解 令 $y_i = x_i - 1$(其中 $i = 1, 2, \cdots, m$),则(1)等价于
$$y_1 + y_2 + \cdots + y_m = n - m. \tag{2}$$
所以,(1)的正整数解与(2)的非负整数解一一对应.而由例1,(2)有
$$C_{(n-m)+m-1}^{n-m} = C_{n-1}^{n-m}$$
组非负整数解,所以(1)有同样多组正整数解.

▶ **例3** 方程
$$x + y + z = 24 \tag{3}$$
有多少组满足
$$x \geq 2, y \geq 3, z \geq 4 \tag{4}$$
的整数解?

解 令 $x_1 = x - 2, y_1 = y - 3, z_1 = z - 4$,则当(3)成立时,

$$x_1 + y_1 + z_1 = 15, \tag{5}$$

并且当(4)成立时,x_1, y_1, z_1 都是非负的.

由例 1,(5)有

$$C_{15+3-1}^{15} = C_{17}^{15} = \frac{17 \times 16}{2} = 136$$

组非负整数解,所以(3)有 136 组整数解满足(4).

▶ **例 4** 由 m 个变量 $x_1, x_2, \cdots, x_m$,可以组成多少个系数为 1 的 n 次单项式?

设 $x_1^{\alpha_1} x_2^{\alpha_2} \cdots x_m^{\alpha_m}$ 是一个 n 次单项式,则有

$$\alpha_1 + \alpha_2 + \cdots + \alpha_m = n, \tag{6}$$

其中 $\alpha_1, \alpha_2, \cdots, \alpha_m$ 都是非负整数.由此可知,系数为 1 的 n 次单项式与(6)的非负整数解一一对应,从而有 C_{n+m-1}^n 个由 m 个变量组成的系数为 1 的 n 次单项式.

例如:当 $m=3, n=4$ 时,

$$C_{4+3-1}^4 = C_6^4 = 15,$$

因而有 15 个由 x, y, z 组成的系数为 1 的 4 次单项式,即

$$x^4, y^4, z^4, x^3y, x^3z, y^3x, y^3z, z^3y, z^3x,$$
$$x^2y^2, x^2z^2, y^2z^2, x^2yz, y^2zx, z^2xy.$$

7.17 关于集合的一个问题

组合问题往往与集合有关. 这里举一个例子.

▶**例** 设 k, n 为自然数, $1 \leqslant k \leqslant n$. $A_1, A_2, \cdots, A_n$ 为 n 个集, $|A_1| = |A_2| = \cdots = |A_n|$. 集合 $M = \bigcup_{j=1}^{n} A_j$, 并且 $A_1, A_2, \cdots, A_n$ 中每 k 个的并集均为 M, 每 $k-1$ 个的并集均为 M 的真子集. 试确定:

(i) $|M|$ 的最小值;

(ii) 当 $|M|$ 最小时, $|A_j|$ 的值 ($j = 1, 2, \cdots, n$);

(iii) 当 $|M|$ 最小时, $A_1, A_2, \cdots, A_n$ 中任意 i 个的公共元数.

解

(i) 设 T 为 $A = \{1, 2, \cdots, n\}$ 的一个 $n+1-k$ 元子集. 由已知条件,
$$\bigcup_{i \in T} A_i \neq M,$$
因而有 $x \in M \setminus \bigcup_{i \in T} A_i$ (这样的 x 可能不止一个, 我们任意指定其中之一). 令
$$T \mapsto x.$$

这个映射 f 是单射: 因为对每个 $j \notin T$, 有 $x \notin A_j$; 而对每个 $j \in T$, 由已知条件
$$(\bigcup_{i \notin T} A_i) \cup A_j = M,$$
所以 $x \in A_j$, 从而
$$T = \{j \mid x \in A_j\},$$
即 T 由 x 唯一确定. 也就是若有 $f(T') = f(T) = x$, 那么 $T' = T = \{j \mid x \in A_j\}$. 故 f 为单射.

T 的个数为 C_n^{k-1} (即 A 的 $n+1-k$ 元子集的个数). 因为 f 为单射, M 中的元素 x 的个数不少于 T 的个数, 所以
$$|M| \geqslant C_n^{k-1}.$$

C_n^{k-1} 就是 $|M|$ 的最小值,并且 $|M|$ 取得最小值的充要条件是 f 为满射.

(ii) 下面我们来讨论什么时候 f 为满射.

对每个 $x \in M$,令集
$$M_{(x)} = \{j \mid x \in A_j\}.$$

如果 f 是满射,那么存在 T,使 $x = f(T)$.从而根据前面关于 f 为单射的推导,$T = M_{(x)}$.所以 $M_{(x)}$ 必须是 $n+1-k$ 元集,并且 $x \mapsto M_{(x)}$ 是单射.反之,如果 $M_{(x)}$ 是 $n+1-k$ 元集,并且 $x \mapsto M_{(x)}$ 是单射,那么令 $T = M_{(x)}, f(T) = x'$,则 $T = M_{(x')}$.因为 $x \mapsto M_{(x)}$ 是单射,所以 $x' = x, f(T) = x$,即 f 是满射.于是
$$|M| = C_n^{k-1} \Leftrightarrow f \text{ 是一一对应}$$
$$\Leftrightarrow M_{(x)} \text{ 都是 } n+1-k \text{ 元集,并且 } x \mapsto M_{(x)} \text{ 是一一对应.}$$

(这时 $x \mapsto M_{(x)}$ 是 f 的逆映射.)

当 $|M| = C_n^{k-1}$ 时,

$|A_j| = |\{x \mid j \in M_{(x)}\}|$ ($M_{(x)}$ 的定义)

  $= |\{M_{(x)} \mid j \in M_{(x)}\}|$ ($x \mapsto M_{(x)}$ 是一一对应)

  $= A$ 的含有 j 的 $n+1-k$ 元

   子集的个数   ($|M_{(x)}| = n+1-k$)

  $= C_{n-1}^{n-k}.$

(iii) $|A_{j_1} \cap A_{j_2} \cap \cdots \cap A_{j_i}|$

  $= |\{x \mid j_1, j_2, \cdots, j_i \in M_{(x)}\}|$ ($M_{(x)}$ 的定义)

  $= |\{M_{(x)} \mid j_1, j_2, \cdots, j_i \in M_{(x)}\}|$ ($x \mapsto M_{(x)}$ 是一一对应)

  $= A$ 的含有 $j_1, j_2, \cdots, j_i$ 的 $n+1-k$ 元子集的个数

  $= C_{n-i}^{k-1}.$

最后,我们指出最小值 C_n^{k-1} 确实可以为 $|M|$ 取得.为此,定义
$$A_i = \{A \text{ 的含有 } i \text{ 的 } n+1-k \text{ 元子集}\}, i = 1, 2, \cdots, n.$$
$$M = \bigcup_{i=1}^{n} A_i,$$

则
$$M = \{A \text{ 的 } n+1-k \text{ 元子集}\},$$
$$|A_1| = |A_2| = \cdots = |A_n| = C_{n-1}^{n-k},$$
$$|M| = C_n^{k-1}.$$

对于 $A_1, A_2, \cdots, A_n$ 中任意 $k-1$ 个集 $A_{j_1}, A_{j_2}, \cdots, A_{j_{k-1}}$,取

$$x = \{1, 2, \cdots, n\} \setminus \{j_1, j_2, \cdots, j_{k-1}\},$$

则 x 是 $n+1-k$ 元集，它不属于 $A_{j_1}, A_{j_2}, \cdots, A_{j_{k-1}}$ 中任一个，所以

$$A_{j_1} \cup A_{j_2} \cup \cdots \cup A_{j_{k-1}} \neq M.$$

对于 $A_1, A_2, \cdots, A_n$ 中任意 k 个集 $A_{j_1}, A_{j_2}, \cdots, A_{j_k}$，设 x 为 M 中任一元素，则 x 是集 A 的 $n+1-k$ 元子集，因此它必定包含 $j_1, j_2, \cdots, j_k$ 中某一个（否则至多为 $n-k$ 元集），从而

$$x \in A_{j_1} \cup A_{j_2} \cup \cdots \cup A_{j_k},$$

即

$$A_{j_1} \cup A_{j_2} \cup \cdots \cup A_{j_k} = M,$$

因此集合 $A_1, A_2, \cdots, A_n$ 及 M 符合题设中所有条件，并且 $|M|$ 取得最小值 C_n^{k-1}.

第八讲 卡塔兰数

8.1 n 边形的剖分

知识桥

设 $A_1 A_2 \cdots A_n$ 是凸 n 边形.用 $n-3$ 条(除端点外)无公共点的对角线,可以将它剖分为三角形.例如,图 8.1.1 中的六边形 $A_1 A_2 A_3 A_4 A_5 A_6$,被对角线 $A_2 A_6$, $A_3 A_6$, $A_3 A_5$ 剖分为 4 个三角形.

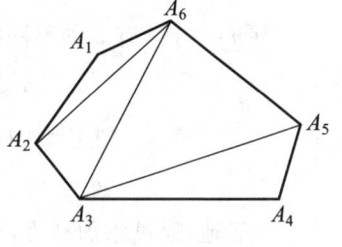

图 8.1.1

这种剖分,我们称之为**对角线剖分**.显然,对角线剖分的方法未必只有一种,例如对角线 $A_1 A_3$, $A_1 A_4$, $A_1 A_5$ 也将六边形 $A_1 A_2 A_3 A_4 A_5 A_6$ 剖分为 4 个三角形.

我们将凸 n 边形的对角线剖分的种数,记为 T_{n-2}.易知,

$$T_2 = 2, T_3 = 5.$$

通常约定

$$T_0 = T_1 = 1.$$

计算 T_n 的公式是

$$T_n = \frac{1}{n+1} C_{2n}^n, \tag{1}$$

该公式的证明,将在 8.4 节与 8.5 节中给出.

T_n 通常称为"第 n 个**卡塔兰数**".卡塔兰(Eugene Charles Catalan,1814—1894)是比利时数学家.其实,大数学家欧拉(L.Euler,1707—1783)早就发现了这组数.我国清代数学家李善兰(1811—1882)也对这组数作过深入的研究.

8.2 添括号

知识桥

如果 $*$ 是一种运算,且不可结合(即对于 $*$,结合律不成立),那么,在表达式
$$a_1 * a_2 * a_3 * \cdots * a_n \tag{1}$$
中增添 $n-2$ 个括号,可以得出若干不同(不恒等)的结果.

例如,当 $n=3$ 时,有 2 种不同的结果:
$$(a_1 * a_2) * a_3, a_1 * (a_2 * a_3).$$

当 $n=4$ 时,有 5 种不同的结果:
$$(a_1 * a_2) * (a_3 * a_4), ((a_1 * a_2) * a_3) * a_4,$$
$$(a_1 * (a_2 * a_3)) * a_4, a_1 * ((a_2 * a_3) * a_4),$$
$$a_1 * (a_2 * (a_3 * a_4)).$$

一般地,通过添加括号,可以从(1)得出 T_{n-1} 种不同的结果.这里的 T_n,就是上节所说的卡塔兰数.

事实上,将凸 $n+1$ 边形用 $n-2$ 条对角线剖分的方法与将表达式(1)增添 $n-2$ 个括号的方法之间,存在一一对应.这个映射 f 定义如下:

首先,将凸 $n+1$ 边形的前 n 条边顺次标上 $a_1, a_2, \cdots, a_n$,最后一条边则记为 0.

设对角线剖分 x 中,对角线 l 将多边形分成两个部分.不含边 0 的那部分中,有两条边 a_i 与 a_j(这里 $i<j$)与 l 有公共点,我们就在(1)中增添一个从 a_i 到 a_j 的括号.于是,对于 x 中的 $n-2$ 条对角线,(1)中增添了 $n-2$ 个括号.因为剖分 x 是用(除端点外)无公共点的对角线将多边形剖分为三角形,所以在(1)中增添相应的括号后得到一个合理的结果 y(即不会出现诸如 $(a_1 * (a_2) * a_3)$ 之类的情况).令
$$f(x) = y.$$

例如图 8.2.1.

f 是单射:因为在剖分 $x \neq x'$ 时,x 至少有一条对角线不在 x' 中出现,所以

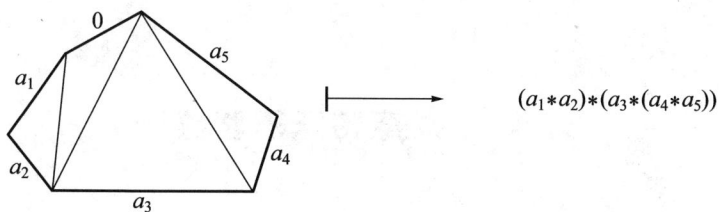

图 8.2.1

在 $f(x)$ 中有一处括号不在 $f(x')$ 中出现,即 $f(x)\neq f(x')$.

f 是满射:若在(1)中增添 $n-2$ 个括号得到 y,对于从 a_i 到 a_j 的括号($i<j$),相应地在多边形的边 a_i 的始点(a_i 与 a_{i-1} 的公共点)与边 a_j 的终点(a_j 与 a_{j+1} 的公共点)之间连一条对角线,这样,$n-2$ 个括号产生一个由 $n-2$ 条对角线形成的剖分 x,并且 $f(x)=y$.

综上所述,f 是一一对应.

8.3 惠特沃思路线

知识桥

从 7.14 节可知,从原点 $(0,0)$ 沿坐标网走到格点 (n,n) 的路线有 C_{2n}^n 条. 这 C_{2n}^n 条路线中,不在直线 $y=x$ 上方出现的路线称为**惠特沃思(Whitworth)路线**,简称 **W 线**.

训练营

▶**例** 有多少条 W 线?

解

如 7.14 节例 1 标记 E 与 N,则每一条 W 线可以表示成一个 E 与 N 的序列. 例如图 8.3.1 的 W 线可以表示成

$$ENEENN. \tag{1}$$

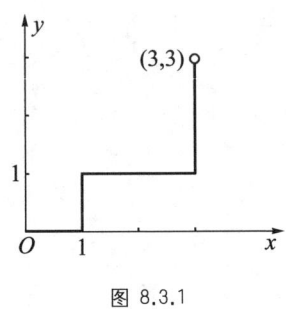

图 8.3.1

如果从左到右数过去,E 的个数始终不少于 N 的个数.

现在,我们定义一个映射 f,将形如 (1) 的序列 x(W 线)映射成上一节所说的,由

$$a_1 * a_2 * \cdots * a_{n+1} \tag{2}$$

增添 $n-1$ 个括号而得出的表达式. 方法如下:

首先删去左边第一个 E,然后将 N 顺次改为 $a_1 *, a_2 *, \cdots, a_n *$,并且在最

后添一项 a_{n+1}；将 E 改成半括号"("，例如(1)变成
$$a_1 * ((a_2 * a_3 * a_4. \tag{3}$$

最后再将括号补全.这可以从右到左进行,注意每个括号"管"两项,而从右到左数过去,a_i 的个数至少比"("的个数多1,因此可以先补全最里面一个括号,即将(3)变成
$$a_1 * ((a_2 * a_3) * a_4, \tag{4}$$
将这个括号(即(4)中$(a_2 * a_3)$)看作一个字母,再补全第二个括号,将(4)变成
$$a_1 * ((a_2 * a_3) * a_4). \tag{5}$$

如此继续进行,直至补全 $n-1$ 个括号,得出的结果 y 就是 x 在映射 f 下的像.

不同的 x(至少有一个 E 的位置不同)显然具有不同的像,所以 f 是单射.

每一个由(2)增添 $n-1$ 个括号所得的结果 y,可以产生一个相应的 E,N 序列 x(W 线).方法是将 $a_1,a_2,\cdots,a_n$ 变成 N,半括号"("变成 E,并且在最前面添一个 E,其余的(指 a_{n+1} 与半括号")")全部删去.显然 $f(x)=y$,所以 f 是满射.

因为 f 是一一对应,所以 W 线的条数应当是 T_n.

8.4 圆周上的点

知识桥

如果有 $2n+1$ 个点,排在一个圆周上,将其中 n 个染成白色,其余的染成黑色,那么根据 7.8 节例 1 和 7.9 节例 5 可知,共有

$$\frac{1}{2n+1}C_{2n+1}^n = \frac{1}{n+1}C_{2n}^n$$

种染法,恰好是卡塔兰数 T_n.因此,各种染法所成集合与前三节中的集合(例如 W 线的集合)之间,理应存在着一一对应.

为此,我们首先证明下面的命题,它本身也是颇为有趣的.

训练营

▶ **例** 如果在圆周上有 $2n+1$ 个点,其中 n 个是白点,其余的是黑点.那么,一定有一种方法,将这 $2n+1$ 个点依顺时针方向标上 $0,1,2,\cdots,2n$,使得沿这由小到大的次序前进时,所经过的黑点永远多于白点,并且这样的标法仅有一种.

解

采用数学归纳法.$n=1$ 的情形是显然的.假设命题在 $n=k$ 时成立.对于 $n=k+1$,由于总有一个黑点 B,紧跟在它后面(这里的前后指依顺时针方向前进时出现的先后)出现的是一个白点 W,将这两点一并删去,剩下 $2k+1$ 个点,其中 $k+1$ 个黑点,k 个白点.由归纳假设,这 $2k+1$ 个点可以编上号码,符合所述要求.把删去的点 B,W "插"进去,即如果 B 前面那点编号为 j,则 B 点编号为 $j+1$,W 点编号为 $j+2$,W 后面的点的号码均为原先的号码加 $2(0$ 除外).由于新增加的两个点中,前一个是黑点,这样的编号仍然合乎所述要求.

我们还可以看出合乎要求的编号只有这一种.因为对于任一种合乎要求的编号,删去上述的相邻点 B,W 后,将 W 后面各点的编号减 2,便产生一种对 $2k+1$ 个点的、合乎要求的编号.而由归纳假设,对这 $2k+1$ 个点只有一种合乎要

求的编号,所以这 $2k+1$ 个点的编号就是归纳假设中的编号,从而这 $2k+3$ 个点也只有上面所说的那一种合乎要求.命题证毕.

知 识 桥

由这个命题,每一种染法可以表成一个序列
$$a_0, a_1, a_2, \cdots, a_{2n}, \tag{1}$$
其中有 n 项为 -1(白点),$n+1$ 项为 $+1$(黑点),并且
$$a_0 + a_1 + \cdots + a_k > 0, \quad (\text{其中 } k = 0, 1, \cdots, 2n) \tag{2}$$
或者去掉第一个数 $a_0 = 1$,那么(1)成为
$$a_1, a_2, \cdots, a_{2n}, \tag{3}$$
其中有 n 项为 -1,n 项为 $+1$,并且
$$a_1 + a_2 + \cdots + a_k \geq 0. \quad (\text{其中 } k = 1, 2, \cdots, 2n) \tag{4}$$

把 $+1$ 作为 E,-1 作为 N,则(3)就是 W 线,(4)表明,这条路线不出现在直线 $y = x$ 的上方.这就表明,各种染法所成集合与 W 线所成的集合是一一对应.

因为有 $\dfrac{1}{n+1}C_{2n}^{n}$ 种染法,所以 W 线的条数 T_n 应当满足
$$T_n = \frac{1}{n+1} C_{2n}^{n}.$$

这就证明了 8.1 节中的公式(1).

8.5 互不相交的弦

训练营

▶ **例** 圆周上有 $2n$ 个点,(依顺时针方向)标号为 $1,2,\cdots,2n$.以这些点为端点,连成 n 条互不相交的弦,有多少种不同的连法?

解

我们可以利用 8.3 节的结果,也就是设法建立两者之间的对应.

首先注意到:上节的命题告诉我们,每一种将圆周上 $2n+1$ 个点染成 $n+1$ 个黑点、n 个白点的方法唯一确定一种编号的方法,使从 0 出发沿顺时针方向(即编号由小到大)前进时,黑点的个数始终大于白点的个数.

如果在圆周上有 $2n+1$ 个点 $0,1,2,\cdots,2n$,每点已染上黑色或白色,黑色的点有 $n+1$ 个,并且从 0 点出发依顺时针方向(即标号由小到大)前进时,黑点的个数始终多于白点.那么,将 0 这点删去后,自 1 依顺时针方向前进,黑点个数始终不小于白点个数.设 W 是第一个白点,紧接在黑点 B 后面出现,将这对相邻的点连成弦,然后删去.考虑剩下的点,再将最先出现的、一对相邻的黑点与白点用弦相连,然后删去.这样继续进行,直至将最后剩下的一对黑点与白点连成弦.在这一过程中,共获得 n 条弦,由于每次所得的弦是联结相邻顶点的,这 n 条弦互不相交.

反过来,如果点 $1,2,\cdots,2n$ 已经两两联结成 n 条互不相交的弦.将 1 染成黑色,与 1 相连的点染成白色.自 1 出发沿顺时针方向前进,把所遇到的每条弦的第一个端点(先遇到的端点)染成黑色,另一端染成白色.这样,$1,2,\cdots,2n$ 被染成黑白各 n 个;并且,自 1 出发沿顺时针方向前进时,因为每条弦的黑端点在白端点之前出现,所以黑点的个数始终不少于白点的个数.再在 $2n$ 与 1 之间添一个黑点 0,则黑点 $n+1$ 个,白点 n 个.自 0 点出发,沿顺时针方向前进时,黑点的个数始终大于白点的个数.

因此,将 $1,2,\cdots,2n$ 连成互不相交的弦的方法,与将 $2n+1$ 个点染成黑 $n+1$ 个、白 n 个的方法,种数相等,即也是 $T_n = \dfrac{1}{n+1}C_{2n}^n$ 种.

图 8.5.1 是 $n=3$ 时的连法,共 5 种.

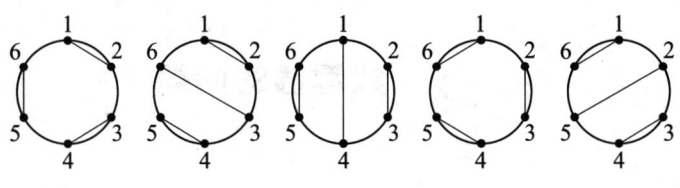

图 8.5.1

8.6 找零钱的问题

训练营

▶ **例** 电影票每张五角.如果有 $2n$ 个人排队购票,每人购票一张,并且其中 n 个人恰好有五角钱,n 个人恰好有一元钱,而售票处无零钱可找.那么,有多少种方法将这 $2n$ 个人排成一列,顺次购票,使得购票不致因无零钱可找而耽搁时间?

解

将持 5 角钱的人记为 E,持 1 元钱的人记为 N.如果找零钱不发生困难,那么从前往后数,E 的个数不少于 N 的个数.所以,得到的 E,N 序列是一条 W 线.反之,将一条 W 线中的 E,N 分别变成持 5 角钱与持 1 元钱的人,便得到一条找钱不发生困难的队列.所以,所述的队列与 W 线一一对应,因而共有 $T_n = \frac{1}{n+1}C_{2n}^{n}$ 种.

另解

这种解法无须借助前面的结果$\left(\text{因而给出了 } T_n = \frac{1}{n+1}C_{2n}^{n} \text{ 的又一个证明}\right)$,方法如下:

首先,不考虑找钱是否发生困难,将 n 个持 1 元钱的人与 n 个持 5 角钱的人排成一列有 C_{2n}^{n} 种方法.

其中找钱发生困难的那些排法需要剔除,它们的集合记为 A.

对于不合要求的排法 $x \in A$,必有一个时刻出现找不出零钱的问题,即到这时为止,持 1 元钱的人数多于持 5 角钱的人数.如果将持 1 元钱的人看作白球,持 5 角钱的人看作黑球,那么 x 就相当于将 n 个白球及 n 个黑球从袋中逐一取出,且在取球过程中至少有一次取出的白球多于(取出的)黑球的取法.

由 7.11 节例 2,我们知道上述取法有 C_{2n}^{n+1} 种.

从而$|A|=C_{2n}^{n+1}$,找零钱不发生问题的排列有

$$C_{2n}^n - C_{2n}^{n+1} = \frac{(2n)!}{n!n!} - \frac{(2n)!}{(n+1)!(n-1)!}$$
$$= \frac{1}{n+1}C_{2n}^n$$

种.

8.7 有序数组的个数

▶**例1** 令 n 元有序数组的集

$C_n = \{(a_1, a_2, \cdots, a_n) \mid 1 = a_1 \leqslant a_2 \leqslant \cdots \leqslant a_n; a_i$ 为整数,且 $a_i \leqslant i, i = 1, 2, \cdots, n\}$.求 $|C_n|$.

解

有经验的读者会猜到结果又是 T_n(或至少与 T_n 有关).确实如此.我们只需建立起 C_n 与 W 线的集合之间的一一对应.

对于 $(a_1, a_2, \cdots, a_n) \in C_n$,在坐标平面上定出整点 $A_i(i, a_i - 1)$,其中 $i = 1, 2, \cdots, n$.然后,设法把它们连成一条 W 线.也就是从原点 $(0,0)$ 出发,向东到 $A_1(1,0)$,再向北走 $a_2 - a_1$ 个单位后折向东到 A_2;如此前进,从 A_{i-1} 向北走 $a_i - a_{i-1}$ 个单位后折向东到 A_i,……;最后,从 $A_n(n, a_n - 1)$ 向北走到 (n, n).因为
$$i - 1 \geqslant a_i - 1 = (a_{i-1} - 1) + (a_i - a_{i-1}),$$
所以这条路线不会在直线 $y = x$ 的上方出现,它是 W 线.这一 W 线就是 $(a_1, a_2, \cdots, a_n)$ 的像.

容易验证这样的映射是一一对应,即 $|C_n| = T_n = \dfrac{1}{n+1} C_{2n}^n$.

▶**例2** 集合 D_n 也是有序数组 $(a_1, a_2, \cdots, a_n)$ 的集合,但其中 a_i 为非负整数,满足条件
$$a_1 + a_2 + \cdots + a_i \geqslant i, i = 1, 2, \cdots, n - 1,$$
及
$$a_1 + a_2 + \cdots + a_n = n.$$
求 $|D_n|$.

解

设 $(a_1, a_2, \cdots, a_n) \in D_n$.在坐标平面上作点 $A_i(a_1 + a_2 + \cdots + a_i, i)$,其中 i

$=1,2,\cdots,n$. 然后把它们连成一条 W 线,即自原点 $(0,0)$ 出发,向东至 $(a_1,0)$,再向北至 A_1. 自 A_1 向东行 a_2 个单位再折向北至 $A_2,\cdots\cdots$,最后,自 A_{n-1} 向东行 a_{n-1} 个单位再折向北至 $A_n(n,n)$. 因为
$$a_1+a_2+\cdots+a_i\geqslant i,$$
所以整条路线不出现在直线 $y=x$ 的上方. 将这条 W 线作为 $(a_1,a_2,\cdots,a_n)$ 的像,这样的映射 f 显然是单射.

反过来,对任一条 W 线 v,设在与纵轴平行的直线 $x=i$ 上,属于 v 的点中以 $A_i(i,b_i)$ 的纵坐标最大. 令
$$a_i=b_i-b_{i-1},i=1,2,\cdots,n(\text{其中 } b_0=0).$$

因为沿 v 前进是向北或向东,所以 $b_i\geqslant b_{i-1}$,即 a_i 是非负整数. 又因为 v 在直线 $y=x$ 的下方,所以
$$b_i\leqslant i,$$
即
$$a_1+a_2+\cdots+a_i=b_1+(b_2-b_1)+\cdots+(b_i-b_{i-1})=b_i\leqslant i,$$
$i=1,2,\cdots,n$. 当 $i=n$ 时,上式是等式. 这样得到的数组 $u=(a_1,a_2,\cdots,a_n)\in D_n$,并且 $f(u)=v$,所以 f 是满射.

因为 f 是一一对应,所以
$$|D_n|=T_n=\frac{1}{n+1}C_{2n}^n.$$

8.8 排队问题

▶ **例1** 男孩、女孩各 n 人，排成两列。男孩队列的次序为 $a_1, a_2, \cdots, a_n$，女孩队列的次序为 $b_1, b_2, \cdots, b_n$。将他们并为一列，如果男孩的先后次序保持不变，女孩的先后次序也保持不变，有多少种不同的排法？

解 先将男孩依 $a_1, a_2, \cdots, a_n$ 的次序排好，再将 n 个女孩"插入"男孩之间的空隙，这里的"空隙"包括 a_1 前面的位置与 a_n 后面的位置，所以共有 $n+1$ 个空隙，每个空隙中可以插入的人数没有限制。这是从 $n+1$ 个元素（空隙）中选 n 个的允许重复的组合，共有

$$C_{n+n+1-1}^{n} = C_{2n}^{n}$$

种。

点评

这恰好是从 $(0,0)$ 走到 (n,n) 的路线的条数。因此本题的排法与这种路线之间存在着一一对应。事实上，把 $a_1, a_2, \cdots, a_n$ 全变为 E（向东），$b_1, b_2, \cdots, b_n$ 全变为 N（向北），就得到一条从 $(0,0)$ 到 (n,n) 的路线。容易看出这种映射 f 是一一对应。

▶ **例2** 如果在例1中增加规定：a_i 必须在 b_i 前面（$i=1,2,\cdots,n$），有多少种排法？

解 在上面所说的映射 f 作用下，每一种排法变成一条从 $(0,0)$ 到 (n,n) 的路线。因为 a_i 在 b_i 前面，也就是第 i 个 E 在第 i 个 N 前面，所以从 $(0,0)$ 出发，在这条路线上前进时，E 的个数永远不少于 N 的个数。从而这条路线不会出现在直线 $y=x$ 的上方，即它是一条 W 线。

反过来,每条 W 线也产生一种符合要求的排法(将其中的 E 顺次改为 a_1, $a_2,\cdots,a_n$;N 顺次改为 $b_1,b_2,\cdots,b_n$),它在映射 f 下的像是那条 W 线.

因此,排法共有
$$T_n = \frac{1}{n+1}C_{2n}^n$$
种.

▶ **例3** $2n$ 个人高矮互不相同,有多少种方法将他们依从高到矮的次序排成两行,每行 n 人,并且第一行的第 j 个人比第二行的第 j 个人高($j=1,2,\cdots,n$)?

解 将这 $2n$ 个人依高矮排成一行,并将其中原来属于第一行的记为 E,原来属于第二行的记为 N,这就产生一条 W 线.容易验证,这是一一对应.所以,本题答案仍然是 $T_n = \frac{1}{n+1}C_{2n}^n$.

8.9 不与 $y=x$ 相交的路线

训练营

▶**例** 从 $(0,0)$ 到 (n,n) 的路线中,除两个端点外,与直线 $y=x$ 无公共点的有多少条?

解

如果限定路线在直线 $y=x$ 的下方,那么这就是求从 $(1,0)$ 到 $(n,n-1)$ 的、与直线 $y=x$ 无公共点的路线有多少条.

我们将 y 轴向右平移一个单位到 y',使 $(1,0)$ 成为原点;$(n,n-1)$ 成为 $(n-1,n-1)$(如图 8.9.1).

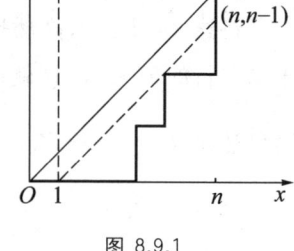

图 8.9.1

在新坐标系中,所说路线成为从 $(0,0)$ 到 $(n-1,n-1)$ 的、不在直线 $y=x$ 上方出现的 W 线.因而共有

$$T_{n-1} = \frac{1}{n}C_{2(n-1)}^{n-1} = \frac{1}{n}C_{2n-2}^{n-1}$$

条.如果不限制路线在直线 $y=x$ 的下方,那么共有

$$2 \times \frac{1}{n}C_{2n-2}^{n-1} = \frac{1}{2n-1}C_{2n}^{n}$$

条.

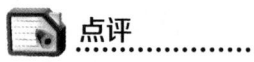

自然地,我们会问:从 $(0,0)$ 到点 (n,m)($m<n$) 的、不出现在直线 $y=x$ 上方的路线有多少条?其中除端点外与直线 $y=x$ 无公共点的路线又有多少条?这两个问题将在下节解决.

8.10 投票记录

知识桥

政客 A,B 竞选,选票共有 $a+b$ 张($a \geqslant b$).拥护 A 的选民采用图 8.10.1 来表示 A,B 得票的情况.从 $(0,0)$ 开始,如果 A 得到一张选票,就向右上方斜移到 $(1,1)$,否则就向右下方斜移到 $(1,-1)$.照此进行,如果第 $i-1$ 次移到点 $P(i-1, y_{i-1})$,那么当第 i 张票属于 A 时,就向右上方移到点 $P'(i, y_{i-1}+1)$;当第 i 张票属于 B 时,就向右下方移到点 $P''(i, y_{i-1}-1)$.这里每一点的横坐标表示到这时为止已经点过的票数,也就是 A,B 两人票数之和,而纵坐标则表示到这时为止 A 的票数减去 B 的票数所得的差.我们把这些点连成一条折线,称之为**选举折线**.

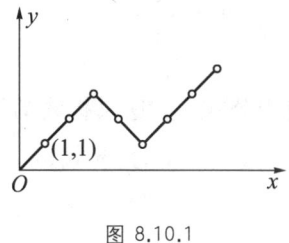

图 8.10.1

如果 A 获得 a 张票,B 获得 b 张票,那么选举折线的终点就是 $(a+b, a-b)$.

训练营

▶ **例** 以 $(a+b, a-b)$ 为终点的($a \geqslant b$)、在 x 轴上方并且除端点外不接触到 x 轴(即在选举过程中 A 得的票数一直多于 B)的选举折线有多少条?

解

先设 $a > b$.每条符合要求的选举折线当然通过 $(1,1)$.

从 $(1,1)$ 到 $(a+b, a-b)$ 的折线,如果不加上"不接触到 x 轴"的限制,那么它的条数也就是从 $a+b-1$ 张票中选取 $a-1$ 张给 A 的组合数,即 C_{a+b-1}^{a-1}.

当然,在上述限制下,我们必须从这 C_{a+b-1}^{a-1} 条线中,清除掉那些不合要求的,亦即与 x 轴有公共点的选举折线.

设 l 是一条与 x 轴有公共点的选举折线,$(i,0)$ 是它与 x 轴的第一个公共点.将 l 的从 $(1,1)$ 到 $(i,0)$ 的部分关于 x 轴作对称,而其余部分保持不动.这样,l 变成从 $(1,-1)$ 到 $(a+b,a-b)$ 的一条折线 l'.

由于在 l 中有 $a-1$ 个向上的部分,而从 $(1,1)$ 到 $(i,0)$ 这一段中,向上部分比向下部分少 1(即 A 得的票比 B 得的票少 1),经过轴对称,向上部分变为向下部分,向下部分变为向上部分.所以,在 l' 中有

$$(a-1)+1=a$$

个向上部分,因而这种 l' 的条数是 C_{a+b-1}^{a},即不合要求的 l 有 C_{a+b-1}^{a} 条.从而,合乎要求的选举折线有

$$
\begin{aligned}
C_{a+b-1}^{a-1} - C_{a+b-1}^{a} &= \frac{(a+b-1)!}{b!(a-1)!} - \frac{(a+b-1)!}{(b-1)!a!} \\
&= \frac{(a+b-1)!}{a!b!} \times (a-b) \\
&= \frac{a-b}{a+b} C_{a+b}^{b}
\end{aligned}
\tag{1}
$$

条.

当 $a=b$ 时,不能直接使用公式(1).这时折线的终点为 $(2a,0)$,由于折线在 x 轴上方,它前面的一个点是 $(2a-1,1)$.由公式(1),从 $(0,0)$ 到 $(2a-1,1)$ 的、在 x 轴上方的选举折线有

$$\frac{1}{2a-1}C_{2a-1}^{a-1} = \frac{1}{a}C_{2a-2}^{a-1} \tag{2}$$

条(即将公式(1)中的 b 换作 $a-1$).

点评

(2)恰好是第 $a-1$ 个卡塔兰数.由此可以料想选举折线与 W 线有很密切的关系.事实上,考虑一条在直线 $y=x$ 下方、终点为 (n,n) 的 W 线,将线上每个格点 (x,y) 改为 $(x+y+1,x-y+1)$.因为 $x \geqslant y$,所以所得各点都在 x 轴上方.由始点 $(0,0)$,终点 $(2n+2,0)$ 与这些点产生一条选举折线.从几何上讲,即把直线 $y=x+1$ 作为 x' 轴,$(-1,0)$ 作为原点,建立新坐标系,这时在第一象限里的 W 线变成了选举折线(如图 8.10.2).反过来,从 $(0,0)$ 到 $(2n+2,0)$ 的选举折线,如果除去端点,折线在 x 轴上方,那么将上面的点 (x,y)(其中 $x=1,2,\cdots,2n+1$)变

为 $\left(\dfrac{x+y}{2}-1, \dfrac{x-y}{2}\right)$,便产生一条完全在对角线下方的、从 $(0,0)$ 到 (n,n) 的 W 线.两者之间存在一一对应,个数当然相等.

顺便我们还解决了上节末所提的问题.从 $(0,0)$ 到 (n,m)(其中 $m<n$)的、不出现在 $y=x$ 上方的路线有

$$\dfrac{n-m+1}{n+m+1}C_{n+m+1}^{m} \qquad (3)$$

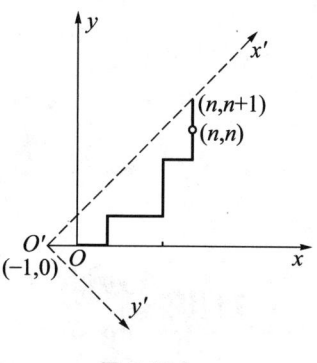

图 8.10.2

条.因为每一条这样的路线恰好对应于一条从 $(0,0)$ 到 $(n+m+1, n-m+1)$ 的选举折线.而除端点外与直线 $y=x$ 无公共点的路线则有

$$\dfrac{n-m}{n+m}C_{n+n}^{m} \qquad (4)$$

条(将(3)中的 n 换为 $n-1$).

8.11 夏皮罗路线

知识桥

从 $(0,0)$ 到 $(2n,2n)$ 的路线,如果不经过点
$$(1,1),\quad (3,3),\quad \cdots,\quad (2n-1,2n-1),$$
则称为**夏皮罗(Shapiro)路线**,简称 **S 线**. 如果需强调终点是 $(2n,2n)$,也可称之为 S_{2n} 线(类似地,称从 $(0,0)$ 到 (n,n) 的 W 线为 W_n 线).

训练营

▶ **例** 有多少条 S_{2n} 线?

解

这是一个相当棘手的问题. 最简单的方法是在 S_{2n} 线与从 $(0,0)$ 到 $(2n,2n)$ 的 W_{2n} 线之间建立起一一对应,从而得出 S_{2n} 线的条数为 $\dfrac{1}{2n+1}C_{4n}^{2n}$.

当然,要找出一个合适的、从 S 线的集合到 W 线的集合的映射 φ(它必须是一一对应)也并不容易.

首先,我们引进几个记号:用 D 表示两端在直线 $y=x$ 上,其余部分在直线 $y=x$ 下的折线(D 的长度可能不一样,最短的长度为 0,即退化为一点的"折线",次短的只有两节,即 EN),用 D' 表示 D 关于直线 $y=x$ 作对称而得到的折线,用 D^* 表示将 D 的首尾各截去一段(即开头的一个 E 与结尾的一个 N)后剩下的部分. 如果一条折线中 E 的个数是偶数,便称为偶折线,否则称为奇折线. 显然,D 与 D^* 的奇偶性正好相反.

我们采用归纳法来定义映射 φ. 首先约定 S_0 与 W_0 为退化的折线,即一点 O,并定义
$$\varphi(O)=O. \tag{1}$$

假设对于非负整数 $k<n$ 及任一条 S_{2k} 线 t,$\varphi(t)$ 是一条 W_{2k} 线,那么对于

S_{2n} 线 s,总可表成
$$s = Dt \text{ 或 } s = D't,$$
这里 D 是偶折线,长度为 $2h > 0$.定义
$$\varphi(s) = \begin{cases} \varphi(Dt) = D\varphi(t), & s = Dt, \\ \varphi(D't) = E\varphi(t)ND^*, & s = D't. \end{cases} \quad (2)$$

(1),(2)确定了 φ,因为由(1),(2)可以逐步算出 s 的像 $\varphi(s)$.我们甚至可以给出 φ 的"显"表达式.首先,每一条 S_{2n} 线 s 可表成
$$D_0 D_1' D_2 D_3' D_4 \cdots D_{2k-1}' D_{2k} \quad (3)$$
的形式,其中 D_i 与 D_i' 都可能退化为一点.例如图 8.11.1(d)中(均用虚线表示),D_0 为 O 至 P 的一段,D_1' 为 P 至 Q 的一段,D_2 退化为一点.图 8.11.1(e)中,D_0 与 D_2 均退化为一点,D_1' 则是从 O 到 P 的整个路线.由定义(1),(2),
$$\varphi(s) = D_0 E D_2 E \cdots E D_{2k-2} E D_{2k} N D_{2k-1}^* N D_{2k-3}^* \cdots N D_1^*, \quad (4)$$
其中 D_i(或 D_i^*)与原来的 D_i(或 D_i')的形状与长度是完全相同的,但位置并不一定相同,可能从原来的位置上平移了若干单位,所以现在它的端点并不一定在直线 $y = x$ 上,其他的点也不一定不在这条直线上.此外,还需注意在 D_i' 退化为 O 时,(4)中在 D_{i-1} 后面的那个 E 及 ND_i^* 均应删去.

根据(1),(2)或 φ 的显表达式(4),可以得出图 8.11.1(a)—(n)左边的 S 线的像是右边的 W 线(均用虚线表示).

由于(4)中每一个 D_i 或 D_i^* 里的 E 与 N 个数相等,并且 E 总是出现在先,所以沿(4)前进时,E 的个数不少于 N 的个数,即 $\varphi(s)$ 是一条 W 线.又由(2)或(4)可知,$\varphi(s)$ 与 s 的长度相同,所以 $\varphi(s)$ 是 W_{2n} 线.

对于不同的 s,(3)中至少有一个 D_i 或 D_i' 不同,从而由(2)或(4),$\varphi(s)$ 也不同,因此 φ 是单射.

现在证明 φ 是满射.仍用归纳法.假定当 $k < n$ 时,对每条 W_{2k} 线 u,都有一条 S_{2k} 线 t 满足 $\varphi(t) = u$.设 w 是 W_{2n} 线,这时有两种情况:

(a) $w = Du$,其中 D 是偶折线,长度为 $2h$,u 为 $W_{2(n-h)}$ 线.由归纳假设,存在 $S_{2(n-h)}$ 线 t,满足 $\varphi(t) = u$.这时 $s = Dt$ 是 S_{2n} 线,并且由(2),
$$\varphi(s) = \varphi(Dt) = D\varphi(t) = Du = w.$$

(b) $w = D_1 u$,其中 D_1 是奇折线.因为 w 是偶折线,所以 u 是奇折线,EuN 是偶折线,并且从左到右时 EuN 中 E 的个数始终大于 N 的个数,直到最后两者才相等.所以可以把 EuN 看成是一条仅有两个端点在直线 $y = x$ 上,其余部分在直线下方的偶折线 D.从而 w 可记为

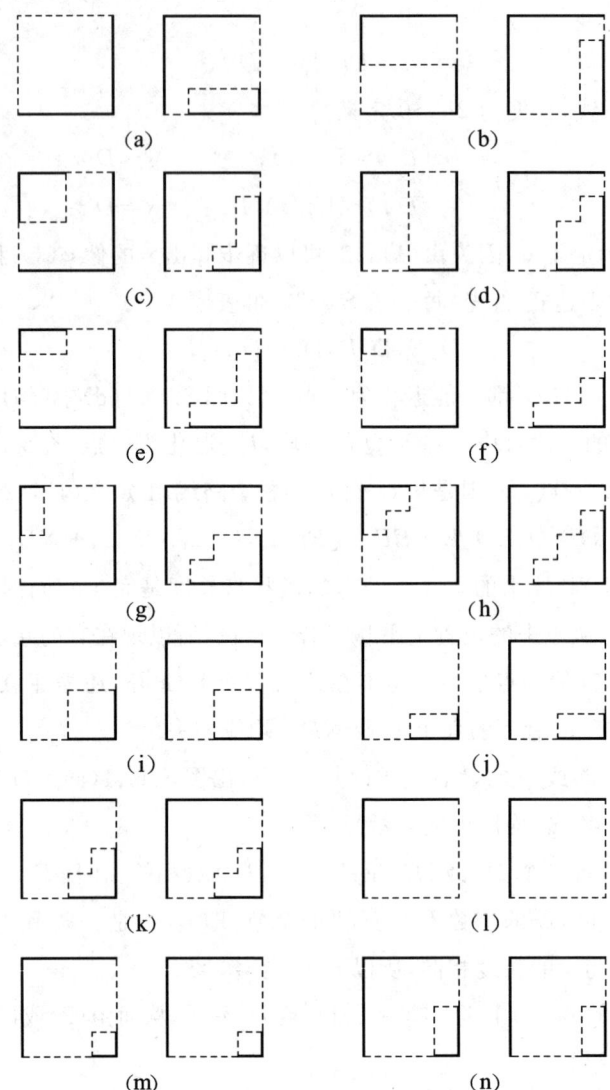

图 8.11.1

$$D_1 D^* = EvND^*.$$

设 D 长度为 $2h$,则 v 长度为 $2(n-h)$.因为 $v = D_1^*$,所以 v 是 $W_{2(n-h)}$ 线.由归纳假设,存在 $S_{2(n-h)}$ 线 t,满足 $\varphi(t) = v$.于是 $s = D't$ 是 S_{2n} 线,并且

$$\varphi(s) = \varphi(D't) = E\varphi(t)ND^* = EvND^* = w.$$

综上所述,φ 是一一对应.

第九讲 表 示

9.1 表示与坐标

知识桥

每一个自然数 m，在十进制中可以唯一地表示成

$$a_n \times 10^n + a_{n-1} \times 10^{n-1} + \cdots + a_1 \times 10 + a_0 \qquad (1)$$

的形式，其中 $a_i \in \{0,1,2,\cdots,9\}, i=0,1,\cdots,n$，并且 $a_n \neq 0$.

表示也是一种映射，且往往是一一对应.

自然数还有其他的表示，如二进制表示，三进制表示，……. 还有，算术基本定理(唯一分解定理)告诉我们，每一个大于 1 的自然数 m 可以唯一地表示成

$$p_1^{\alpha_1} p_2^{\alpha_2} \cdots p_n^{\alpha_n}, \qquad (2)$$

其中 $p_1 < p_2 < \cdots < p_n$ 是素数，$\alpha_1, \alpha_2, \cdots, \alpha_n$ 是自然数.

解析几何的一个基本思想就是平面上的每一个点可以用一对实数来表示，这一对实数称为它的坐标.

三维空间的点要用三个实数的有序数组 (x,y,z) 来表示. x,y,z 分别称为这点的横坐标，纵坐标，竖坐标.

自然数的表示(1)，也可以看成是坐标

$$(a_0, a_1, a_2, \cdots), \qquad (3)$$

其中 $a_i \in \{0,1,2,\cdots,9\}$，并且仅有有限多个 $a_i \neq 0$.

表示(2)也可以看成是坐标

$$(\beta_2, \beta_3, \beta_5, \beta_7, \cdots),$$

其中 β_i 是非负整数，只有有限多个不为 0，它们分别对应于素数 $2,3,5,\cdots$ 在 n 的分解式中的幂指数.

表示与坐标的方法，在数学中常常用到.

训练营

例 一个 m 行 n 列的数表,称为 $m\times n$ **矩阵**. 表中的数称为这个矩阵的**元素**. 例如矩阵

$$A=\begin{pmatrix} 1 & 2 & 3 & \cdots & n \\ 2 & 3 & 4 & \cdots & 1 \\ 3 & 4 & 5 & \cdots & 2 \\ & & \cdots & & \\ n & 1 & 2 & \cdots & n-1 \end{pmatrix}$$

是 $n\times n$ 的矩阵. 证明:当且仅当 n 为奇数时,在 A 中可以找出一组 $1,2,\cdots,n$,其中任意两个数不在同一行,也不在同一列.

解

矩阵中每个元素对应于一对数 (i,j),其中"横坐标" i 是这个元素所在的行数,"纵坐标" j 是它所在的列数.

如果 A 中有一组 $1,2,\cdots,n$,其中任意两个数不在同一行也不在同一列,那么它们的横坐标的和与纵坐标的和都等于

$$1+2+\cdots+n=\frac{n(n+1)}{2}.$$

因为 A 中第 i 行第 j 列的元素为

$$i+j-1+(n\text{ 的倍数}),$$

所以这 n 个数的和为

$$\sum i+\sum j-\sum 1+(n\text{ 的倍数})$$
$$=\frac{n(n+1)}{2}+\frac{n(n+1)}{2}-n+(n\text{ 的倍数})=n\text{ 的倍数}.$$

另一方面,这个和显然是

$$1+2+\cdots+n=\frac{n(n+1)}{2},$$

所以 $\frac{n(n+1)}{2}$ 是 n 的倍数, n 一定是奇数.

反过来,如果 n 是奇数,对角线上的 n 个数就是 $1,2,\cdots,n$. 这将在 9.15 节中加以证明.

9.2 猜年龄的奥妙

训练营

例 甲对乙说:"下面有七张表格,请你说出你的年龄在哪几张表格中出现,那么我就能猜出你的年龄."

Ⅰ 1 3 5 7 9 11 13 15 17 19 21 23 25 27 29 31 33 35 37 39 41 43 45

Ⅱ 2 3 6 7 10 11 14 15 18 19 22 23 26 27 30 31 34 35 38 39 42 43

Ⅲ 4 5 6 7 12 13 14 15 20 21 22 23 28 29 30 31 36 37 38 39 44 45

Ⅳ 8 9 10 11 12 13 14 15 24 25 26 27 28 29 30 31 40 41 42 43 44 45

Ⅴ 16 17 18 19 20 21 22 23 24 25 26 27 28 29 30 31

Ⅵ 32 33 34 35 36 37 38 39 40 41 42 43 44 45

甲是如何知道的?

解

方法很简单,例如乙的年龄是 42 岁,在第 Ⅱ,Ⅳ,Ⅵ 张表中出现,就将这三张表上面的第 1 个数相加,即

$$2+8+32=42,$$

所得的和就是乙的年龄.

这张表是利用二进制来造的.首先,每一个自然数 m 都可以唯一地表示成

$$a_n \times 2^n + a_{n-1} \times 2^{n-1} + \cdots + a_1 \times 2^1 + a_0,$$

这里 $a_i \in \{0,1\}, i=0,1,\cdots,n-1$,并且 $a_n=1$.

如果 $a_i=1$,则在第 i 张表上记上 m.这样,每个 m 恰好等于那些有 m 的表上的第一行的数(2 的幂)的和.

9.3 自然数的其他表示

自然数(或整数)还有很多其他的表示方法.

▶ **例1** 证明:每一个自然数 m 可唯一地表示成

$$m = a_n \times n! + a_{n-1} \times (n-1)! + \cdots + a_1 \times 1!, \tag{1}$$

其中 $0 \leqslant a_j \leqslant j, j=1, 2, \cdots, n$, 并且 $a_n \neq 0$.

解

因为 $n \to +\infty$ 时, $n! \to +\infty$, 所以必然存在 n, 满足

$$n! \leqslant m < (n+1)! = (n+1) \times n!,$$

从而

$$1 \leqslant \frac{m}{n!} < n+1.$$

令 $a_n = \left[\dfrac{m}{n!}\right]$, 则

$$0 \leqslant a_n \leqslant n.$$

再考虑 $m^{(1)} = m - a_n \times n!$, 则 $m^{(1)} < n!$. 令 $a_{n-1} = \left[\dfrac{m^{(1)}}{(n-1)!}\right]$, 则

$$0 \leqslant a_{n-1} \leqslant n-1.$$

这样继续下去,直至

$$m^{(n-1)} = m - a_n \times n! - \cdots - a_2 \times 2! < 2.$$

令 $a_1 = m^{(n-1)} \leqslant 1$, 则

$$m = a_n \times n! + a_{n-1} \times (n-1)! + \cdots + a_2 \times 2! + a_1 \times 1!,$$

即每个 m 均可表为(1)的形式.

反之,若有表达式(1),则

$$a_n \times n! \leqslant m < a_n \times n! + (n-1) \times (n-1)! + \cdots + 2 \times 2! + 1! + 1$$

$$= a_n \times n! + (n-1) \times (n-1)! + \cdots + 3 \times 2!$$

$$= \cdots$$

$$= a_n \times n! + (n-1) \times (n-1)! + (n-1) \times (n-2)!$$
$$= a_n \times n! + n \times (n-1)!$$
$$= (a_n + 1) \times n!,$$

所以 $a_n \leqslant \dfrac{m}{n!} < a_n + 1$,从而

$$a_n = \left[\dfrac{m}{n!}\right].$$

再考虑 $m^{(1)} = m - a_n \times n! = a_{n-1} \times (n-1)! + \cdots + a_2 \times 2! + a_1 \times 1!$. 如此继续下去,可陆续得出

$$a_{n-1} = \left[\dfrac{m - a_n \times n!}{(n-1)!}\right],$$
$$\cdots$$
$$a_2 = \left[\dfrac{m - a_n \times n! - a_{n-1} \times (n-1)! - \cdots - a_3 \times 3!}{2!}\right],$$
$$a_1 = m - a_n \times n! - \cdots - a_3 \times 3! - a_2 \times 2!.$$

因此,形如(1)的表示式是唯一的.

点评

例 1 的方法是常用的,用这一方法也可以证明每一个自然数有唯一的十进(r 进)表示.

▶**例 2** 证明:每个自然数 m 有唯一的表示

$$m = \sum_{j=0}^{n} d_j \cdot 2^j, \quad d_j \in \{0, 1, -1\}, \quad d_n = 1, \tag{2}$$

其中没有连续两个不等于 0 的 d_j.

解

首先,将 m 表成 2 的幂的和(即二进制表示)

$$m = 2^{j_1} + 2^{j_2} + \cdots + 2^{j_r}, \quad 0 \leqslant j_1 < j_2 < \cdots < j_r, \tag{3}$$

这里的 $j_i (i=1,2,\cdots,r)$ 中可能有连续的自然数.注意到

$$2^p + 2^{p+1} = -2^p + 2^{p+2},$$
$$2^p + 2^p = 2^{p+1},$$

利用这两个式子,自左至右可逐步将(3)中指数为连续自然数的项化为不连续的

自然数,从而(3)可变为
$$m=\sum_{a\in A}2^a-\sum_{b\in B}2^b,$$
其中A,B均为自然数集$\mathbf{N}$的子集,$A\cap B=\varnothing$,并且$A\cup B$不含两个连续的整数.这就是(2).

现在证明唯一性.若有
$$m=\sum_{a\in A}2^a-\sum_{b\in B}2^b=\sum_{c\in C}2^c-\sum_{d\in D}2^d, \tag{4}$$
其中,$A,B,C,D\subset\mathbf{N}$,$A\cap B=C\cap D=\varnothing$,并且$A\cup B,C\cup D$中均无连续的自然数,则移项得
$$\sum_{a\in A}2^a+\sum_{d\in D}2^d=\sum_{b\in B}2^b+\sum_{c\in C}2^c. \tag{5}$$

如果有$a\in A\cap D$,则$2^a+2^a=2^{a+1}$,而$a+1\notin A$,$a+1\notin D$,所以$a+1\notin A\cup D$.这表明(5)左边相同的项可以合并,不致影响其他的项.右边也是如此.于是,将(5)的左边(右边)相同的项合并后,得
$$\sum_{x\in X}2^x=\sum_{y\in Y}2^y. \tag{6}$$
从而,由二进制的唯一性,得
$$X=Y. \tag{7}$$

现在证明$A\subset C$.设$a\in A$.这时有两种情况:

(a) 若$a\notin D$.2^a出现在(6)左边,因而也出现在(6)右边.因为$a-1\notin B$,(6)右边的2^a不是由两个2^{a-1}合并而来,所以它必定在(5)右边即已出现.因为$A\cap B=\varnothing$,所以$a\in C$.

(b) 若$a\in D$.则2^{a+1}出现在(6)左边,从而也出现在(6)右边.因为$a\in A\cap D$,所以$a+1\notin B$,$a+1\notin C$,从而(6)右边的2^{a+1}必定由(5)右边的两个2^a合并而得,所以$a\in C$.

于是$A\subset C$.同理$A\supset C$,所以$A=C$.同理$B=D$.这就表明表达式(2)是唯一的.

9.4 斐波那契数

训练营

▶ **例1** 集 $X_n = \{1, 2, \cdots, n\}$ 的子集,如果不含两个相邻的自然数,则称为好子集. X_n 有多少个好子集?

解

设 X_n 有 a_n 个好子集. 容易知道 $a_1 = 2$,即 $X_1 = \{1\}$ 的两个子集:空集 $\varnothing$ 与 $X_1 = \{1\}$ 本身都是好子集. $a_2 = 3$,因为 $X_2 = \{1, 2\}$ 有三个好子集: $\varnothing, \{1\}, \{2\}$.

现在设 $n \geq 3$,集 M 是 X_n 的好子集.

若 $n \notin M$,则 M 也是 X_{n-1} 的好子集. 若 $n \in M$,则 $n-1 \notin M$,因此 $M \setminus \{n\}$ 是 X_{n-2} 的好子集. 反过来, X_{n-1} 的好子集一定是 X_n 的好子集, X_{n-2} 的好子集添上 n 后也是 X_n 的好子集. 所以有

$$a_n = a_{n-1} + a_{n-2}. \tag{1}$$

由递推公式(1),及初始条件 $a_1 = 2, a_2 = 3$,可知 $\{a_n\}$ 为

$$2, 3, 5, 8, 13, \cdots$$

知识桥

在上述数列的开头再添两项 $1, 1$,就成为斐波那契(L. Fibonacci)数列:

$$1, 1, 2, 3, 5, 8, 13, \cdots \tag{2}$$

它的第 n 项 f_n(斐波那契数)可用以下通项公式表出:

$$f_n = \frac{1}{\sqrt{5}} \left(\left(\frac{1+\sqrt{5}}{2} \right)^n - \left(\frac{1-\sqrt{5}}{2} \right)^n \right),$$

这个公式的证明,可参见本系列中的《数列与数学归纳法》.

用斐波那契数的和可以表示自然数,即每一个自然数都可以表示成若干个 f_i 之和. 如果每一个自然数都可以表示成某个数列 $\{a_n\}$ 的若干项之和,我们就说数列 $\{a_n\}$ 是完全的.

训练营

例 2 证明:斐波那契数列是完全的.

解

我们有更强的结果:在(2)中任意删去一项后,剩下的数列仍是完全的,但任意删去两项后,剩下的数列是不完全的.

设删去一项后的数列为

$$w_1, w_2, w_3, \cdots \tag{3}$$

显然 $w_1 = 1$. 假定小于 n 的自然数都可以用(3)中若干项的和表示. 对于自然数 n, 设

$$f_k \leqslant n < f_{k+1}.$$

若 $f_k \in \{w_i\}$, 则由归纳假设, $n - f_k$ 可用(3)中若干项之和表示, 并且因为

$$n - f_k < f_{k+1} - f_k = f_{k-1} \leqslant f_k,$$

所以在所述表示中 f_k 不出现, 从而

$$n = f_k + (n - f_k)$$

可用(3)中若干项之和表示.

若 $f_k \notin \{w_i\}$, 则

$$1, 1, 2, 3, \cdots, f_{k-2}, f_{k-1}$$

均在(3)中, 并且由递推公式 $f_{i+1} = f_i + f_{i-1}$, 易知

$$f_1 + f_2 + \cdots + f_{k-2} + f_{k-1} = f_{k+1} - 1 \geqslant n.$$

现在考虑 $f_1, f_2, \cdots, f_{k-1}$ 的子列之和. 在那些 $\geqslant n$ 的和中, 必有一个最小的, 设为 L, 并设 L 中下标最小的项是 f_i.

若 $L > n$, 分两种情况讨论:

(a) $f_i = 1$. 在 L 中删去 f_i 所得的和 $L - 1 \geqslant n$, 这与 L 的定义矛盾.

(b) $f_i > 1$. 因为 $f_1 + f_2 + \cdots + f_{i-2} = f_i - 1$, 所以在 L 中删去 f_i 而添上 $f_1, f_2, \cdots, f_{i-2}$ 得到的和 $L - 1 \geqslant n$, 仍与 L 的定义矛盾.

因此, 必有 $L = n$. 即在(2)中任意删去一项后所得的数列是完全的.

如果从(2)中删去两项 $f_i, f_j, i < j$, 得到

$$v_1, v_2, v_3, \cdots,$$

则

$$v_1 + v_2 + \cdots + v_{j-2} = f_1 + f_2 + \cdots + f_{j-1} - f_i$$
$$= (f_{j+1} - 1) - f_i < f_{j+1} - 1 = v_{j-1} - 1,$$

因此,$v_{j-1} - 1$ 不能用 $\{v_n\}$ 中若干项的和表出.

9.5 两种状态

如果在所讨论的问题中,只有两种状态出现,通常将一种状态用 $+1$ 表示,另一种用 -1 表示.

▶**例1** 7 只茶杯,杯口全朝下.每次运动将其中 4 只翻转.问:能否经过若干次运动,将这些茶杯翻成杯口全朝上?

解 茶杯有杯口朝上与杯口朝下两种状态.前者用 $+1$ 表示,后者用 -1 表示.这样,7 只茶杯便对应于 7 个数.开始时,7 个数全为 -1.

考虑这 7 个数的乘积.因为每次运动将 4 只杯子翻转,即改变 4 个数的符号,所以乘积的符号保持不变.不论经过多少次运动,乘积永远与开始时相同,即等于 -1.这表明不可能经过若干次运动,将茶杯翻成杯口全朝上.

例2 $A_0, A_1, \cdots, A_n$ 为在同一直线上的顺次的 $n+1$ 个点.将 A_0 涂成红色,A_n 涂成蓝色,其余的点任意地涂成红色或蓝色.如线段 A_iA_{i+1} 的两端颜色不同 $(0 \leqslant i \leqslant n-1)$,称它为特殊线段.证明:在 A_iA_{i+1} 中 $(i=0,1,\cdots,n-1)$,特殊线段的条数为奇数.

解 将红点记为 $+1$,蓝点记为 -1,再将每条线段 A_iA_{i+1} 的两端所记的数相乘.当且仅当这条线段为特殊线段时乘积为 -1.

现在将对应于 n 条线段 A_iA_{i+1} 的 n 个乘积相乘.因为当 $0<i<n$ 时,点 A_i 在两条线段(即 $A_{i-1}A_i$ 与 A_iA_{i+1})中出现,而 A_0, A_n 仅在一条线段中出现,所以相乘的结果就是表示 A_0 的数与表示 A_n 的数相乘的积.由于 A_0 与 A_n 不同色,这个结果是 -1.

因为对应于 n 条线段的 n 个乘积相乘得 -1,所以 n 个乘积中必有奇数个是 -1.换句话说,特殊线段的条数为奇数.

9.6 奇 偶 性

整数可以分为两类(两种"状态"):奇数与偶数.这相当于一个从整数集 $\mathbb{Z}$ 到二元集{奇,偶}的映射 f:

$$f(n) = \begin{cases} 奇, & 2\text{不能整除}n, \\ 偶, & 2\text{能整除}n. \end{cases}$$

f 将无限集映成二元集.在很多关于整数的问题中,考虑数的奇偶性,不仅可以将问题简化,而且正好抓住了问题的关键.

▶ **例 1** 表

```
        1
       1 1 1
      1 2 3 2 1
     1 3 6 7 6 3 1
            ⋮
```

中,每一个数为上一行的三个数:顶上、左右肩(如左或右肩没有写数,则将左或右肩的数作为0)的和.例如第4行,

$$1=0+0+1, \quad 3=0+1+2, \quad 6=1+2+3, \quad 7=2+3+2,\cdots.$$

证明:自第三行起,该表的每一行至少有一个偶数.

解 将表中奇数记作1,偶数记作0.前五行前四个数的奇偶性为(第一行我们多写了三个0,第二行多写了一个0)

$$\begin{array}{cccc} 1 & 0 & 0 & 0 \\ 1 & 1 & 1 & 0 \\ 1 & 0 & 1 & 0 \\ 1 & 1 & 0 & 1 \\ 1 & 0 & 0 & 0 \end{array}$$

第五行的前四个数与第一行的前四个数有相同的奇偶性.以下各行的前四个数的奇偶性均只与第五行的前四个数的奇偶性有关,因而各行前四个数的奇偶性是每隔四行重复 1 次,从而自第 5 行起,每行前四个数中至少有一个偶数,第三、四行的前四个数中显然也至少有一个偶数.

▶**例 2** 设 $X=\{1,2,\cdots,n\}$,S 是 X 的一族子集.将 S 中的每个元素(集合)的子集全部列出,并将出现奇数次的子集组成的族记为 S'.求证:$(S')'=S$.

(例如 $X=\{1,2,3\}$,S 由 $\{1,2\}$,$\{2,3\}$,$\{1\}$ 三个集组成,则 S' 由 $\varnothing$,$\{3\}$,$\{1,2\}$,$\{2,3\}$ 组成.$(S')'$ 由 $\{1\}$,$\{1,2\}$,$\{2,3\}$ 组成).

解 设集 $A\subseteq X$.如果 $A\notin S$,那么对 S 中每个包含 A 的集 B,$|B|>|A|$,从而 $2^{|B|-|A|}$ 是偶数,和

$$\sum_{A\subseteq B\in S} 2^{|B|-|A|}$$

(对 S 中所有包含 A 的 B 求和)是偶数.

如果 $A\in S$,因为 $2^{|A|-|A|}=1$ 是奇数,所以

$$\sum_{A\subseteq B\in S} 2^{|B|-|A|}$$

是奇数.于是

$$X \text{ 的子集 } A\in S \Leftrightarrow \sum_{A\subseteq B\in S} 2^{|B|-|A|} \text{ 是奇数}.$$

注意 $2^{|B|-|A|}$ 是集 B 中包含 A 的子集的个数,所以 $\sum_{A\subseteq B\in S} 2^{|B|-|A|}$ 是包含 A,而本身又被 S 中某个集 B 包含的集 C 的个数.如果 C 是 S 中 m 个集的子集,那么 C 对于这个和的"贡献"是 m,即它在所述和中被计算了 m 次.

对于 S' 中包含 A 的集 C,因为它包含在 S 的奇数个集中,所以 C 对于和 $\sum_{A\subseteq B\in S} 2^{|B|-|A|}$ 的"贡献"是奇数.

X 的其他子集,如果不包含 A,它对于上述和的贡献为 0;如果包含 A 而不

在 S' 中,则必被 S 的偶数个集包含,从而对于上述和的贡献为偶数.

因此,$\sum\limits_{A\subseteq B\in S} 2^{|B|-|A|}$ 的奇偶性与 $\sum\limits_{A\subseteq C\in S'} 1$(即 S' 中包含 A 的子集个数)的奇偶性相同.于是有

$$\text{集 } A\in S \Leftrightarrow \sum_{A\subseteq B\in S} 2^{|B|-|A|} \text{ 为奇数}$$
$$\Leftrightarrow \sum_{A\subseteq C\in S'} 1 \text{ 为奇数} \Leftrightarrow A\in (S')',$$

所以,
$$S=(S')'.$$

9.7 抽屉原则

知识桥

如果从集 X 到 Y 的映射 f 是单射,那么
$$|X| \leqslant |Y|.$$
换句话说,如果 $|X| > |Y|$,那么从 X 到 Y 的映射 f 一定不是单射.

更通俗的说法是:如果苹果(集 X 的元素)的个数多于篮子(集 Y 的元素)的个数,那么一定有一个篮子里的苹果数多于 1.这就是所谓**抽屉原则**.

抽屉原则有很多应用.

训练营

▶ **例 1** 求证:从实数数列
$$a_1, a_2, \cdots, a_{mn+1} \tag{1}$$
中可以选出一个有 $m+1$ 项的递增子列,或一个有 $n+1$ 项的递减子列(子列中各项的先后与原数列相同).

解 对(1)的每一项 a_i,有一组自然数 (x_i, y_i) 作为它的"坐标",这里 x_i 是从 a_i 开始的最长的递增子列的长,y_i 是从 a_i 开始的最长的递减子列的长.

如果恒有 $x_i \leqslant m, y_i \leqslant n$(其中 $i=1,2,\cdots,mn+1$),那么从 $mn+1$ 元集
$$X = \{a_1, a_2, \cdots, a_{mn+1}\}$$
到 mn 元集
$$Y = \{(x_i, y_i) \mid x_i \leqslant m, y_i \leqslant n\}$$
的映射 f:
$$a_i \mapsto (x_i, y_i)$$
不是单射,即必有 a_i 与 a_j(其中 $i<j$)具有相同的坐标.但这是不可能的,因为当 $a_i \leqslant a_j$ 时,$x_i \geqslant x_j + 1$.当 $a_i \geqslant a_j$ 时,$y_i \geqslant y_j + 1$.这一矛盾表明至少有一个 a_i,它

的坐标 $x_i \geq m+1$ 或 $y_i \geq n+1$.

▶ **例 2** n^2 个格点 (i,j) 排成方阵 $(1 \leq i,j \leq n)$，在每一个列中任取 k 个涂成红色，证明：当

$$k \geq \left[\frac{1}{2}(3+\sqrt{4n-3})\right]$$

时，一定有四个红点组成一个矩形，矩形的边与坐标轴平行.（上式中，$[x]$ 表示 x 的整数部分.）

解

每一列有 C_k^2 个红点的"对"，n 列共有 nC_k^2 个红点的对.每个红点的对可以用一对坐标 (s,t) 表示 $(s<t)$.s 是第一个红点所在的行数，t 是第二个红点所在的行数.

n 行，每两行组成一组，共有 C_n^2 个组，如果

$$nC_k^2 > C_n^2, \tag{2}$$

那么必有两个红点的对具有相同的坐标 (s,t)，这就是说，在第 s 行与第 t 行有四个红点组成所述的矩形.

(2)等价于 $k(k-1) > n-1$，从而当 $k > \dfrac{1+\sqrt{4n-3}}{2}$ 时(2)成立.因而，当 $k \geq \left[\dfrac{1}{2}(3+\sqrt{4n-3})\right]$ 时有四个红点组成所述的矩形.

▶ **例 3** 考虑方程组

$$a_{11}x_1 + a_{12}x_2 + \cdots + a_{1n}x_n = 0,$$
$$a_{21}x_1 + a_{22}x_2 + \cdots + a_{2n}x_n = 0,$$
$$\cdots$$
$$a_{m1}x_1 + a_{m2}x_2 + \cdots + a_{mn}x_n = 0,$$

其中系数 a_{ij} 为整数，不全为 0.证明：当 $n \geq 2m$ 时，有一组整数解 $(x_1, x_2, \cdots, x_n)$ 满足

$$0 < \max|x_j| \leq n(\max|a_{ij}|).$$

解

先假定 $n = 2m$.设 $A = \max|a_{ij}|$，$B = mA$.集

$$X=\{(x_1,x_2,\cdots,x_n) \mid |x_j|\leqslant B, j=1,2,\cdots,n\},$$
$$Y=\{(y_1,y_2,\cdots,y_m) \mid |y_i|\leqslant nAB, i=1,2,\cdots,m\}.$$

映射 f：
$$y_i=a_{i1}x_1+a_{i2}x_2+\cdots+a_{in}x_n \quad (\text{其中 } i=1,2,\cdots,m)$$

是从集 X 到 Y 的映射（因为
$$|y_i|\leqslant|a_{i1}|\cdot|x_1|+|a_{i2}|\cdot|x_2|+\cdots+|a_{in}|\cdot|x_n|\leqslant nAB).$$

因为
$$|X|=(2B+1)^n=(2mA+1)^{2m}$$
$$=(4m^2A^2+4mA+1)^m$$
$$>(2nAB+1)^m=|Y|,$$

所以必有 X 中两个不同元素
$$(x_1',x_2',\cdots,x_n'), \quad (x_1'',x_2'',\cdots,x_n''),$$

具有相同的像. 令
$$x_j=x_j'-x_j'', \quad j=1,2,\cdots,n,$$

则 $(x_1,x_2,\cdots,x_n)$ 是方程组的解，并且
$$0<\max|x_j|<\max|x_j'|+\max|x_j''|\leqslant 2B=nA.$$

如果 $n>2m$，那么根据上面所证，方程组有解 $(x_1,x_2,\cdots,x_{2m},0,\cdots,0)$ 满足
$$0<\max|x_j|\leqslant 2mA<nA.$$

9.8 表数为 $2^j \cdot i$

▶ 例 1 从 $\{1,2,\cdots,100\}$ 中取出 51 个数.证明:其中一定有一个数是另一个数的倍数.

解 注意每一个自然数可以唯一地表示成 $2^j \cdot i$ 的形式,这里 j 是非负整数,而 i 是正奇数.映射 $f: 2^j \cdot i \mapsto i$ 是从集 $X \subset \{1,2,\cdots,100\}$ 到集 $Y = \{1,3,5,\cdots,99\}$ 的映射.因为

$$|X| = 51 > |Y| = 50,$$

所以,必有 X 中两种不同的元素具有相同的像 i.设这两个数分别为 $2^k \cdot i$ 与 $2^h \cdot i, k > h$,则前者是后者的倍数.

▶ 例 2 集 $\{1,2,\cdots,3000\}$ 中是否含有一个有 2000 个元素的子集 A,它满足性质:当 $x \in A$ 时,$2x \notin A$?

解 与例 1 相同,将每个自然数表示成 $2^j \cdot i$ 的形式,i 为正奇数,j 为非负整数.

若集 A 满足条件:$x \in A$ 时 $2x \notin A$,则当 $2^j \cdot i \in A$ 时,$2^{j+1} \cdot i \notin A$.因此,对每个奇数 i,A 与集合 $\{i, 2i, 2^2 i, \cdots\}$ 的交的元数不多于集合 $\{i, 2^2 i, 2^4 i, \cdots\}$ 的元数.从而,$|A|$ 不大于集合

$$\{1, 3, \cdots, 2999, 1 \times 2^2, 3 \times 2^2, \cdots, 749 \times 2^2, 1 \times 2^4, 3 \times 2^4, \cdots, 187 \times 2^4,$$
$$1 \times 2^6, 3 \times 2^6, \cdots, 45 \times 2^6, 1 \times 2^8, 3 \times 2^8, \cdots, 11 \times 2^8, 1 \times 2^{10}\}$$

的元数,即

$$|A| \leq 1500 + 375 + 94 + 23 + 6 + 1 = 1999 < 2000.$$

因此,本题的答案是否定的.

9.9 运 算

知识桥

如果对于集 X 中任意两个元素 a,b，都存在一个元素 $c \in X$ 与有序数组 (a,b) 对应，即有映射 f：
$$(a,b) \mapsto c,$$
我们就说集 X 中定义了一种运算 f．例如 X 是实数集，映射 f：
$$(a,b) \mapsto a+b,$$
映射 g：
$$(a,b) \mapsto ab$$
都是 X 中的运算（加法与乘法）．按照习惯，运算通常用"。"、"*"等符号表示，并且将"像"（运算的结果）用 $a \circ b$ 或 $a * b$ 等符号表示．

关于运算，有许多颇有技巧的问题．

训练营

▶ **例** 集 X 中有运算 $\circ$，对 X 中所有元素 a,b,c，有
$$(a \circ c) \circ (b \circ c) = a \circ b, \tag{1}$$
并且 X 中有元素 e，对 X 中所有元素 a，有
$$a \circ e = a, \tag{2}$$
$$a \circ a = e. \tag{3}$$
定义运算 $*$ 为
$$a * b = a \circ (e \circ b). \tag{4}$$
证明：对 X 中所有元素 a,b,c，有
$$(a * b) * c = a * (b * c). \tag{5}$$

解

(5)的意思是运算 $*$ 满足结合律（注意：并非所有运算都满足结合律，例如实

数集中的减法就不满足结合律).

由定义(4),
$$(a*b)*c=(a*b)\circ(e\circ c)=(a\circ(e\circ b))\circ(e\circ c),$$
$$a*(b*c)=a*(b\circ(e\circ c))=a\circ(e\circ(b\circ(e\circ c))),$$
所以,我们只需证明
$$(a\circ(e\circ b))\circ(e\circ c)=a\circ(e\circ(b\circ(e\circ c))). \qquad (6)$$
由(3)和(1),
$$e\circ(b\circ a)=(a\circ a)\circ(b\circ a)=a\circ b, \qquad (7)$$
因此(6)右边成为
$$\begin{aligned}a\circ((e\circ c)\circ b)&=(a\circ(e\circ b))\circ(((e\circ c)\circ b)\circ(e\circ b)) &&(\text{由}(1))\\&=(a\circ(e\circ b))\circ((e\circ c)\circ e) &&(\text{由}(1))\\&=(a\circ(e\circ b))\circ(e\circ c), &&(\text{由}(2))\end{aligned}$$
即(6)成立.

9.10 同 余

知识桥

设 m 为正整数.我们可以将整数集 $\mathbf{Z}$ 分为 m 类,即
$$M_j = \{km+j \mid k \in \mathbf{Z}\}, \quad j=0,1,2,\cdots,m-1.$$
它们称为模 m 的剩余类.

例如当 $m=2$ 时,有两个剩余类 M_0, M_1,前者就是所有的偶数,后者是所有的奇数.

如果 a,b 属于同一个剩余类,那么 $a-b$ 能被 m 整除.反过来,如果 $a-b$ 能被 m 整除,那么 a,b 属于同一个剩余类.

当 a,b 属于同一个剩余类时,我们说 a 与 b(对于模 m)**同余**,并记为
$$a \equiv b \pmod{m}.$$
"$\equiv$"读作"同余于",它具有许多与等号类似的性质.例如,当
$$a \equiv b \pmod{m},$$
$$c \equiv d \pmod{m}$$
时,有
$$a \pm c \equiv b \pm d \pmod{m},$$
$$ac \equiv bd \pmod{m}.$$
这些性质请读者自己根据定义去验证.

从每个剩余类中各取一个代表,这样的 m 个数称为"模 m 的一个完全剩余系",简称完系.例如 $\{0,1,2,\cdots,m-1\}$ 就是一个完系.

在完系中,可以进行加法与乘法.我们可以将和 $a+b$(或积 ab)用它在完系中的代表来代替.例如当 $m=5$ 时,对完系 $\{0,1,2,3,4\}$ 中的元素 $2,4$ 进行乘法,得
$$2 \times 4 = 8 \equiv 3 \pmod{5}.$$
所以,在这个完系中,2 与 4 的积是 3.

9.11 同 态

知识桥

如果集 X 中有一种运算"$\circ$",集 Y 中有一种运算"$*$",f 是集 X 到 Y 的映射,并且"保持运算不变",即对于 X 中任意两个元素 x_1, x_2,有
$$f(x_1 \circ x_2) = f(x_1) * f(x_2),$$
我们就说 f 是一个"从 X 到 Y 的(关于运算 $\circ$ 与 $*$ 的)**同态**".

例如 X 是全体整数,$Y = \{0, 1, 2, \cdots, m-1\}$ 是模 m 的完系,f 是映射
$$km + j \mapsto j \quad (k \in X, j \in Y), \tag{1}$$
那么,对于 X 中任意两个元素 $k_1 m + j_1, k_2 m + j_2$,有
$$(k_1 m + j_1) + (k_2 m + j_2) \mapsto j_1 + j_2,$$
这里 $j_1 + j_2$ 如上一节所说用完系中与之同余的代表来代替.因此,f 是从 X 到 Y 的关于"$+$"的同态.易知 f 对于乘法也是同态.

如果同态 f 是一一对应,那么 f 称为**同构**.

例如,集 Y 为 1 的 n 次方根所成的集合,即
$$Y = \{e^{\frac{2\pi i}{n} \cdot j} \mid j = 0, 1, \cdots, n-1\}.$$
令 f 为映射
$$j \mapsto e^{\frac{2\pi i}{n} j}, \quad (j = 0, 1, \cdots, n-1)$$
则 f 是模 n 的完系
$$X = \{0, 1, \cdots, n-1\}$$
到 Y 的映射,而且,对于 X 中的加法"$+$"与 Y 中的乘法"$\times$",f 是同构.

同态有很多用处.例如,从整数集 $\mathbf{Z}$ 到(模 m 的)完系的映射 f(即(1))将一个无限集映成有限集,这就带来许多便利,在 9.6 节已经采用过这个方法.

9.12 中国剩余定理

知识桥

100 把锁,号码分别为 $1,2,\cdots,100$.为保密起见,不将相应的钥匙编上同样的号码.如果要求钥匙的号码由三个数字组成(首位数字可以是 0),并且内部的人看见锁的号码就知道用哪一把钥匙.怎样满足这一要求?

满足上述要求的方法当然不限于一种.最为简单易行的方法是取三个自然数 $3,5,7$,将锁的号码分别除以 $3,5,7$,所得的余数作为钥匙的号码.例如 50 除以 $3,5,7$ 的余数分别为 $2,0,1$,所以相应的钥匙编号为 201.

现在的问题是这样的:(从锁的号码到钥匙号码的)映射是否单射?即会不会有两把锁的钥匙有相同的号码?

数论中有一个重要的定理告诉我们,这样的事情不会发生.这个定理称为中国剩余定理(举世公认这是中国人首先发现的).它指出:若自然数 $m_1, m_2, \cdots, m_k$ 两两互素,则对于任一组整数 $a_1, a_2, \cdots, a_k$,方程组
$$x \equiv a_1 \pmod{m_1},$$
$$x \equiv a_2 \pmod{m_2},$$
$$\cdots$$
$$x \equiv a_k \pmod{m_k}$$
有且仅有一个解 $x \in \{1, 2, \cdots, m_1 m_2 \cdots m_k\}$.

所以,在编号不超过 $105 (= 3 \times 5 \times 7)$ 的锁中,每把锁的钥匙号码均不相同.

9.13 群

知识桥

如果集 X 中有一种运算"$\circ$"适合结合律,并且对于 X 中任意两个元素 a,b,方程
$$a \circ x = b \qquad (1)$$
与
$$y \circ a = b \qquad (2)$$
都有解(注意:我们并未假定"$\circ$"适合交换律,所以(1),(2)的解不一定相同),那么,X 就称为群.

例如实数集对于加法成群,非零实数集对于乘法成群,模 m 的完系 $\{0,1,\cdots,m-1\}$ 对于加法成群.

如果集 X 是群,那么对于任一 $a \in X$,映射:
$$x \mapsto a \circ x \text{(其中 } x \in X\text{)}$$
一定是单射,理由如下:

设有 x',x,满足
$$a \circ x' = a \circ x. \qquad (3)$$
因为方程
$$x \circ z = x'$$
有解 z,方程
$$y \circ (a \circ x) = x$$
有解 y,所以在(3)两边左"乘"(运算 $\circ$ 常常称做乘法)y,得
$$y \circ (a \circ x') = y \circ (a \circ x),$$
而该式右边为 x,左边为
$$y \circ (a \circ (x \circ z)) = (y \circ (a \circ x)) \circ z = x \circ z = x',$$
因此 $x' = x$.

同样,对每一 $b \in X$,映射

$$y \mapsto y \circ b \text{（其中 } y \in X)$$

也是单射.

反过来,如果集 X 是有限集,X 中的运算"$\circ$"满足结合律,并且对任意的 $a, b \in X$,映射

$$x \mapsto a \circ x \, (x \in X) \tag{4}$$

与

$$y \mapsto y \circ b \, (y \in X) \tag{5}$$

都是单射,那么 X 一定是群.理由是:对于任意 $a, b \in X$,因为(4)是单射,所以 $a \circ x$ 互不相同,从而 $a \circ x$ 的个数等于 $|X|$,集合

$$\{a \circ x \mid x \in X\} = X,$$

方程(1)一定有解.同样,方程(2)有解.

群是一个极为重要的数学概念.

9.14 缩 系

知识桥

模 m 的完全剩余系 $\{0,1,2,\cdots,m-1\}$，对于乘法来说不是群.因为当 $m>1$ 时，

$$(0=)0\cdot x\equiv 1(\bmod\ m)$$

显然无解.但 $0,1,\cdots,m-1$ 中与 m 互素的那些数,我们称之为模 m 的**缩系**(缩化剩余系),则对于乘法形成群.事实上,对缩系 X 中任一元素 a,如果有

$$ax\equiv ax'(\bmod\ m),$$

那么

$$a(x-x')\equiv 0(\bmod\ m),$$

即 $a(x-x')$ 能被 m 整除.因为 a 与 m 互素,所以 $x-x'$ 能被 m 整除,即

$$x\equiv x'(\bmod\ m).$$

这就是说,映射

$$x\mapsto ax(x\in X) \tag{1}$$

是单射,从而 X 是群.

缩系 X 的元数就是 6.6 节例 2 中的函数 $\varphi(n)$,它被称为欧拉函数.

训练营

例 证明欧拉定理:当 a 与 m 互素时,

$$a^{\varphi(m)}\equiv 1(\bmod\ m). \tag{2}$$

解

由于(1)是单射,

$$X=\{ax\mid x\in X\},$$

从而乘积

$$\prod_{x\in X}x\equiv\prod_{x\in X}(ax)=a^{\varphi(m)}\prod_{x\in X}x(\bmod\ m).$$

约去 $\prod_{x\in X} x$（这又是因为映射 $y \mapsto (\prod_{x\in X} x)\cdot y$ 是单射，$y\in X$），得
$$a^{\varphi(m)}\equiv 1(\bmod m).$$

 **点评**

当 m 为素数 p 时，它的缩系
$$X=\{1,2,\cdots,p-1\},$$
而
$$\varphi(p)=|X|=p-1,$$
这时欧拉定理成为（当 a 与 p 互素时）
$$a^{p-1}\equiv 1(\bmod p),$$
它称为费马(P.S. de Fermat)小定理.

9.15 洗牌问题

例 若将位置分别为 $1,2,\cdots,2n$ 的 $2n$ 张牌的顺序改变为 $n+1,1,n+2,2,\cdots,n-1,2n,n$,称为一次"洗牌".是否可以经过若干次这样的洗牌,使每张牌都回到原来的位置上?

解

令 $m=2n+1$.每一次洗牌是一个映射.牌的位置序号
$$x \mapsto 2x \pmod{m}, \quad x \in \{1,2,\cdots,2n\}.$$

经过 k 次洗牌(k 次复合映射),x 成为
$$2^k x \pmod{m}.$$

因为 2 与 m(奇数)互素,所以根据欧拉定理,
$$2^{\varphi(m)} \equiv 1 \pmod{m}.$$

当 $k=\varphi(m)$ 时,便有
$$2^k x \equiv x \pmod{m},$$

即每一张牌回到原来的位置.

点评

顺便说一下 9.1 节遗留下来的问题.注意对角线上的元素是
$$2i-1 \pmod{n}, \quad (i=1,2,\cdots,n)$$

因为 n 为奇数,2 与 n 互素,所以
$$i \mapsto 2i \quad (i=1,2,\cdots,n)$$

是单射,从而
$$i \mapsto 2i-1 \pmod{n} \quad (i=1,2,\cdots,n)$$

也是单射,即 $2i-1 \pmod{n}$ 互不相同,它们构成模 n 的完系,因而这些元素组成集 $\{1,2,\cdots,n\}$.

9.16 紧凑的日程表

训练营

例 $1,2,3,\cdots,7,8$ 这八个篮球队进行单循环赛,即每两队之间均比赛一场,所以每场比赛可以看作是 $\{1,2,3,\cdots,7,8\}$ 的一个二元子集,共需进行 $C_8^2 = \dfrac{8\times 7}{2} = 28$ 场比赛.

为保证各队的休息,每队每天至多进行一场比赛.这样,由于每队需赛 7 场,至少要 7 天才能赛完.但是,7 天是否一定能够赛完?也就是能否安排一张紧凑的日程表,使每个队每天都恰好比赛一场?

解 这样的日程表是存在的,但并不容易排(建议读者先试一试).我们的排法是利用同余.

先考虑前 7 个队 $1,2,\cdots,7$ 的比赛.如果
$$i+j\equiv k\pmod 7,$$
我们就令 i 与 j 两个队在第 k 天比赛.

在这样的安排下,前 7 个队每天至多赛一场.事实上,在第 k 天 i 的对手是 $k-i$(如果 $k>i$)或 $7+k-i$(如果 $k\leqslant i$).除非
$$i\equiv k-i\pmod 7, \tag{1}$$
这时 i 没有比赛.

(1)即
$$2i\equiv k\pmod 7, \tag{2}$$
两边同乘以 4,便得
$$i\equiv 4k\pmod 7.$$

所以,在第 $1,2,\cdots,7$ 天没有比赛的队分别为 $4,1,5,2,6,3,7$.

对于每个 i,$k-i\pmod 7$ 互不相同($k=1,2,\cdots,7$),所以 i 与其他 6 个队各比赛了一场.

现在让第 8 个队参加进来,和当天没有比赛的队比赛(即第 k 天与 $4k \pmod 7$ 比赛).这样,经过 7 天,每两个队都恰好比赛一次.

**点评**

这里的 8,可以换成一般的偶数 $2n$.结论是:至少要用 $2n-1$ 天(如果每队每天至多赛一场),而且 $2n-1$ 天确实可以赛完.日程表的安排与上面相同,即在第 k 天$(k=1,2,\cdots,2n-1)$,对于 $i\in\{1,2,\cdots,2n-1\}$,并且 $i\not\equiv nk \pmod{2n-1}$,令 i 与 $k-i$ 比赛,而 $2n$ 与 $nk \pmod{2n-1}$ 比赛,这里 $nk \pmod{2n-1}$ 就是方程
$$i\equiv k-i \pmod{2n-1}$$
的解.

如果是 $2n-1$ 个队,也需要 $2n-1$ 天才能赛完(如果每队每天至多赛一场),因为第一天有一个队轮空,这个队以后需用 $2n-2$ 天进行 $2n-2$ 场比赛,所以至少要用 $2n-1$ 天.另一方面,$2n$ 个队可用 $2n-1$ 天赛完,$2n-1$ 个队当然也可用 $2n-1$ 天赛完.而且,可以借用 $2n$ 个队的日程表,只是凡与 $2n$ 比赛的队作为轮空.

9.17 图形的妙用

采用适当的图形,可以帮助我们解决一些困难的问题.

▶ **例** 实数 $a_1,a_2,\cdots,a_{100}$ 满足条件
$$a_1+a_2+\cdots+a_{100}<900,$$
$$a_1^2+a_2^2+\cdots+a_{100}^2>30000.$$
证明:$a_1,a_2,\cdots,a_{100}$ 中有三个数 $a_i,a_j,a_k(1\leqslant i<j<k\leqslant 100)$,满足
$$a_i+a_j+a_k>100.$$

解

不妨设
$$a_1\geqslant a_2\geqslant\cdots\geqslant a_{100}, \tag{1}$$
要证明
$$a_1+a_2+a_3>100. \tag{2}$$

(2)是不容易建立的.不过,图形可以给我们指明方向.注意实数 a_i 可以表示线段的长,而 a_i^2 则是边长为 a_i 的正方形的面积.于是,我们作出边长分别为 a_1,$a_2,\cdots,a_{100}$ 的正方形.再作出 3 个边长为 100 的正方形,排成一列,并成一个矩形 $ABCD$.

已知条件 $a_1^2+a_2^2+\cdots+a_{100}^2>30000$ 表明:边长分别为 a_i(其中 $i=1,2,\cdots$,100)的这 100 个正方形的面积之和,超过矩形 $ABCD$ 的面积.

采用反证法.如果(2)不成立,则有
$$a_1+a_2+a_3\leqslant 100. \tag{3}$$

(3)表明矩形 $ABCD$ 可以分成三个矩形,每一个的长都是 300,而宽分别为 a_1,a_2,a_3'(这里 $a_3'\geqslant a_3$).将这 3 个矩形排成一列,宽为 a_2 的紧靠在宽为 a_1 的旁边,宽为 a_3' 的紧靠在宽为 a_2 的旁边,形成一个长为 900 的"三层楼梯".

已知条件

$$a_1+a_2+\cdots+a_{100}>900$$

表明,这"三层楼梯"的长足够将边长为 a_i(其中 $i=1,2,\cdots,100$)的 100 个正方形顺次排下. 而(3)表明前三个正方形可以放在"第一层楼梯"内,a_i 的递减性表明可以将其他正方形顺次排下,它们的"高"不会越出这个"三层楼梯".

这就导致矛盾,从而必有
$$a_1+a_2+a_3>100.$$

9.18 横竖一样

训练营

某城市进行住房统计,如果用 c_k 表示住户不少于 k 人的住宅数($k=1,2,\cdots$),又将各个住宅里住户的人数排成 $d_1 \geq d_2 \geq d_3 \geq \cdots$.证明:

(i) $c_1+c_2+\cdots = d_1+d_2+d_3+\cdots$;

(ii) $d_1^2+d_2^2+\cdots = c_1+3c_2+5c_3+\cdots$;

(iii) $c_1^2+c_2^2+\cdots = d_1+3d_2+5d_3+\cdots$.

解

(i) 解决问题的钥匙是利用适当的图形.将每一个人用一个星号表示,图9.18.1中的每一列,表示一所住宅中的人数($d_1 \geq d_2 \geq d_3 \geq \cdots$).

```
*  *  *  *
*  *  *  *
*  *  *  *
*  *  *  *  ...
*  *  *
*  *  *
*  *
*
```

图 9.18.1

图中星号的总数即 $d_1+d_2+d_3+\cdots$.

另一方面,图中第一行的星号数恰好是 c_1,第二行的星号数是 c_2,……所以,图中星号的总数即 $c_1+c_2+c_3+\cdots$.从而(i)成立.

点评

一般地,对于一个阵列中的点,横数再求和与纵数再求和,所得的结果必然相同.这"横竖一样",往往能导出一些有用的等式.

(ii) 仍旧利用图 9.18.1.第一行保持不变,让第二行的人(星号)像孙悟空那样"分身有术",每个人变成 3 个人,第三行的每个人变成 5 个人,……,最后一行(第 d_1 行)的每个人变成 $2d_1-1$ 个人.

如果纵向数,那么第一列人数之和为
$$1+3+5+\cdots+(2d_1-1)=d_1^2,$$
第 $2,3,\cdots$ 列人数之和分别为 $d_2^2,d_3^2,\cdots$,所以人数的总和是 $d_1^2+d_2^2+d_3^2+\cdots$.

另一方面,横向数时,各行人数分别为 $c_1,3c_2,5c_3,\cdots$,所以(ii)成立.

(iii) 将(ii)中行、列互换,即可得证.

9.19 图论问题

例 6 个人参加一个集会.每两个人或者互相认识,或者互不相识.证明:必存在两个集合,每个集合由 3 个人组成,在同一集中的成员互相认识或者互不相识(这两个集合可以有公共成员).

解

首先,我们用点来代表人.如果两个人互相认识,就在相应的两个点之间连一条红线;否则,就连一条蓝线.这就得到一个由六个点及若干条红、蓝线组成的图.

问题是要证明这个图中一定有两个三角形,每一个三角形的三条边是同一种颜色.这种三角形,我们称之为同色三角形,或者红三角形(三边全是红色)、蓝三角形(三边全是蓝色).

一共有

$$C_6^3 = \frac{6\times 5\times 4}{2\times 3} = 20$$

个三角形.设其中同色的三角形有 x 个,要证明 $x \geq 2$.

如果边 AB, AC 颜色相同,就说 AB, AC 是从 A 点发出的一组同色箭;否则,说 AB, AC 是从 A 点发出的一组异色箭.

每一个同色三角形中有三组同色箭(每个顶点发出一组),每一个不同色的三角形中有两条边同色,因而只有一组同色箭.于是,共有

$$3x + (20-x) = 2x + 20$$

组同色箭.

另一方面,对每一点 A,A 发出的五条线中若有 r 条红,$5-r$ 条蓝,则有

$$C_r^2 + C_{5-r}^2, (0 \leq r \leq 5)$$

组自 A 发出的同色箭.上式在 $r=2$ 或 $r=3$ 时取最小值 4.因此,图中至少有

$$6 \times 4 = 24$$

组同色箭.于是
$$2x+20 \geqslant 24,$$
从而
$$x \geqslant 2.$$

另解

自点 A 发出
$$r(5-r) \leqslant 2 \times 3 = 6$$
组异色箭,因此,图中至多有
$$6 \times 6 = 36$$
组异色箭.

每一个不同色的三角形恰有两组异色箭,因此不同色三角形的个数 $\leqslant \dfrac{6 \times 6}{2}$ =18,从而至少有
$$C_6^3 - 18 = 2$$
个同色三角形.

9.20 外切的圆

例 一条直线上有 k 个点.对每一对点 A,B,以 AB 为直径作圆,每个圆涂上 n 种颜色中的一种(所给的 k 个点不涂色).如果每两个外切的圆涂上的颜色均不相同,证明:$k \leqslant 2^n$.

解

对于 k 个点中的每一点 A,定义 A 的"特性"为 n 种颜色的一个子集 x_A,x_A 由过 A 点,并且在 A 点右方的那些圆的颜色组成.

由 3.1 节,我们知道 n 元集共有 2^n 个子集.因此,当 $k > 2^n$ 时,必有两个点 A,B 的特性相同:$x_A = x_B$(抽屉原则).

不妨设 B 在 A 的右面.以 A,B 为直径的圆 Γ,它的颜色在 x_A 中,因而也在 x_B 中,从而有一个过 B 且在 B 右方的圆 Γ',与 Γ 具有相同的颜色,Γ 与 Γ' 外切.这与已知矛盾.所以必有 $k \leqslant 2^n$.

另解

设 k 个点(从左到右)依次为

$$A_1, A_2, \cdots, A_k.$$

我们可以假定它们所在的直线已经被卷成一个圆.如果 $j > i$.就作一条从 A_j 到 A_i 的向量,并且与原来以 A_iA_j 为直径的圆涂上相同的颜色.这样得到一个涂有颜色的有向图(边 A_iA_j 是有方向的).要证明当 $k > 2^n$ 时,这个图中存在两个同色的向量 A_iA_j, A_jA_t(其中 $i < j < t$).

当 $n = 1$ 时,$k \geqslant 3, A_1A_2, A_2A_3$ 即为所求.

假定结论对于 $n-1$ 成立.考虑 n 种颜色,设其中一种颜色为红.将点 $A_1, A_2, \cdots, A_k$ 分为两类:

$$M_1 = \{A_i | \text{有一条指向 } A_i \text{ 的红色向量 } A_iA_j (i < j)\},$$
$$M_2 = \{A_1, A_2, \cdots, A_k\} \setminus M_1.$$

如果 $k > 2^n$,那么 $|M_1| > 2^{n-1}$ 与 $|M_2| > 2^{n-1}$ 中至少有一个成立.

当$|M_1|>2^{n-1}$时,如果M_1中的点组成的向量中没有红色向量,那么由归纳假设,结论成立.如果M_1中的点组成的向量中有一条红色向量A_iA_j(其中$i<j$),那么由于$A_j\in M_1$,必有红色向量A_jA_t(其中$j<t$),结论成立.

当$|M_2|>2^{n-1}$时,由于M_2中的点组成的向量中无红色向量,由归纳假设,结论成立.

9.21 兰福德问题

训练营

一位数学爱好者兰德福（C.Dudley Langford）在《数学公报》杂志（Math. Gaz.42(1958)，p.228）上提出了一个有趣的问题.他说：

"几年前，我的儿子还很小，他常常玩彩色木块.每种颜色的木块各有两块.有一天，他把木块排成一列，两块红的间隔 1 块，两块蓝的间隔两块，两块黄的间隔 3 块.我发现可以添上一对绿的，间隔 4 块，不过需要重新排列.

一般地，是否可以将两个 1，两个 2，…，两个 n 排成一列，使两个 1 之间有 1 个数，两个 2 之间有 2 个数，两个 3 之间有 3 个数，…，两个 n 之间有 n 个数？"

例如，当 $n=4$ 时（即红蓝黄绿四种颜色），

$$23421314$$

就是一个合乎要求的排列.

并不是对所有的 n 都有合乎要求的排列存在.1986 年，我国在南开大学举办的数学冬令营中，曾为选拔参加 IMO（国际奥林匹克数学竞赛）的选手出过下面的问题.

▶ **例 1** 能否将两个 1，两个 2，……，两个 1986 排成一列，使两个 i 之间恰好相隔 i 个数（$i=1,2,\cdots,1986$）？（这是兰福德问题的特殊情况：$n=1986$.）

解

假定有一个满足要求的排列，这时每一个数 $i\in\{1,2,\cdots,1986\}$ 有两个"坐标"，前一个坐标 x_i 是 i 第一次出现时的位置，后一个坐标 y_i 是 i 第二次出现的位置.显然

$$y_i = x_i + i + 1. \tag{1}$$

现在用两种方法考虑所有坐标的和（的奇偶性）.一方面，坐标的和应为

$$1+2+3+\cdots+2\times1986 = \frac{2\times1986\times(2\times1986+1)}{2}$$

$$=1986\times(2\times 1986+1),$$

是一偶数.

另一方面,每个 $i\in\{1,2,\cdots,1986\}$ 的两个坐标之和为
$$x_i+y_i=2x_i+i+1, \qquad (利用(1))$$
因而所有坐标之和为
$$\sum_i 2x_i+\sum_i(i+1)=偶数+\frac{1986\times(1986+3)}{2},$$
是一奇数.矛盾! 故答案是不能排.

 点评

对于一般的 n,采用上面的比较奇偶性的方法,可以得出结论:
当 $n\equiv 1$ 或 $2\pmod 4$ 时,上述排列不存在.

例 2 当 $n\equiv 0$ 或 $3\pmod 4$ 时,上述的排列是否一定存在?

答案是肯定的.不但所述的排列一定存在,而且当 n 增大时,合乎要求的排列数大得惊人.当 $n=3,4$ 时虽仅有一种,当 $n=7$ 时就有 27 种之多(我们将一个排列与它的"颠倒"——改从左到右数为从右到左数,算作同一个).

但设计一种方法,使对所有的 $n\equiv 0$ 或 $3\pmod 4$,都能构造出满足要求的排列并不很容易.这个问题是戴维斯(Roy.O.Davies)解决的(Math.Gaz.43(1958), pp.253—255),方法如下.

(a) 对于 $n=4m$(其中 $m>1$),排法是

$$\underbrace{4m-4,4m-2,\cdots,2m}_{连续 m-1 个偶数},4m-2,\underbrace{2m-3,2m-5,\cdots,1}_{连续 m-1 个奇数},$$

$$4m-1,\underbrace{1,3,\cdots,2m-3}_{连续 m-1 个奇数},\underbrace{2m,\cdots,4m-4}_{连续 m-1 个偶数},4m,$$

$$\underbrace{4m-3,\cdots,2m+1}_{连续 m-1 个奇数},4m-2,\underbrace{2m-2,\cdots,2}_{连续 m-1 个偶数},2m-1,$$

$$4m-1,\underbrace{2,\cdots,2m-2}_{连续 m-1 个偶数},\underbrace{2m+1,\cdots,4m-3}_{连续 m-1 个奇数},2m-1,4m.$$

例如,当 $m=2$ 时,得到

$$4617148562372538.$$

(b) 对于 $n=4m-1(m>1)$，排法是

$$\underbrace{4m-4,\cdots,2m}_{\text{连续}m-1\text{个偶数}},2m-2,\underbrace{2m-3,\cdots,1}_{\text{连续}m-1\text{个奇数}},4m-1,$$

$$\underbrace{1,\cdots,2m-3}_{\text{连续}m-1\text{个奇数}},\underbrace{2m,\cdots,4m-4}_{\text{连续}m-1\text{个偶数}},2m-1,$$

$$\underbrace{4m-3,\cdots,2m+1}_{\text{连续}m-1\text{个奇数}},4m-2,\underbrace{2m-2,\cdots,2}_{\text{连续}m-1\text{个偶数}},2m-1,4m-1,$$

$$\underbrace{2,\cdots,2m-2}_{\text{连续}m-1\text{个偶数}},\underbrace{2m+1,\cdots,4m-3}_{\text{连续}m-1\text{个奇数}}$$

例如，当 $m=2$ 时，得到

$$46171435623725.$$

于是，有定理：当且仅当 $n\equiv 0$ 或 $3\pmod 4$ 时，可以将两个 1，两个 2，……，两个 n 排成一列，使两个 i 之间恰好间隔 i 个数 $(i=1,2,\cdots,n)$.

点评

对于 $n\equiv 1,2\pmod 4$，符合上述要求的排列不存在.但可以将两个 1，两个 2，…，两个 n 排成一列，使两个 i 之间恰好间隔 i 个数 $(i=1,2,\cdots,n-1)$，两个 n 之间间隔 $n-1$ 个数，并且最后一个数是 n.

(a) 对于 $n=4m-2$（其中 $m\geq 3$），排法是

$$1,2m-3,1,\underbrace{4m-8,\cdots,2m-2}_{\text{连续}m-2\text{个偶数}},\underbrace{2m-5,\cdots,3}_{\text{连续}m-3\text{个奇数}},$$

$$4m-3,2m-3,4m-6,\underbrace{3,\cdots,2m-5}_{\text{连续}m-3\text{个奇数}},4m-4,$$

$$\underbrace{2m-2,\cdots,4m-8}_{\text{连续}m-2\text{个偶数}},4m-2,\underbrace{4m-5,\cdots,2m-1}_{\text{连续}m-1\text{个奇数}},$$

$$\underbrace{2m-4,\cdots,2}_{\text{连续}m-2\text{个偶数}},4m-6,4m-3,\underbrace{2,\cdots,2m-4}_{\text{连续}m-2\text{个偶数}},$$

$$4m-4,\underbrace{2m-1,\cdots,4m-5}_{\text{连续}m-1\text{个奇数}},4m-2.$$

此外，当 $m=1$ 时，排列为 1212.当 $m=2$ 时，排列为

$$141536423526.$$

(b) 对于 $n=4m-3(m\geq 3)$，排法是

$$\underbrace{4m-6,\cdots,2m-2}_{\text{连续}m-1\text{个偶数}},4m-5,\underbrace{2m-5,\cdots,1}_{\text{连续}m-2\text{个奇数}},4m-4,$$

$$\underbrace{1,\cdots,2m-5}_{\text{连续}m-2\text{个奇数}},\underbrace{2m-2,\cdots,4m-6}_{\text{连续}m-1\text{个偶数}},4m-3,$$

$$\underbrace{4m-7,\cdots,2m-1}_{\text{连续}m-2\text{个奇数}},4m-5,\underbrace{2m-4,\cdots,2}_{\text{连续}m-2\text{个偶数}},$$

$$2m-3,4m-4,\underbrace{2,\cdots,2m-4}_{\text{连续}m-2\text{个偶数}},$$

$$\underbrace{2m-1,\cdots,4m-7}_{\text{连续}m-2\text{个奇数}},2m-3,4m-3.$$

此外, 当 $m=1$ 时, 排列为 $1,1$. 当 $m=2$ 时, 排列为

$$2342531415.$$

....

9.22 斯科伦问题

斯科伦(A.T.Skolem,1887—1963)在研究施泰纳系(组合学中的一个重要问题,参见 3.8 节)时,导出下面的问题.

▶ **例** 能否将 $1,2,\cdots,2n$ 这 $2n$ 个数分成 n 对 $(a_r,b_r), r=1,2,\cdots,n$,使得
$$b_r - a_r = r \quad (\text{其中 } r=1,2,\cdots,n)?$$

例如,当 $n=5$ 时,$1,2,3,4,5,6,7,8,9,10$ 可以分成 5 对,即
$$(8,9),(3,5),(1,4),(6,10),(2,7),$$
各对的差分别为 $1,2,3,4,5$.

解

这个问题与上一节的问题极为类似.如果 $1,2,\cdots,2n$ 能分成 n 对 (a_r,b_r) 满足所述要求,那么先将 $1,2,\cdots,2n$ 由小到大排列,再将其中与 a_r,b_r 对应的数都改成 r,就产生一个长为 $2n$ 的排列,由两个 1,两个 2,……,两个 n 组成,两个 r 之间恰好间隔 $r-1$ 个数,$r=1,2,\cdots,n$(上一节两个 r 之间恰好间隔 r 个数).反过来,如果两个 1,两个 2,……,两个 n 能排成一列,使两个 r 之间恰好间隔 $r-1$ 个数,那么将两个 r 分别用它们在这个数列里的项数 a_r,b_r 来代替,就有 $b_r - a_r = r$(其中 $r=1,2,\cdots,n$).

在上面的例子($n=5$)中,所述的分组对应于排列
$$3523245114.$$

再如排列
$$864292468751193573$$
与 $1,2,\cdots,18$ 的分组
$$(1,9),(2,8),(3,7),(4,6),(5,14),$$
$$(10,17),(11,16),(12,13),(15,18)$$
对应,各组的差分别为 $8,6,4,2,9,7,5,1,3$.

用上节比较奇偶性的方法,可以证明:如果两个 1,两个 2,……,两个 n 可以

排成一列,使两个 r 之间恰好间隔 $r-1$ 个数($r=1,2,\cdots,n$),那么 $n\equiv 0$ 或 $1\pmod 4$.并且,采用上节的构造方法,还可以证明:当 $n\equiv 0$ 或 $1\pmod 4$ 时,可以将两个 1,两个 2,……,两个 n 排成一列,使两个 r 之间恰好间隔 $r-1$ 个数.这只要将上节中的每个数都加上 1,然后在最前面(或最后面)添上两个 1,上节 $n\equiv 0$ 或 $3\pmod 4$ 的排列就分别产生本节 $n\equiv 1$ 或 $0\pmod 4$ 的排列.于是,对于本例问题,我们可以说:

当且仅当 $n\equiv 0$ 或 $1\pmod 4$ 时,$\{1,2,\cdots,2n\}$ 可以分为 n 对 (a_r,b_r),满足 $b_r-a_r=r$,其中 $r=1,2,\cdots,n$.

所说的分组法当然不只一种.斯科伦在 1957 年解决这个问题时,利用了班(Bang)的方法,所作的分组由下面的表格给出.

(a) 当 $n=4m+1$ 时,

$$2m\text{ 个}\begin{cases}\text{差} & \text{数组} \\ 2 & (6m+1,6m+3) \\ 4 & (6m,6m+4) \\ \cdots & \cdots \\ 4m-2r & (4m+2+r,8m+2-r) \\ \cdots & \cdots \\ 4m & (4m+2,8m+2)\end{cases}\quad m-1\text{ 个}\begin{cases}\text{差} & \text{数组} \\ 1 & (m+1,m+2) \\ 3 & (2m,2m+3) \\ 5 & (2m-1,2m+4) \\ \cdots & \cdots \\ 2m-2r-1 & (m+2+r,3m+1-r) \\ \cdots & \cdots \\ 2m-3 & (m+3,3m)\end{cases}$$

$$\begin{matrix}\text{差} & \text{数组} \\ 2m-1 & (2m+2,4m+1) \\ 4m+1 & (2m+1,6m+2)\end{matrix}\qquad m\text{ 个}\begin{cases}\text{差} & \text{数组} \\ 2m+1 & (m,3m+1) \\ \cdots & \cdots \\ 4m+1-2r & (r,4m+1-r) \\ \cdots & \cdots \\ 4m-1 & (1,4m)\end{cases}$$

(b) 当 $n=4m$ 时,

$$2m\text{ 个}\begin{cases}\text{差} & \text{数组} \\ 2 & (6m-1,6m+1) \\ 4 & (6m-2,6m+2) \\ \cdots & \cdots \\ 4m-2r & (4m+r,8m-r) \\ \cdots & \cdots \\ 4m & (4m,8m)\end{cases}\quad m-2\text{ 个}\begin{cases}\text{差} & \text{数组} \\ 3 & (2m-1,2m+2) \\ 5 & (2m-2,2m+3) \\ \cdots & \cdots \\ 2m-2r-3 & (m+2+r,3m-1-r) \\ \cdots & \cdots \\ 2m-3 & (m+2,3m-1)\end{cases}$$

差	数组	差	数组	
1	$(m, m+1)$	$2m+1$	$(m-1, 3m)$	
$2m-1$	$(2m, 4m-1)$	$2m+3$	$(m-2, 3m+1)$	
$4m-1$	$(2m+1, 6m)$	$\cdots$	$\cdots$	$m-1$ 个
		$4m-1-2r$	$(r, 4m-1-r)$	
		$\cdots$	$\cdots$	
		$4m-3$	$(1, 4m-2)$	

上节的方法也来自班.

有趣的是全体自然数可分成无穷对 (a_r, b_r),使
$$b_r - a_r = r, (r = 1, 2, \cdots)$$
如 $(1,2), (3,5), (4,7), (6,10), \cdots$ 就是一种(并不是唯一的一种),其中 $a_r = \left[\dfrac{1+\sqrt{5}}{2} r\right], b_r = a_r + r$,这里 $[x]$ 表示不超过 x 的最大整数.

演习场

对应部分习题

1. 证明:在 $n \times n$ 的棋盘上,至多可放 $2n-2$ 只象互不相吃.

2. 设集 $A = \{1, 2, \cdots, n\}$,

(i) A 有多少个子集以 j 为最大元素 $(1 \leqslant j \leqslant n)$?

(ii) 利用(i)的结论,导出 $1 + 2 + 2^2 + \cdots + 2^{n-1} = 2^n - 1$.

3. n 名网球选手 $(n \geqslant 2)$,每人均与其他 $n-1$ 名选手比赛一局,没有和局.以 w_i, l_i 分别表示第 i 名选手获胜及失败的局数.证明:

(i) $\sum_{i=1}^{n} w_i = \sum_{i=1}^{n} l_i$;

(ii) $\sum_{i=1}^{n} w_i^2 = \sum_{i=1}^{n} l_i^2$.

4. 8 种不同的蛋糕,每种至少 12 只.买 12 只蛋糕,有多少种不同的选法?

5. 7 颗相同的糖,分给 3 个兄弟.

(i) 一共有多少种分法?

(ii) 若最小的兄弟至少得 1 颗,有多少种分法?

6. 从 n 双袜子中取出 m 只 $(m \leqslant n)$,每两只都不成双,有多少种取法?

7. n 个相同物件分到 k 个不同的盒子中,每个盒子至少装 a 个 $(ak \leqslant n)$,有多少种方法?

8. 证明:$C_{m+n-1}^{n} \leqslant m^n$.

9. 从 n 个排成一列的元素中选定 m 个,每两个之间至少有 r 个未选的元,有多少种不同的选法?

10. 圆周上顺次放着编号为 $1, 2, \cdots, n$ 的球,从中选定 m 个,每两个之间至少有 r 个未选的球,有多少种不同的选法?

11. 设 $A_1, A_2, A_3, \cdots, A_n$ 均为有限集.如果

$$\sum_{1 \leqslant i < j \leqslant n} \frac{|A_i \cap A_j|}{|A_i| \cdot |A_j|} < 1,$$

证明:$A_1, A_2, \cdots, A_n$ 有一组不同的代表,即存在元素 $a_1, a_2, \cdots, a_n$ 满足条件:

(1) $a_i \in A_i$,其中 $i = 1, 2, \cdots, n$;

(2) 对于 $i \neq j, a_i \neq a_j$.

12. (i) 已知 8 个正整数 $a_1<a_2<\cdots<a_8\leqslant 16$. 证明: 存在 k, 使得 $a_i-a_j=k$ 至少有三组解 (a_i,a_j);

(ii) 作一个自然数的集合 $\{a_1,a_2,\cdots,a_8\}$, 使对任意的 k, $a_i-a_j=k$ 至多有三组解.

13. 用 n 个数(允许重复)组成一个长为 N 的序列.

(i) 若 $N>2^n$, 证明: 一定可以在这个序列中找出若干连续的项, 其乘积为平方数;

(ii) 若 $N<2^n$, 则(i)中结论不成立.

14. 如果每次洗牌将次序 $1,2,\cdots,2n$ 变为 $1,n+1,2,n+2,\cdots,n,2n$. 证明: 至多经过 $2n-2$ 次洗牌, 可使这 $2n$ 张牌都回到原来的位置.

15. 设自然数 $a_1<a_2<\cdots<a_k\leqslant n$, 其中 $k>\left[\dfrac{n+1}{2}\right]$.

(i) 证明: $a_i+a_j=a_r$ 一定有解;

(ii) 证明: 当 $k=\left[\dfrac{n+1}{2}\right]$ 时, 结论未必成立.

16. 如果 $a_1<a_2<\cdots<a_n\leqslant 2n$ 为 n 个自然数, 且任两个的最小公倍数 $>2n$, 证明: $a_1>\left[\dfrac{2n}{3}\right]$.

17. 设 $\circ$ 为 9.9 节例题中定义的运算. 证明: 对集 X 中元素 a,b,c, 有 $(a\circ b)\circ c=a\circ(c\circ(e\circ b))$.

18. 已知函数 $y=f(x)$, $x\in \mathbf{R}$, $f(0)\neq 0$, 且 $f(x_1)+f(x_2)=2f\left(\dfrac{x_1+x_2}{2}\right)\cdot f\left(\dfrac{x_1-x_2}{2}\right)$. 试判断 $f(x)$ 是不是偶函数.

19. 设 X 是一个有限集, 映射 f 使得 X 的每一个偶子集(元数为偶数的子集)E 都对应一个实数 $f(E)$, 且满足条件:

(1) 存在一个偶子集 D, 使 $f(D)>1990$;

(2) 对于 X 的任意两个不相交的偶子集 A,B, 有
$$f(A\cup B)=f(A)+f(B)-1990.$$

求证: 存在 X 的子集 P,Q, 满足以下条件:

(a) $P\cap Q=\varnothing$, $P\cup Q=X$;

(b) 对 P 的任何非空偶子集 S, 有 $f(S)>1990$;

(c) 对 Q 的任何偶子集 T, 有 $f(T)\leqslant 1990$.

20. 定义函数列为 $f_1(x)=2x+1$, $f_{n+1}(x)=f_1(f_n(x))$, $n=1,2,\cdots$. 试

证:对任意的 $n \in \{11,12,13,\cdots\}$,必存在一个由 n 唯一确定的 $m_0 \in \{0,1,\cdots,1991\}$,使 $1993 | f_n(m_0)$.

21. 已知集合 $S_n = \{a_1, a_2, \cdots, a_n\}$ 与集合 $M = \{0, 1, 2, \cdots, m-1\}$. $P(S_n)$ 表示 S_n 的全体子集(包括空集 $\varnothing$)所成的集. 映射 $f: P(S_n) \to M$ 具有性质: 对 $P(S_n)$ 中任意两个元素 X_1, X_2,有
$$f(X_1 \cup X_2) + f(X_1 \cap X_2) = f(X_1) + f(X_2).$$
试求:(i) 满足 $f(\varnothing) = 0$ 的映射 f 的个数;

(ii) 满足 $f(\varnothing) = 1$ 的映射 f 的个数.

22. f 是自然数集 $\mathbf{N}$ 到集合 A 的映射. 对 $x, y \in \mathbf{N}$,当 $x - y$ 为素数时,恒有 $f(x) \neq f(y)$. 问: A 至少有几个元素?

23. 求满足下列条件的实系数多项式 $f(x)$:

(1) 对任意实数 a, $f(a+1) = f(a) + f(1)$;

(2) 存在某一实数 $k_1 \neq 0$,使
$$f(k_1) = k_2, f(k_2) = k_3, \cdots, f(k_{n-1}) = k_n, f(k_n) = k_1.$$
其中 n 为 $f(x)$ 的次数.

24. 试建立开区间 $(0,1)$ 与闭区间 $[0,1]$ 的一一对应.

25. 平面上的整点 $\{(x,y) | x, y$ 为整数$\}$ 与正整数可以建立一一对应. 试给出一种这样的对应.

26. g 是正整数集到自身的映射,满足
$$g(1)=2, g(2)=3, g(3)=4, g(4)=1, g(n)=n, n \geq 5.$$
有没有正整数集到自身的映射 f,满足
$$f(f(n)) = g(n) + 2?$$

27. h 是正整数集到自身的映射,满足
$$h(1)=3, h(2)=4, h(3)=2, h(4)=1, h(n)=n, n \geq 5.$$
有没有正整数集到自身的映射 f,满足
$$f(f(n)) = h(n) + 2?$$

28. 已知 a, b, c, d 为非零实数,
$$f(x) = \frac{ax+b}{cx+d}, x \in \mathbf{R}, \text{并且 } f(19) = 19, f(97) = 97.$$
如果当 $x \neq -\dfrac{d}{c}$ 时,均有 $f(f(x)) = x$,求 $f(x)$ 及 $f(x)$ 的值域.

29. X, Y 是两个集合. $\varnothing \neq B \subset A \subset X$. 证明:存在映射 $f: X \to Y$,使得

$$f(A-B) \neq f(A) - f(B),$$

并证明:当 f 为单射时,$f(A-B) = f(A) - f(B)$.这里 $f(A)$ 指 A 中所有元素的像所成的集合.

30. 已知两个实数集 $A = \{a_1, a_2, \cdots, a_{100}\}, B = \{b_1, b_2, \cdots, b_{50}\}$. $f: A \to B$ 是满射,并且 $f(a_1) \leq f(a_2) \leq \cdots \leq f(a_{100})$.这样的 f 有多少个?

31. 证明:存在唯一的映射 $f: \mathbf{R}^+ \to \mathbf{R}^+$,使得对任意 $x \in \mathbf{R}^+$,都有
$$f(f(x)) = 6x - f(x).$$

32. 对每个自然数 n,令 $f(n) = m$,这里自然数 m 满足以下条件:

(1) 存在一个递增的自然数数列
$$n = a_1 < a_2 < \cdots < a_k = m,$$
使
$$a_1 a_2 \cdots a_k = 平方数$$
(如果 n 是平方数,那么可取 $k = 1$);

(2) m 是使(1)成立的最小自然数.

证明:f 是从自然数集到集合 $\{1\} \cup \{合数\}$ 的一一对应.

33. 求所有的函数 $f: \mathbf{Q}^+ \to \mathbf{Q}^+$(正有理数集),满足
$$f(x) + f(y) + 2xyf(xy) = \frac{f(xy)}{f(x+y)}.$$

34. 已知 k 为正奇数,证明:存在一个严格递增的函数 $f: \mathbf{N} \to \mathbf{N}$,满足 $f(f(n)) = kn$.

35. 有 m 个人参加聚会,满足条件:

(1) 每个人在聚会上均有不认识的人;

(2) 每三个人中,至少两个人互不相识;

(3) 每两个互不相识的人恰有一个公共朋友.

证明:每两个人的朋友数相等(约定甲认识乙则乙也认识甲).

36. (i) 若 g 为 $\mathbf{N} \to \mathbf{N}$ 的一一对应,a 为正奇数,证明:不存在函数 f,使得 $f(f(n)) = g(n) + a$.

(ii) 考虑当 a 为 0 或正偶数时的情况.

37. 证明:存在函数 $f: \mathbf{N} \to \mathbf{N}$,满足 $f(f(n)) = n^2$.

38. $p = 4k+1$ 为素数,集 $S = \{(x, y, z) \in \mathbf{N}^3, x^2 + 4yz = p\}$.证明:

(i) $f: (x, y, z) \to \begin{cases} (x+2z, z, y-x-z), & x < y-z, \\ (2y-x, y, x-y+z), & y-z < x < 2y, \\ (x-2y, x-y+z, y), & x > 2y \end{cases}$

是 $S \to S$ 的映射,且恰有一个不动点;

(ii) S 为有限集,并且 $|S|$ 为奇数;

(iii) 存在 $(x,y) \in \mathbf{N}^2$,使 $x^2 + 4y^2 = p$.

39. 已知 $f: \mathbf{R} \to \mathbf{R}$,对所有 $x, y \in \mathbf{R}$,
$$f(x^2 - y^2) = xf(x) - yf(y).$$
求 $f(x)$.

40. 集合 $S = \{x \mid x$ 是十进制中的 9 位数,各位数字由 $1, 2, 3$ 组成$\}$.映射 $f: S \to \{1, 2, 3\}$,且对于 S 中任意一对相同数位上的数字均不相同的 $x, y, f(x) \neq f(y)$.求 f 及其个数.

参考答案及提示

集 合 部 分

1. 由 $A\cap X=A\cap B$ 得 $X\supseteq A\cap B$. 由 $A\cup B\cup X=A\cup B$ 得 $X\subseteq A\cup B$, 由此式及 $A\cap X=A\cap B$ 得 $X\subseteq B$. 同理 $X\subseteq A$. 因此 $X\subseteq A\cap B$. 综合起来得 $X=A\cap B$.

2. 设 $|C|=c$, $|A\cup B\cup C|=d$, 则 $2^{100}+2^{100}+2^c=2^d$, 即 $2^{101}+2^c=2^d$. 显然 $d>c$ 与 101, 因此 $2^{101}|2^c$, $2^c|2^{101}$, 从而 $c=101$, $d=102$. $A\cap B$ 至少有 $100+100-102=98$ 个元, 其中至多有 $102-101=1$ 个元不属于 C. 所求最小值为 $98-1=97$.

3. 可按 1.11 节例 4 的方法解.

另一种解法: 4,5,7 的最小公倍数为 140. 由中国剩余定理 (孙子定理), 1 至 140 中的数可唯一地表示成 (a,b,c) 的形式, 其中 a,b,c 分别为该数除以 4,5,7 的余数. 保留的数有 $(a,0,c)$ 及 (a,b,c), $b\neq 0$ 两种类型. 前者 $a\in\{0,1,2,3\}$, $c\in\{0,1,2,3,4,5,6\}$, 共 $4\times 7=28$ 个; 后者 $a\in\{1,2,3\}$, $b\in\{1,2,3,4\}$, $c\in\{1,2,3,4,5,6\}$, 共 $3\times 4\times 6=72$ 个. 因此 1 至 140 中共留下 $28+72=100$ 个数, 其中最大的五个数为 140,139,138,137,135. 在前 $140\times 20=2800$ 个自然数中留下 $100\times 20=2000$ 个数. 因此第 1995 个数是 $2800-(140-135)=2795$.

4. 设 P_k 与染色方式无关. 现在增加一个红点 A, 以 A 为顶点的等腰三角形中, 设顶点全红的有 a_3 个, 两个红点的有 a_2 个, 一个红点的有 a_1 个, 则 $a_1+a_2+a_3=9n$ (其中 $3n$ 个以 A 为尖, $6n$ 个不以 A 为尖), $a_2+2a_3=3k$ (另一不同于 A 的红点有 k 种取法, 这点与 A 可作为三个等腰三角形的两个顶点. 这样组成的等腰三角形中, 每个顶点全红的三角形被计算了两次). 由以上两方程得 $a_3-a_1=3k-9n$. 而增加红点 A 时, 同色顶点的等腰三角形的个数 P_k 增加 a_3, 减少 a_1 (增加 a_3 个顶点全红的, 减少 a_1 个顶点全蓝的等腰三角形). 因此 P_{k+1} 也与染色方式无关, 并且 $P_{k+1}-P_k=a_3-a_1=3k-9n$. 因为 $P_0=3n(6n+1)$, 所以

$$P_k = P_0 - 9kn + 3\sum_{i=1}^{k} i = 3n(6n+1) - 9kn + \frac{3}{2}k(k+1).$$

5. 左边 $= |A_1| - |A_1 \cap A_2| + |A_2| - |A_1 \cap A_2| + |A_2'|$
$\qquad - |A_2' \cap A_3| + |A_3| - |A_2' \cap A_3| - |A_1'|$
$\qquad - |A_3| + 2|A_1' \cap A_3|$
$\qquad = 2(|A_1| - |A_1 \cap A_2| - |A_2' \cap A_3| + |A_1' \cap A_3|)$
$\qquad = 2(|A_1 \cap A_2'| - |A_2' \cap A_3| + |A_1' \cap A_3|)$
$\qquad = 2(|A_1 \cap A_2'| - |A_1 \cap A_2' \cap A_3| - |A_1' \cap A_2' \cap A_3|$
$\qquad \quad + |A_1' \cap A_3|)$
$\qquad = 2(|A_1 \cap A_2' \cap A_3'| + |A_1' \cap A_2 \cap A_3|)$
$\qquad =$ 右边.

6. X 有 2^n 个子集,每个均可作为 $A_1, A_2, \cdots, A_k$ 中的任一个,因此和共 $(2^n)^k$ 项.不含 i 的子集共 2^{n-1} 个 $(1 \leqslant i \leqslant n)$,因此 i 不在 $(2^{n-1})^k$ 项出现,即 i 对和的贡献是 $(2^n)^k - (2^{n-1})^k$.从而和为 $n(2^{nk} - 2^{(n-1)k})$.

7. 右边的和 $= \sum |A_1' \cap A_2' \cap \cdots \cap A_k'|$
$\qquad\qquad = \sum |(A_1 \cup \cdots \cup A_k)'|$
$\qquad\qquad = \sum (n - |A_1 \cup \cdots \cup A_k|)$
$\qquad\qquad = n \cdot 2^{nk} - n(2^{nk} - 2^{(n-1)k})$
$\qquad\qquad = n \cdot 2^{(n-1)k},$

由上题得两边相等.

8. C 不是 $\{n+1, n+2, \cdots, m\}$ 的子集,这样的子集有 2^{m-n} 个,因此 C 有 $2^m - 2^{m-n}$ 个.

9. $A_i \cup A_j \neq X$ 即 $A_i' \cap A_j' \neq \varnothing$,由 4.5 节例 1,$A_1', A_2', \cdots, A_m'$ 的个数 $m \leqslant 2^{n-1}$,并且可以补充若干个 A_k',使每两个交非空的集增加到 2^{n-1} 个.从而对 $\mathscr{A}$ 结论成立.

10. $(X-B) \cup (B-A) \cup A$ 是 X 的一个分拆.因此 X 的每个元可以属于三者之一.共有 3^n 种上述分拆,其中 $B-A = \varnothing$ 的有 2^n 种,应当排除.

11. 对任一正实数 t,取正实数 $s < t$.由已知,存在区间 $[c, d] \subseteq [s, t] \cap S$.

在区间 $[t-d, t-c]$ $\Big($ 这是关于 $[0, t]$ 的中点 $\dfrac{t}{2}$,与 $[c, d]$ 对称的区间 $\Big)$ 中,由已知,存在区间 $[e, f] \subseteq S$.

$t-e$ (e 关于 $\frac{t}{2}$ 的对称点) 在区间 $[c,d]$ 中, 因而 $t-e \in S$.

由加法封闭性, $t = e + (t-e) \in S$.

所以 S 由全体正实数组成.

12. 设 $|A \cup B| = k$. 元数为 k 的子集有 C_n^k 个. 对任一 k 元子集 $\{a_1, a_2, \cdots, a_k\} \subseteq X, a_1 < a_2 < \cdots < a_k$, 集 B 可为 $\varnothing, \{a_1\}, \{a_1, a_2\}, \cdots, \{a_1, a_2, \cdots, a_{k-1}\}$, 共有 k 种, 因此 "好的" 子集对的个数为

$$\sum_{k=0}^{n} k C_n^k = n \cdot 2^{n-1}.$$

13. 答案可加强为 $\left\lceil \dfrac{n}{k-1} \right\rceil$. 对 n 归纳. 考虑各区间中右端点最大的 k 个区间, 其中必有两个区间 $[a,b], [c,d]$ 互不相交, 即 $b < c$.

再考虑剩下的 $n-k$ 个区间及 $[a,b]$. 由归纳假设, 其中有 $\left\lceil \dfrac{n-k+1}{k-1} \right\rceil$ 个两两不相交的区间. 这些区间的右端点均 $\leqslant b$, 因而不与 $[c,d]$ 相交. 连同 $[c,d]$ 共有 $\left\lceil \dfrac{n-k+1}{k-1} \right\rceil + 1 = \left\lceil \dfrac{n}{k-1} \right\rceil$ 个两两不相交的区间.

14. 将人依圆桌的 (顺时针) 次序编号为 $1, 2, \cdots, 25$. 不妨设一个团体由 $9, 10, \cdots, 8+k$ ($k \leqslant 9$) 组成. 这时含 1 的团体必为 $\{1, 2, \cdots, 9\}$, 含 25 的团体必为 $\{25, 24, \cdots, 17\}$ (否则与 (1), (2) 矛盾). 因为 $\{1, 2, \cdots, 9\}$ 与 $\{25, 24, \cdots, 17\}$ 无公共成员, 所以这两个团体至多出现一个. 即 1 或 25 中至少有一个不属于任何一个团体.

不妨设 25 不属于任何一个团体. 各团体的最大号数的最小值记为 m, 则 m 必属于所有团体. 事实上, m 是某团体 C_1 的最大号数, 对任一团体 C_i, C_i 的最大号数 $m_i \geqslant m$. 由于 $C_i \cap C_1 \neq \varnothing$, C_i 的最小号数必不大于 m, 从而 $m \in C_i$.

点评

如果从 25 那里将圆周剪断, 拉成直线, 问题便化成直线上若干闭区间, 每两个有公共点, 则这些闭区间有公共点.

15. 设 $A_1 = \{x_1, x_2, \cdots, x_r\}$. 若 $A_1 \cap A_2 \cap \cdots \cap A_t = \varnothing$, 则对每个 i ($1 \leqslant i \leqslant r$), 均有一个 $\mathscr{A}$ 中的子集不含 x_i. 这些集 (不超过 r 个) 与 A_1 的交为空集, 矛盾.

16. 设 $\mathscr{A} = \{A_1, A_2, \cdots, A_t\}$. 由 1.10 节例 1, 可得 $A_1 \triangle A_i$ ($1 \leqslant i \leqslant t$) 互不相同.

17. 先证 $r \geqslant \sqrt{2n}-1$. 不妨设 A_1 是 $\{A_1,A_2,\cdots,A_n\}$ 中的最小元(即 A_1 不包含其他的集 $A_i, i \neq 1$). 设已有 $A_{i_1}=A_1, A_{i_2},\cdots,A_{i_s}$ 组成无并的族. 因为 $A_{i_1}, A_{i_2},\cdots,A_{i_s}$ 两两的并集至多 C_s^2 个, 所以当 $n-s > C_s^2$ 时, 总可以在剩下的 $n-s$ 个集中再取出一个不等于 $A_{i_1}, A_{i_2}, \cdots, A_{i_s}$ 中任两个的并. 这样继续下去, 直至选出无并族 $A_{i_1},A_{i_2},\cdots,A_{i_r}$ 满足 $n-r \leqslant C_r^2$, 从而 $r \geqslant \sqrt{2n}-1$.

再证 $\min r < 2\sqrt{n}+1$. 设 t 为满足 $\left[\dfrac{t^2}{4}\right] \geqslant n$ 的最小整数. 考虑 $\left[\dfrac{t^2}{4}\right] = \left[\dfrac{t}{2}\right]\left[\dfrac{t+1}{2}\right]$ 个自然数的集合.

$$A_{i,j} = \{x \mid i \leqslant x \leqslant j\}, 1 \leqslant i \leqslant \dfrac{t}{2} < j \leqslant t.$$

设 $\{A_{i_k,j_k}, 1 \leqslant k \leqslant r\}$ 为无并的子族, 则对每个 k, 以下两种情况不能同时发生: (a) 存在 A_{i_s,j_s} 满足 $i_s = i_k, j_s < j_k$; (b) 存在 A_{i_t,j_t} 满足 $i_t > i_k, j_t = j_k$. 否则 $A_{i_s,j_s} \cup A_{i_t,j_t} = A_{i_k,j_k}$.

当(a)不发生时, 将 i_k 染红; 当(b)不发生时, 将 j_k 染红. 这样, 对每个 k, $\{1, 2, \cdots, t\}$ 中有一个对应的红点. 与不同的 k 对应的红点也不同(若与 k, k' 对应的红点均为 i_k, 则(a)发生, 与红点定义矛盾. 若与 k, k' 对应的红点均为 j_k, 则(b)发生, 矛盾). 于是 $r \leqslant t$. 从而 $r < 2\sqrt{n}+1$.

18. 对每 $k-1$ 个的并, X 至少有一个元不在这并集中, 不同的并对应的元不同. 因此, $|X| \geqslant C_n^{k-1}$.

若 $|X| = C_n^{k-1}$, 则 X 的每个元恰与一族 $k-1$ 个集对应, 这个元不在这 $k-1$ 个集中, 在其他 $n-(k-1)$ 个集中. 因此,

$$nr = \sum |A_i| = (n-k+1)|X| = (n-k+1)C_n^{k-1},$$
$$r = \dfrac{n-k+1}{n}C_n^{k-1} = C_{n-1}^{k-1}.$$

19. 设 n 为满足 $C_n^r \geqslant t$ 的最小整数. 一方面, $A_1, A_2, \cdots, A_t$ 都是 X 的 r 元子集, 所以 $t \leqslant C_{|X|}^r$. 从而 $|X| \geqslant n$.

另一方面, 任一 n 元集 X, 有 $C_n^r \geqslant t$ 个 r 元子集. 从中任取 t 个, 设它们的并集为 Y, 则由上面所述, $|Y| \geqslant n$, 因而 $Y = X$. X 就是所取 t 个 r 元集的并集.

因此, 所求最小值即 n.

20. 在 4.1 节例 3 中, 令 $a_1 = a_2 = \cdots = a_m = p, b_1 = b_2 = \cdots = b_m = q$ 即得.

21. 设 $\mathscr{A} = \{A_1, A_2, \cdots, A_t\}$, 其中 A_1 最小, 即 A_1 不包含 $A_2, A_3, \cdots, A_t$ 中

任何一个.因为 $A_1 \cap A_2, A_1 \cap A_3, \cdots, A_1 \cap A_t$ 均在 $\mathscr{A}$ 中,所以 $A_1 \cap A_2 = A_1 \cap A_3 = \cdots = A_1 \cap A_t = A_1$, $\mathscr{A} = \{A_1, A_1 \cup B_2, \cdots, A_1 \cup B_t\}$,其中 $B_2, B_3, \cdots, B_t$ 是互不相同的非空集合,且均是 $X - A_1$ 的子集.

设 $|X - A_1| = k$,则 $0 \leqslant k \leqslant n - 1$. $\{B_2, B_3, \cdots, B_t\}$ 是 $X - A_1$ 的非空子集的族,$X - A_1$ 有 $2^k - 1$ 个非空子集,每一个均可属于,也可不属于 $\{B_2, B_3, \cdots, B_t\}$,因而 $\{B_2, B_3, \cdots, B_t\}$ 有 $2^{2^k - 1}$ 个.而 A_1 有 C_n^{n-k} 种.所以滤子族的个数为 $\sum_{k=0}^{n-1} C_n^k 2^{2^k - 1}$.

22. 设 $|X| = n$.至少有一个 A_i 同色的种数 $< t \times 2 \times 2^{n-r} \leqslant 2^{r-1} \times 2 \times 2^{n-r} = 2^n$.其中 2 表示 A_i 的元素可全染红或全染黑,2^{n-r} 是 $X - A_i$ 的元素的染色的种数.因为在 X 的元素全同色时,$A_1, A_2, \cdots, A_n$ 均同色,所以上面的第一个不等号是严格的.X 的染色方法共有 2^n 种,因此必有一种使得每个 A_i 均不同色.

23. 任意地将 X 的元素染成红或黑色,若 A_1 中的元素全红,将 A_1 中一个元素 x 改为黑色.因为 $|A_1| \geqslant 2$,所以 A_1 不同色.设已有 $A_1, A_2, \cdots, A_i$,每个集的元素不全同色.若 A_{i+1} 的元素同色,不妨设全为红色,将 A_{i+1} 中一个元素 y 改为黑色,这时 A_{i+1} 中的元素不全同色.若有 $A_j (1 \leqslant j \leqslant i)$ 变为同色,则 A_j 中元素均与 y 同为黑色,$|A_j \cap A_{i+1}| = |\{y\}| = 1$,矛盾.因此 $A_1, A_2, \cdots, A_{j+1}$ 每个集的元素不全同色.继续这样调整,可使 $A_1, A_2, \cdots, A_t$ 各个集的元素不全同色.

24. 对任一个 $x \in X$,用 $d(x)$ 表示 $\mathscr{A}$ 中含 x 的子集个数.若有某个 $d(x) = t$,则 $A_1 - \{x\}, A_2 - \{x\}, \cdots, A_t - \{x\}$ (其中可能有一个空集) 两两不相交,因此 $t \leqslant n$.

设恒有 $d(x) < t$.对 $x, \mathscr{A}$ 中存在 $A_1, A_2, \cdots, A_{d(x)}$ 及 A,满足 $x \in A_1, A_2, \cdots, A_{d(x)}$ 及 $x \notin A$.由已知 $|A_i \cap A_j| = 1, A \cap A_1, A \cap A_2, \cdots, A \cap A_{d(x)}$ 均是单元素集,并且各不相同,所以 $|A| \geqslant d(x)$.

若 $t > n$,则 $\dfrac{d(x)}{t - d(x)} < \dfrac{d(x)}{n - d(x)} \leqslant \dfrac{|A|}{n - |A|}$.求和得

$$\sum_{x \in X} \sum_{\substack{x \notin A \\ A \in \mathscr{A}}} \dfrac{d(x)}{t - d(x)} = \sum_{x \in X} d(x) < \sum_{A \in \mathscr{A}} \sum_{x \notin A} \dfrac{|A|}{n - |A|} = \sum_{A \in \mathscr{A}} |A|.$$

另一方面,考虑一个两部分图.一部分有 n 个点,代表 X 的 n 个元素;另一部分有 t 个点,代表 $\mathscr{A}$ 中的 t 个子集.若 $x \in A$,就在代表 x 与代表 A 的点之间连一条线.$\sum d(x)$ 与 $\sum |A|$ 都是这个图的线的条数,所以 $\sum d(x) = \sum |A|$.与上面的不等式矛盾.这表明 $t \leqslant n$.

25. 令 $k=\min(|A_i|,|B_i|)$, $1\leq i\leq n$. 不妨设 $|A_1|=k$. 因为 $B_1,B_2,\cdots,B_n$ 两两不相交,所以至多有 k 个 B_i 满足 $A_1\cap B_i\neq\varnothing$. 设这些 B_i 为 $B_1,B_2,\cdots,B_m$, $m\leq k$, 则对于 $i>m$, $|B_i|\geq n-|A_1|=n-k$. 当 $k<\dfrac{n}{2}$ 时,

$$|X|=\sum_{i=1}^{m}|B_i|+\sum_{i=m+1}^{n}|B_i|\geq mk+(n-m)(n-k)$$
$$=n(n-k)-m(n-2k)>n(n-k)-k(n-2k)$$
$$=\dfrac{n^2}{2}+\left(\dfrac{n}{\sqrt{2}}-\sqrt{2}k\right)^2\geq\dfrac{n^2}{2}.$$

当 $k\geq\dfrac{n}{2}$ 时, $|X|=\sum\limits_{i=1}^{n}|A_i|\geq nk\geq\dfrac{n^2}{2}$.

当 n 为偶数,将 $\dfrac{n^2}{2}$ 元集 X 分拆为 n 个 $\dfrac{n}{2}$ 元集 $A_1,A_2,\cdots,A_n$. 又令 $B_i=A_i$ ($1\leq i\leq n$), 则题中条件均满足.

26. 对每个 $A\in\mathscr{A}$, 必有 X 的子集 A_1, A_1 与 A 可以比较,与 $\mathscr{A}$ 中其他子集均不可比较(否则 A 可取消,与 $\mathscr{A}$ 的最小性矛盾). 令 A,A_1 中较大的为 A^*, $\mathscr{A}^*=\{A^*|A\in\mathscr{A}\}$. 显然对不同的 A, A^* 均不同,所以 $|\mathscr{A}^*|=|\mathscr{A}|$.

$\mathscr{A}^*$ 是 S 族. 事实上,若 $\mathscr{A}^*$ 中有 $C^*\subseteq D^*$, 则有四种情况: (a) $C^*=C$, $D^*=D_1$. 这时 D_1 与 C 可比较. (b) $C^*=C$, $D^*=D$. 这时 $C_1\subseteq C\subseteq D$. (c) $C^*=C_1$, $D^*=D$. 这时 $C_1\subseteq D$. (d) $C^*=C_1$, $D^*=D_1$, 这时 $C\subseteq C_1\subseteq D_1$. 均导致矛盾.

因此 $|\mathscr{A}|=|\mathscr{A}^*|\leq C_n^{\left[\frac{n}{2}\right]}$.

27. "B_i 不是 B_j 的子集" 意味着存在 $k\in B_i-B_j$, 则 $i\in A_k$, $j\notin A_k$. "B_j 不是 B_i 的子集" 意味存在 h 使得 $i\notin A_h$, $j\in A_h$. 从而 $\mathscr{A}^*$ 为 S 族导出 $\mathscr{A}$ 完全可分. 反之亦然.

28. $\mathscr{A}$ 中每一子集与 $b(\mathscr{A})$ 中每一子集均相交,因此 $\mathscr{A}$ 中每一子集必含一个 $b(b(\mathscr{A}))$ 中的子集. 反之,设 A 为 $b(b(\mathscr{A}))$ 中一个子集,则 A 与 $b(\mathscr{A})$ 中每一子集均相交, A' 必不包含 $b(\mathscr{A})$ 中任一子集,即 A' 不可能与 $\mathscr{A}$ 中每一子集均相交. 于是 $\mathscr{A}$ 中有 A_1, $A_1\cap A'=\varnothing$, 即 $A_1\subseteq A$. 从而 $b(b(\mathscr{A}))$ 中每一子集必含一个 $\mathscr{A}$ 中的子集.

于是,设 $A\in\mathscr{A}$, 则有 $B\in b(b(\mathscr{A}))$ 满足 $A\supseteq B$, 又有 $C\in\mathscr{A}$ 满足 $B\supseteq C$. 但 $\mathscr{A}$ 为 S 族,所以 $A=B=C$. 因此 $\mathscr{A}\subseteq b(b(\mathscr{A}))$. 反之,对 $B\in b(b(\mathscr{A}))$, 存在 $C\in\mathscr{A}$ 满足 $B\supseteq C$. 由于 $C\in b(b(\mathscr{A}))$, 它是与所有 $b(\mathscr{A})$ 中子集均相交的最小集,所以 $B=C$. 即 $b(b(\mathscr{A}))\subseteq\mathscr{A}$, 从而 $\mathscr{A}=b(b(\mathscr{A}))$.

29. 考虑由 $A_1, A_2, \cdots, A_t$ 组成的链. 如果有一条链含有至少 $[t^{\frac{1}{2}}]$ 个 A_i ($1 \leqslant i \leqslant t$), 这 $[t^{\frac{1}{2}}]$ 个子集满足要求. 否则, 对每个 i ($1 \leqslant i \leqslant t$), 称以 A_i 为最小元的链的最大长度为 A_i 的层数, 则层数 $\leqslant [t^{\frac{1}{2}}]$. 因此, 必有 $[t^{\frac{1}{2}}]$ 个 A_i 的层数相同. 它们构成 S 族, 满足要求.

30. 设 $\mathscr{H} = \{A \mid A \subseteq X, A \text{ 包含 } \mathscr{A} \text{ 中一子集, 也包含 } \mathscr{B} \text{ 中一子集}\}$,
$\mathscr{P} = \{A \mid A \subseteq X, A \text{ 包含 } \mathscr{A} \text{ 中一子集, 但不包含 } \mathscr{B} \text{ 中任一子集}\}$,
$\mathscr{Q} = \{A \mid A \subseteq X, A \text{ 包含 } \mathscr{B} \text{ 中一子集, 但不包含 } \mathscr{A} \text{ 中任一子集}\}$,
$\mathscr{K} = \{A \mid A \subseteq X, A \text{ 不包含 } \mathscr{A} \text{ 中任一子集, 也不包含 } \mathscr{B} \text{ 中任一子集}\}$.
$\mathscr{U} = \mathscr{H} \cup \mathscr{P}, \mathscr{D} = \mathscr{P} \cup \mathscr{K}$, 则 $\mathscr{U}$ 为上族, $\mathscr{D}$ 为下族. 由 4.9 节(4),
$$(|\mathscr{H}| + |\mathscr{P}|)(|\mathscr{P}| + |\mathscr{K}|) \geqslant 2^n |\mathscr{P}|.$$
又 $|\mathscr{H}| + |\mathscr{P}| + |\mathscr{Q}| + |\mathscr{K}| = 2^n$, 代入上式消去 2^n, 然后再化简得
$$|\mathscr{P}| \cdot |\mathscr{Q}| \leqslant |\mathscr{H}| \cdot |\mathscr{K}| \leqslant \left(\frac{|\mathscr{H}| + |\mathscr{K}|}{2}\right)^2 = \left(\frac{2^n - |\mathscr{P}| - |\mathscr{Q}|}{2}\right)^2,$$
从而 $(\sqrt{|\mathscr{P}|} + \sqrt{|\mathscr{Q}|})^2 \leqslant 2^n$. 显然有 $\mathscr{A} \subseteq \mathscr{P}, \mathscr{B} \subseteq \mathscr{Q}$. 因此 $\sqrt{|\mathscr{A}|} + \sqrt{|\mathscr{B}|} \leqslant \sqrt{|\mathscr{P}|} + \sqrt{|\mathscr{Q}|} \leqslant 2^{\frac{n}{2}}$.

31. 因为 $\sum_{i \in I_j} w_{j(i)} = 1$, 所以
$$B_1 \cap X_j = B_2 \cap X_j = \cdots = B_t \cap X_j, \quad j = 1, 2, \cdots, n.$$
对 j 求和得
$$B_1 = B_1 \cap (\bigcup_j x_j) = B_1 \cap X = B_2 = \cdots = B_t = B.$$
又对每个 j, 凡成为 X_j 子集的 A_i, 元数 a_i 均相等, 并且它们是 $X_j - B$ 的全部 a_i 元子集. 若一切 a_i 均等于 a, 则由 $\sum_{i=1}^{t} w(i) = 1$ 得 $t = C_{n-b}^{a}$, 结论成立. 若有 $a_i \neq a_k$, 不妨设 $A_k \subseteq X_1, A_i \subseteq X_j$, 并且 $a_k < n-1$. 这时 $j \in A_k$ (因为 $A_k \not\subseteq X_j$), 又有 $h \neq 1, h \notin A_k$ (因为 $a_k < n-1$). 因此 $A_k \cup \{h\} - \{j\} \subseteq X_j$, 且元数与 A_k 相同, 因而必为某个 A_q, 并且 $\subseteq X_j$. 所以 $|A_h| = |A_i|$, 与 $a_i \neq a_k$ 矛盾. 因此一切 a_i 均等于 a.

32. $g = \{[1,2] \text{ 中的无理点}\} \cup \{3\} \cup (4,5).$
$$gf = (4,5), \quad fg = [1,2] \cup \{3\} \cup [4,5],$$
$$fgf = [4,5], \quad gfgfg = [1,2] \cup (4,5),$$
$$gfgfgf = (4,5), \quad fgfgfg = [1,2] \cup [4,5].$$

33. $f(x) = \begin{cases} x, & x \neq \frac{1}{2^n}, n = 1, 2, \cdots, \\ 2x, & x = \frac{1}{2^n}, n = 1, 2, \cdots \end{cases}$ 建立 $[0,1]$ 与 $[0,1]$ 之间的一一对应. $f(1-x)$ 建立 $(0,1]$ 与 $[0,1)$ 之间的一一对应.

$\varphi(x) = \begin{cases} \dfrac{1-f(1-2x)}{2}, & x \in \left(0, \dfrac{1}{2}\right], \\ \dfrac{1+f(2x-1)}{2}, & x \in \left(\dfrac{1}{2}, 1\right) \end{cases}$ 建立 $(0,1)$ 与 $[0,1]$ 之间的一一对应. 将 $y = (b-a)x + a$ 与上述函数复合,便得到所需的对应. 当然这样的对应决非唯一.

34. $\overline{A}$ 的元素属于无穷多个 A_n. $\underline{A}$ 的元素属于 A_n ($n \geqslant$ 某个与该元素有关的 m),因而属于无穷多个 A_n,即属于 $\overline{A}$. 所以 $\underline{A} \subseteq \overline{A}$.

令 $A_1 = A_3 = A_5 = \cdots = A$, $A_2 = A_4 = A_6 = \cdots = B$,则 $\overline{A} = A \cup B$, $\underline{A} = A \cap B$.

35. 集族 $\left\{ A \cup B \mid A \subseteq Y, |A| = r, B \subseteq X - Y, |B| = \left[\dfrac{n-k}{2}\right] \right\}$ 的元数为 $C_k^r C_{n-k}^{\left[\frac{n-k}{2}\right]}$.

另一方面,设 $\mathcal{A}$ 为满足要求的最大集族.对 Y 的任一 r 元子集 A, $\mathcal{A}$ 中所有含 A 的子集互不包含,它们减去 A 后组成 $X - Y$ 的 S 族,因而个数 $\leqslant C_{n-k}^{\left[\frac{n-k}{2}\right]}$.

36. 显然 $a = f(f(f(a))) = f(a)$. 设除去 a 外,还有 k 个元的像为 a, 这 k 个元有 C_{n-1}^k 种选择. X 中其他的 $n-k-1$ 个元,每个元的像可为这 k 个元中任何一个. 于是 f 共有 $\sum_{k=1}^{n-1} C_{n-1}^k \cdot k^{n-k-1}$ 个.

37. 每一个 n 维向量恰盖住 $C_n^1 \times (p-1) + 1$ 个向量,因此 $|Y| \geqslant \dfrac{p^n}{n(p-1)+1}$.

当 $n = 2$ 时, $\{(1,1), (2,2), \cdots, (p,p)\}$ 可覆盖 X. 另一方面,对任 $p-1$ 个向量的集 $\{(a_i, b_i), i = 1, 2, \cdots, p-1\}$,存在 $a \neq a_i$ ($1 \leqslant i \leqslant p-1$), $b \neq b_i$ ($1 \leqslant i \leqslant p-1$), (a,b) 不被这 $p-1$ 个向量覆盖. 因此 $\min |Y| = p$.

38. 设 $X = \{x_1, x_2, \cdots, x_n\}$, $A_1, A_2, \cdots, A_{100}$ 中含 x_k 的有 n_k 个 ($k = 1, 2, \cdots, n$),则

$$\sum n_k = \sum |A_i| > \frac{3}{4} n \times 100 = 75n.$$

于是必有 k 使 $n_k \geqslant 76$. 不妨设 $n_1 \geqslant 76$.

设 $A_1, A_2, \cdots, A_{100}$ 中不含 x_1 的为 $B_1, B_2, \cdots, B_s$，$s \leqslant 100-76 = 24$. $\sum |B_i|$ $> \frac{3}{4} ns$，因而必有 x_k 属于 $> \frac{3}{4} s$ 个 B_i，不妨设 x_2 属于 $> \frac{3}{4} s$ 个 B_i. $B_1, B_2, \cdots$, B_s 中不含 x_2 的为 $C_1, C_2, \cdots, C_t$，则 $t < \frac{1}{4} s \leqslant 6$.

最后，$C_1, C_2, \cdots, C_t$ 中不含某个 x_3 的 $< \frac{1}{4} t \leqslant \frac{5}{4}$ 个，即至多一个，设其为 D.

取 $Y = \{x_1, x_2, x_3, x_4\}$，$x_4 \in D$ 即可.

39. 不妨设 $\varnothing \notin \mathscr{A}$. 显然 $\mathscr{A} \neq \{X\}$. 设 $A \in \mathscr{A}$，并且 $|A| = a \geqslant 1$ 为最小. 因为 $a \leqslant n-1$，$X-A$ 是 X 的真子集，$X-A$ 与 $\mathscr{A}$ 中除 A 外的所有子集的交均非空，所以 $|\mathscr{A}| - 1$ 是偶数，$\mathscr{A}$ 含有 X 中奇数个子集.

对任一 $x \in X$，若 $\{x\} \notin \mathscr{A}$，则 $X - \{x\}$ 与 $\mathscr{A}$ 中所有子集（奇数个）均相交，与已知矛盾. 因此 $\{x\} \in \mathscr{A}$.

设每个元数 $< k (< n)$ 的子集 $\in \mathscr{A}$. 对元数为 k 的子集 A，若 $A \notin \mathscr{A}$，则 $X - A$ 与 $\mathscr{A}$ 中除去 $2^{|A|} - 2$ 个（A 的真子集共 $2^{|A|} - 2$ 个）外的子集相交，与已知矛盾. 于是 X 的真子集均在 $\mathscr{A}$ 中.

若 $X \notin \mathscr{A}$，则 $|\mathscr{A}| = 2^n - 2$ 为偶数，与上面所证矛盾. 所以 $X \in \mathscr{A}$，$\mathscr{A} = P(X)$ 或 $P(X) - \{\varnothing\}$.

40. 设 $x_1, x_2 \in X$. 由(2)可设 $x_1 \wedge x_2$. 由(3)知存在 $x_3 \in X$，使 $x_1 \wedge x_3 \wedge x_2$（即 $x_1 \wedge x_3, x_3 \wedge x_2$）.

类似地，有 $x_4, x_5, x_6, x_7 \in X$，满足：
$$x_1 \wedge x_4 \wedge x_3, x_4 \wedge x_5 \wedge x_3, x_3 \wedge x_6 \wedge x_2, x_3 \wedge x_7 \wedge x_6.$$

由(1)，$x_3 \neq x_1, x_2$，而 $x_4 \neq x_1, x_3$. 由(2)，$x_4 \neq x_2$.

类似地，$x_5 \neq x_1, x_2, x_3, x_4$；$x_6 \neq x_1, x_2, x_3, x_4, x_5$；$x_7 \neq x_1, x_2, x_3, x_4$, x_5, x_6.

从而 X 至少有 7 个元素.

另一方面，对任一元数 $\geqslant 7$ 的有限集 X，均可建立一个二元关系 $\wedge$，满足 (1),(2),(3).

情况 1：$X = \{1, 2, \cdots, n\}$，n 为奇数（$\geqslant 7$）.

对于 $1 \leqslant s < t \leqslant n$，定义：

$s \wedge t$，若 $t - s = 1$ 或小于 $n-1$ 的正偶数；

$t \wedge s$，若 $t - s = n-1$ 或大于 1 的奇数.

显然(1),(2)成立.设有 $x \wedge y$.

1° $y-x=1$,这时又分两种情况:当 $x\leqslant n-4$ 时,$x \wedge (x+4) \wedge y$.当 $x>n-4$ 时,$x \wedge (x-n+4) \wedge y$.

2° $y-x$ 为小于 $n-1$ 的正偶数.当 $y-x>2$ 时,$x \wedge (x+2) \wedge y$.当 $y-x=2$ 时,$x \wedge (x+1) \wedge y$.

3° $x-y=n-1$ 或大于 1 的奇数.当 $y\geqslant 3$ 时,$x-y$ 是大于 1 的奇数,$x \wedge (y-2) \wedge y$.当 $x\leqslant n-2$ 时,$x \wedge (x+2) \wedge y$.当 $y=1$ 而 $x=n-1$ 时,$x \wedge n \wedge y$.当 $y=1$ 而 $x=n$ 时,$x \wedge (n-3) \wedge y$.当 $y=2$ 而 $x=n$ 时,$x \wedge 1 \wedge y$.

于是(3)成立.

情况 2:$X=\{1,2,\cdots,n+1\}$,n 为奇数$(\geqslant 7)$.

在 $\{1,2,\cdots,n\}$ 上定义 $\wedge$ 与情况 1 相同.此外 $x \wedge (n+1)$,$x=1,2,\cdots,n$.

显然(1),(2)成立.设 $x \wedge y$.若 $x,y\leqslant n$,与情况 1 同样,(3)成立.若 $y=n+1$,而 $x\leqslant n-1$,则 $x \wedge (x+1) \wedge y$.若 $y=n+1$ 而 $x=n$,则 $x \wedge 1 \wedge y$.因此(3)成立.

综上所述,X 的最小元数为 7.

对 应 部 分

1. 当 n 为偶数时,黑格组成 $n-1$ 条互相平行的斜线,每条斜线上至多放一只象,因此棋盘上至多放 $n-1$ 只黑象;同样,至多放 $n-1$ 只白象.当 n 为奇数时,设第一行第一个方格为黑格,这时,用与上面完全同样的推理,可知至多放 $n-1$ 只白象.另一方面,黑格全在 $n-2$ 条平行的斜线(包括一条对角线)及另一条对角线上,因而也至多能放 $n-1$ 只黑象.

2. (i) 2^{j-1} 个,即 $\{1,2,\cdots,j-1\}$ 的子集的个数.

(ii) 对 A 的非空子集分类,最大元素为 j 的分在第 j 类.第 j 类的子集共 2^{j-1} 个,所以非空子集的总数为 $1+2+\cdots+2^{n-1}$.另一方面,A 的非空子集共 2^n-1 个.

3. (i) $\sum_{i=1}^{n} w_i$ 与 $\sum_{i=1}^{n} l_i$ 都等于比赛的总局数 C_n^2.

(ii) $\sum_{i=1}^{n} w_i^2 - \sum_{i=1}^{n} l_i^2 = \sum_{i=1}^{n}(w_i+l_i)(w_i-l_i)$

$$= \sum_{i=1}^{n}(n-1)(w_i-l_i)$$

$$= (n-1)\sum_{i=1}^{n}(w_i - l_i)$$
$$= (n-1)(\sum_{i=1}^{n}w_i - \sum_{i=1}^{n}l_i)$$
$$= 0.$$

4. $C_{8+12-1}^{12} = C_{19}^{12} = 50\ 388.$

5. (i) $C_{7+3-1}^{7} = C_{9}^{7} = 36.$

(ii) $C_{6+3-1}^{6} = C_{8}^{6} = 28.$

6. $C_n^m \times 2^m.$

7. $C_{n-ak+k-1}^{k}.$

8. 左边是允许重复的组合数,右边是允许重复的排列数.

9. 每个选定的元吃掉"紧跟着它"的 r 个元,唯有最后一个选定的元大发善心,一个不吃.这样,使每种选法对应于从 $n-mr+r$ 个元中选 m 个的选法,故有 C_{n-mr+r}^{m} 种选法.

10. 对每一种选法,我们取连续的 r 个未选定的元,自第 r 个后面将圆周切断.由于有 $n-mr$ 个地方可以切断(设各选定元的间隔为 $k_1, k_2, \cdots, k_m$,则有 $\sum(k_i - r + 1) = \sum k_i - mr + m = n - mr$ 个地方可以切断),每种选法产生 $n-mr$ 个排列.取消编号后,上述每 n 个排列成为同一个.再让每一个选定的元吃掉它后面的 r 个元,便知这种排列有 C_{n-mr}^{m} 个,因而,所求选法有 $\dfrac{n}{n-mr} C_{n-mr}^{m}$ 种.

11. 考虑从 $(1, 2, \cdots, n)$ 到 $\bigcup_{i=1}^{n} A_i$ 的映射.其中满足条件 $f(i) \in A_i$ $(i=1, 2, \cdots, n)$ 的映射 f 共有 $|A_1| \cdot |A_2| \cdot \cdots \cdot |A_n|$ 个(因为 1 的像可以为 A_1 中任一个元,2 的像可以为 A_2 中任一个元,……,n 的像可以为 A_n 中任一个元).如果每个 f 都不是单射,则存在 i, j $(1 \leqslant i < j \leqslant n)$ 满足 $f(i) = f(j)$.因为 i, j 的像均为 $A_i \cap A_j$ 中的元,所以满足 $f(i) \in A_i$ $(i=1, 2, \cdots, n)$ 的映射 f 的个数

$$\leqslant \sum_{1 \leqslant i < j \leqslant n} |A_i \cap A_j| \times \frac{|A_1| \cdot |A_2| \cdot \cdots \cdot |A_n|}{|A_i| \cdot |A_j|}$$
$$= |A_1| \cdot |A_2| \cdot \cdots \cdot |A_n| \sum_{1 \leqslant i < j \leqslant n} \frac{|A_i \cap A_j|}{|A_i| \cdot |A_j|}$$
$$< |A_1| \cdot |A_2| \cdot \cdots \cdot |A_n|,$$

矛盾!因而,必有一个 f 是单射.这时,$f(1) = a_1, f(2) = a_2, \cdots, f(n) = a_n$ 即是

满足条件的代表.

12. (i) 用反证法.若 $a_2-a_1,a_3-a_2,\cdots,a_8-a_7$ 中没有三个相等,则它们的和至少为
$$1+1+2+2+3+3+4=16,$$
但由已知,该和为 $a_8-a_1\leqslant 16-1=15$. 矛盾! 于是,必定存在 k,使 $a_i-a_j=k$ 至少有三组解.

(ii) $\{1,2,3,4,7,9,12,16\}$ 即是一例.

13. (i) 设序列为
$$b_1,b_2,\cdots,b_N,\quad (b_i\in\{a_1,a_2,\cdots,a_n\},i=1,2,\cdots,N)$$
对每个 j,$1\leqslant j\leqslant N$,定义 $v_j=(c_1,c_2,\cdots,c_n)$,其中
$$c_i=\begin{cases}0, & a_i \text{ 在 } b_1,b_2,\cdots,b_j \text{ 中出现偶数次或不出现,}\\ 1, & a_i \text{ 在 } b_1,b_2,\cdots,b_j \text{ 中出现奇数次.}\end{cases}$$

如果有某个 $v_j=(0,0,\cdots,0)$,那么在积 $b_1b_2\cdots b_j$ 中,每个 a_i 的次数都是偶数,因此积为平方数.

如果每个 v_j 都 $\neq(0,0,\cdots,0)$,那么因为 $|\{(c_1,c_2,\cdots,c_n)|c_i=0$ 或 $1,i=1,2,\cdots,n\}\setminus\{0,0,\cdots,0\}|=2^n-1<N$,所以必有 $h,k(1\leqslant h<k\leqslant N)$ 满足 $v_h=v_k$,于是在乘积 $b_1b_2\cdots b_h$ 与 $b_1b_2\cdots b_k$ 中,每个 a_i 出现的次数具有相同的奇偶性,从而乘积 $b_{h+1}b_{h+2}\cdots b_k$ 中,每个 a_i 出现偶数次,因而是平方数.

(ii) 设 $p_1,p_2,\cdots,p_n$ 为前 n 个素数,定义序列
$$s_1=p_1,$$
$$s_2=s_1,p_2,s_1,$$
$$\cdots$$
$$s_{j+1}=s_j,p_{j+1},s_j,$$
$$\cdots$$
则 s_n 共有 2^n-1 项.

s_1 不为平方数.设 s_{n-1} 中连续的项的乘积均不为平方数.对于 s_n,如果连续的项中有 p_n,当然乘积不为平方数;如果连续的项中没有 p_n,则一定是 s_{n-1} 中的连续项,因而积也不为平方数.

本题结论可推广为:若 $N\geqslant m^n$,则存在连续的项,其乘积为 m 次幂;而当 $N<m^n$ 时,结论未必成立.

14. 令 $m=2n-1$. 若某张牌最初的次序数为 x,则每次洗牌使

$$x \mapsto 2x - 1 \pmod{m}.$$

k 次洗牌,使

$$x \mapsto 2^k x - 2^{k-1} - 2^{k-2} - \cdots - 1 = 2^k x - (2^k - 1) \pmod{m}.$$

因为 $2^{\varphi(m)} - 1 \equiv 0 \pmod{m}$,所以当 $k = \varphi(m)$ 时,

$$2^k x - (2^k - 1) = 2^k x = x \pmod{m},$$

而 $\varphi(m) \leqslant m - 1 \leqslant 2n - 2$.

15. (i) 考虑 $a_2 - a_1, a_3 - a_1, \cdots, a_k - a_1, a_1, a_2, \cdots, a_k$ 这 $2k - 1$ 个 $\leqslant n$ 的数,由于 $2k - 1 > n$,因而这 $2k - 1$ 个数中必有相同的,从而有 $a_r - a_1 = a_j$.

(ii) $\left[\dfrac{n}{2}\right] + 1, \left[\dfrac{n}{2}\right] + 2, \cdots, n$ 这组数中没有一个数能等于其他两个数的和.说明当 $k = \left[\dfrac{n+1}{2}\right]$ 时,结论未必成立.

16. 用反证法.若 $a_1 \leqslant \left[\dfrac{2n}{3}\right]$,则 $3a_1 \leqslant 2n$.于是

$$2a_1, 3a_1, a_2, a_3, \cdots, a_n$$

这 $n + 1$ 个数中没有一个能整除另一个,这与 9.8 节例 1(将那里的 100 改为 $2n$)矛盾.

17. $(a \circ b) \circ c = (a \circ b) \circ (c \circ e)$
$= (a \circ b) \circ ((c \circ (e \circ b)) \circ (e \circ (e \circ b)))$
$= (a \circ b) \circ ((c \circ (e \circ b)) \circ b)$
$= a \circ (c \circ (e \circ b))$.

18. 令 $x_1 = x_2 = x$ 得

$$2f(x) = 2f(x) \cdot f(0).$$

特别地,$2f(0) = 2f^2(0)$,因为 $f(0) \neq 0$,所以 $f(0) = 1$.

又令 $x_1 = x, x_2 = -x$ 得

$$f(x) + f(-x) = 2f(0) \cdot f(x) = 2f(x),$$

所以 $f(-x) = f(x)$.

$f(x)$ 是偶函数.

19. 由于 X 是有限集,X 的偶子集 E 只有有限多个,其中必有一个 E,使 $f(E)$ 最大.使 $f(E)$ 最大的 E 可能不止一个,取元数最少的一个作为 P.

令 $Q = X - P$.(a)显然成立.

设 S 是 P 的非空偶子集,则 $P - S$ 也是偶子集,而且元数少于 P.根据 P 的

定义,
$$f(P-S) < f(P) = f(P-S) + f(S) - 1990,$$
因此,$f(S) > 1990$,(b)成立.

设 T 为 Q 的偶子集,则 $P \cap T = \varnothing$,而且 $P \cup T$ 也是偶子集.所以由 P 的定义,
$$f(P) \geqslant f(P \cup T) = f(P) + f(T) - 1990,$$
即 $f(T) \leqslant 1990$.(c)成立.

20. 由归纳法易知 $f_n(x) = 2^n(x+1) - 1$.

因为 2^n 与 1993 互素,所以同余方程
$$2^n(x+1) \equiv 1 \pmod{1993} \tag{1}$$
有唯一解 $x = m_0 \in \{0, 1, 2, \cdots, 1992\}$.

又显然 $x = 1992$ 不是方程(1)的解.

21. 由归纳法易知
$$f(\{a_{i_1}, a_{i_2}, \cdots, a_{i_t}\}) = \sum_{k=1}^{t} f(\{a_{i_k}\}) - (t-1)f(\varnothing)$$

于是,当 $f(\varnothing)$ 及 $f(\{a_1\}), f(\{a_2\}), \cdots, f(\{a_n\})$ 的值确定后,f 即被唯一确定.

(i) $f(\varnothing) = 0$ 时,只需使
$$f(\{a_1, a_2, \cdots, a_n\}) = \sum_{i=1}^{n} f(\{a_i\}) \leqslant m-1,$$
而不定方程
$$x_1 + x_2 + \cdots + x_n + x_{n+1} = m-1$$
的非负整数解个数是 $C_{(n+1)+(m-1)-1}^{m-1} = C_{n+m-1}^{n}$,即所求映射个数为 C_{n+m-1}^{n}.

(ii) $f(\varnothing) = 1$ 时,
$$0 \leqslant f(\{a, b\}) = f(\{a\}) + f(\{b\}) - 1,$$
于是 $f(\{a\}), f(\{b\})$ 中至多有一个为 0,因此有两种情况:

(a) 所有 $f(\{a_i\}) \geqslant 1$.只需使
$$f(\{a_1, a_2, \cdots, a_n\}) = \sum_{i=1}^{n} f(\{a_i\}) - (n-1) \leqslant m-1,$$
而不定方程
$$x_1 + x_2 + \cdots + x_n + x_{n+1} = m-2$$
的非负整数解个数是 $C_{(n+1)+(m-2)-1}^{m-2} = C_{n+m-2}^{n}$,即有 C_{n+m-2}^{n} 个满足要求的映射.

(b) 有一个 $f(\{a_i\}) = 0$.不妨设 $f(\{a_1\}) = 0$.只需使(因为这时以 $f(\{a_2,$

$a_3, \cdots, a_n\})$ 的值为最大)

$$f(\{a_2, a_3, \cdots, a_n\}) = \sum_{i=2}^{n} f(\{a_i\}) - (n-2) \leqslant m-1,$$

而不定方程

$$x_2 + \cdots + x_n + x_{n+1} = m-2$$

的非负整数解有 $C_{n+(m-2)-1}^{m-2} = C_{n+m-3}^{n-1}$ 个,即有 C_{n+m-3}^{n-1} 个满足要求的映射.因此,所求映射共

$$C_{n+m-2}^{n} + n C_{n+m-3}^{n-1}$$

个.

22. A 至少有 4 个元素.

$1, 3, 6, 8$ 这 4 个数,两两的差均为素数,所以 $f(1), f(3), f(6), f(8)$ 互不相同,$|A| \geqslant 4$.

另一方面,令

$$f(4k+i) = i \quad (i=1,2,3,4; k=0,1,2,\cdots),$$

则当 $f(x) = f(y)$ 时,$x-y$ 是 4 的倍数,不是素数.而当 $x-y$ 为素数时,$f(x) \neq f(y)$.这时

$$A = \{1, 2, 3, 4\}, |A| = 4.$$

23. 取 $a=0$ 得 $f(1) = f(0) + f(1), f(0) = 0$,从而 $f(x)$ 的常数项为 0.记

$$f(x) = a_1 x + a_2 x^2 + \cdots + a_n x^n,$$

则

$$a_1(1+x) + a_2(1+x)^2 + \cdots + a_n(1+x)^n$$
$$= a_1 x + a_2 x^2 + \cdots + a_n x^n + a_1 + a_2 + \cdots + a_n.$$

比较两边 $x^k (k=1, 2, \cdots, n-1)$ 的系数得

$$a_n = a_{n-1} = \cdots = a_2 = 0,$$

所以

$$f(x) = a_1 x.$$

由

$$f(k_1) = a_1 k_1 = k_2, f(k_2) = a_1^2 k_1 = k_3, \cdots, f(k_n) = a_1^n k_1 = k_1,$$

得 $a_1 = 1$,所求多项式为

$$f(x) = x.$$

24. 取开区间 $(0,1)$ 的子集

$$A = \left\{\frac{1}{2}, \frac{1}{3}, \cdots, \frac{1}{n}, \cdots\right\}$$

对于闭区间[0,1]中的数,令

$$0 \to \frac{1}{2}, 1 \to \frac{1}{3}, \frac{1}{2} \to \frac{1}{4}, \frac{1}{3} \to \frac{1}{5}, \cdots, \frac{1}{n} \to \frac{1}{n+2}, \cdots$$

而其余的数 $x \to x$,这个对应是一一对应.

25. 如图 A.1,从原点开始,螺旋地陆续标 1,2,3,4,…. 这就是满足要求的一种对应.

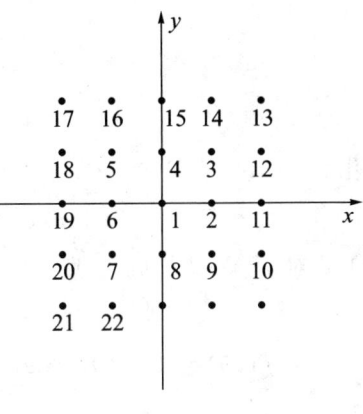

图 A.1

26. $g(n)+2$ 可用链表示:

$$1 \mapsto 4 \mapsto 3 \mapsto 6 \mapsto 8 \mapsto 10 \mapsto 12 \mapsto \cdots$$
$$2 \mapsto 5 \mapsto 7 \mapsto 9 \mapsto 11 \mapsto 13 \mapsto 15 \mapsto \cdots$$

每个数 n 的后一项即 $g(n)+2$.

于是,将两条链编在一起就得到 $f(n)$,即

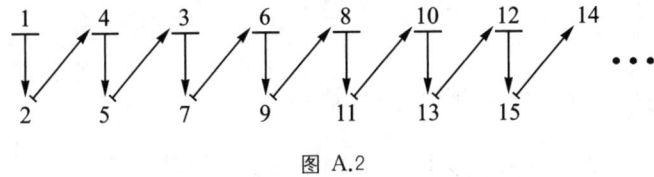

图 A.2

每个数 n 的后一项即 $f(n)$.

27. $h(n)+2$ 可用链表示:

$$1 \mapsto 5 \mapsto 7 \mapsto 9 \mapsto \cdots$$
$$2 \mapsto 6 \mapsto 8 \mapsto 10 \mapsto \cdots$$
$$3 \rightleftarrows 4$$

如果存在所说的 f,那么 $f(f(3))=4$,所以 $f(3) \neq 3$. 同理 $f(4) \neq 4$. 因此设 $f(3)=a$,则 $a \neq 3, a \neq 4$. 即 a 是上面两条链中的某个数.

一方面,$f(a)=f(f(3))=4, f(f(a))=f(4), f(f(f(a)))=f(f(4))=3, f(f(f(f(a))))=f(3)=a$.

另一方面,a 在上面的两条链中,所以,$f(f(a))=h(a)+2=b$ 仍在同一条链中,$f(f(f(f(a))))=f(f(b))=h(b)+2=c$ 也在同一条链中,而且 b 在 a 后,c 在 b 后,$c \neq a$.

以上两方面的结果矛盾. 因此所说的 f 不存在.

28. 不妨设 $c=1\left(\text{否则用} \dfrac{a}{c}, \dfrac{b}{c}, 1, \dfrac{d}{c} \text{代替} a, b, c, d\right)$.

由 $f(f(x))=x$ 得

$$\frac{a\cdot\dfrac{ax+b}{x+d}+b}{\dfrac{ax+b}{x+d}+d}=x,$$

化简得

$$(a+d)x^2+(d^2-a^2)x-b(a+d)=0.$$

上式对 $x\neq -d$ 均成立,所以

$$a+d=0, d=-a.$$

又 $f(19)=19, f(97)=97$,即 $19, 97$ 是

$$\frac{ax+b}{x-a}=x$$

的两个根.化简得

$$x^2-2ax-b=0,$$

所以

$$a=\frac{1}{2}(19+97)=58, b=-19\times 97=-1843.$$

$$f(x)=\frac{58x-1843}{x-58}=58+\frac{1521}{x-58}.$$

因为 $-d=58$,所以 $x\neq 58$(即定义域为 $(-\infty, 58)\cup(58,+\infty)$).又因为 $x\neq 58$ 时,$f(f(x))=x$,所以 $f(x)$ 的值域为 $(-\infty, 58)\cup(58,+\infty)$.

29. 设 $a\in A-B$,则 $a\notin B$.如果 $f(a)\in f(B)$,那么有 $b\in B$,使得 $f(a)=f(b)$.

当 f 为单射时,$f(a)=f(b)$ 导致 $a=b$,这与 $a\notin B$ 矛盾.所以此时,$f(a)\notin f(B)$,即 $f(A-B)\cap f(B)=\varnothing$.又

$$f(A)=f((A-B)\cup B)=f(A-B)\cup f(B),$$

所以

$$f(A-B)=f(A)-f(B).$$

如果取 $Y=X$,并设 $a\in A-B, b\in B$,定义映射

$$f(x)=\begin{cases} x, & x\neq a, \\ b, & x=a, \end{cases}$$

则 $f(A-B)=A-B-\{a\}\cup\{b\}$,而

$$f(A)-f(B)=(A-\{a\})-B=A-B-\{a\}.$$

所以 $f(A-B)\neq f(A)-f(B)$.

30. 不妨设 $b_1<b_2<\cdots<b_{50}$. 在数列
$$a_1,a_2,\cdots,a_{100}$$
的每两项之间的"空隙"(共 99 个)中选取 49 个,插入"挡板". 第一个挡板前的数对应于 b_1. 第 $i-1$ 个挡板与第 i 个挡板之间的数对应于 $b_i(i=2,3,\cdots,49)$. 第 49 个挡板后的数对应于 b_{50}.

这样的对应满足要求. 而且每个满足要求的对应也都是上述的对应. 因此,满足要求的映射 f 共 C_{99}^{49} 个.

31. 显然 $f(x)=2x$ 满足要求.

设 f 满足 $f(f(x))=6x-f(x)$. 因为 $f:\mathbf{R}^+\to\mathbf{R}^+$, 所以 $f(x)<6x$, 从而
$$6x-f(x)=f(f(x))<6f(x),$$
$$f(x)>\frac{6}{7}x.$$

令 $a_1=6, a_{n+1}=\frac{6}{1+a_n}, n=1,2,\cdots$. 已有
$$a_2 x<f(x)<a_1 x.$$

设有
$$a_{2n}x<f(x)<a_{2n-1}x, \qquad (2)$$
则
$$a_{2n}f(x)<6x-f(x)=f(f(x))<a_{2n-1}f(x),$$
所以
$$a_{2n}x=\frac{6x}{1+a_{2n-1}}<f(x)<\frac{6x}{1+a_{2n}}=a_{2n+1}x.$$

同理可得 $a_{2n}f(x)<6x-f(x)<a_{2n+1}f(x)$,
所以 $a_{2n+2}x<f(x)<a_{2n+1}x.$

于是(2)对一切自然数 n 成立.

用归纳法易证 a_{2n} 单调递增, a_{2n-1} 单调递减,并且 $a_{2n}<2<a_{2n-1}$, 所以 $\{a_{2n}\},\{a_{2n-1}\}$ 都有极限. 设它们的极限分别为 α,β, 则
$$\alpha=\frac{6}{1+\beta},\beta=\frac{6}{1+\alpha},$$
因而 $\alpha=\beta$, 并且 $\alpha^2+\alpha-6=0, \alpha=2$(负值舍去). 于是在(2)中取极限得
$$f(x)=2x.$$

32. 显然 $f(1)=1$.

对任一自然数 $n>1$,
$$n\times 9n=(3n)^2,$$
因此合乎要求的 $m(\leqslant 9n)$ 存在,即 f 存在.

如果 m 为素数,那么对任一组自然数
$$n=a_1<a_2<\cdots<a_k=m,$$
$a_1a_2\cdots a_k$ 能被 m 整除,但不能被 m^2 整除,因而 $a_1a_2\cdots a_k$ 不是平方数.所以满足要求的 m 必须为合数.即 $f:\mathbf{N}\to\{1\}\cup\{$合数$\}$.

如果 $n<n'$,并且 $f(n)=f(n')=m$,那么有
$a_1a_2\cdots a_k$ 与 $b_1b_2\cdots b_h$ 都是平方数,而且
$$a_1=n<a_2<\cdots a_k=m, b_1=n'<b_2<\cdots<b_h=m,$$
于是
$$a_1a_2\cdots a_k b_1b_2\cdots b_h$$
也是平方数.去掉其中相同的数(如 a_k 与 b_h),剩下的数可依递增顺序排成
$$c_1<c_2<\cdots<c_t,$$
且 $c_1c_2\cdots c_t$ 也是平方数,其中 $c_1=a_1=n$,而 $c_t<m$.于是 $f(n)\leqslant c_t<m$,这与 $f(n)=m$ 矛盾.这表明 f 是单射.

设 m 为合数,$m=a\cdot b(a\geqslant b>1)$,则当 $a>b$ 时,$a\cdot b\cdot m=(ab)^2$.当 $a=b$ 时,$m=a^2$.因此总有递减的自然数数列
$$m=b_1>b_2>\cdots>b_k=n(>1),$$
使 $b_1b_2\cdots b_k$ 为平方数.设 n 为具有上述性质的最大的自然数,则显然有
$$f(n)\leqslant m.$$

如果 $f(n)<m$,那么有
$$n=a_1<a_2<\cdots<a_h<m,$$
使 $a_1a_2\cdots a_h$ 为平方数,
$$a_1a_2\cdots a_h b_1b_2\cdots b_k$$
也是平方数.去掉其中相同的数(如 $a_1=b_k=n$),剩下的数可排成
$$c_s<c_{s-1}<\cdots<c_1,$$
而且 $c_s>n, c_1=b_1=m$,这与 n 的定义矛盾.因此 $f(n)=m$,即 f 是满射.

33. 令 $x=y=1$ 得
$$4f(1)=\frac{f(1)}{f(2)},$$
所以 $f(2)=\frac{1}{4}.$

再令 $x=y=2$ 得
$$2f(2)+8f(4)=\frac{f(4)}{f(4)}=1,$$
所以 $f(4)=\frac{1}{16}$.

令 $y=1$ 得
$$f(x)+f(1)+2xf(x)=\frac{f(x)}{f(x+1)},$$
即
$$f(x+1)=\frac{f(x)}{(1+2x)f(x)+f(1)}, \qquad (3)$$
从而
$$f(3)=\frac{\frac{1}{4}}{\frac{5}{4}+f(1)}=\frac{1}{5+4f(1)},$$
$$f(4)=\frac{1}{7+(5+4f(1))f(1)}=\frac{1}{16},$$
所以
$$7+(5+4f(1))f(1)=16,$$
$$f(1)=1(\text{负值舍去}).$$

此外,由(3),
$$\frac{1}{f(x+1)}=\frac{1}{f(x)}+2x+1, \qquad (4)$$
于是
$$\frac{1}{f(x+n)}=\frac{1}{f(x+n-1)}+2(x+n-1)+1=\cdots=\frac{1}{f(x)}+2nx+n^2. \qquad (5)$$

假设对正整数 n,$f(n)=\frac{1}{n^2}$,则
$$f(n+1)=\frac{1}{(1+2n)+n^2}=\frac{1}{(n+1)^2},$$
因此,对一切正整数 n,$f(n)=\frac{1}{n^2}$.

对有理数 $x=\frac{p}{q}$,取 $y=q$,则由已知及(5),

$$f(x)+\frac{1}{q^2}+\frac{2}{p}=\frac{\frac{1}{p^2}}{f\left(\frac{p}{q}+q\right)}=\frac{1}{p^2}\left(\frac{1}{f(x)}+2p+q^2\right),$$

因此

$$f(x)=f\left(\frac{p}{q}\right)=\frac{q^2}{p^2}=\frac{1}{x^2}.$$

显然 $f(x)=\frac{1}{x^2}$ 满足要求.

34. $f(n)=\begin{cases} n+\dfrac{k-1}{2}\cdot k^{i-1}, & k^{i-1}\leqslant n<\dfrac{(1+k)k^{i-1}}{2}, \\ nk-\dfrac{k-1}{2}\cdot k^i, & \dfrac{(1+k)k^{i-1}}{2}\leqslant n<k^i \end{cases}$ $(i=1,2,\cdots)$ 满足要求.

35. 设 x,y 互不相识,z 是他们的公共朋友,x 还认识 $x_1,x_2,\cdots,x_h$,y 还认识 $y_1,y_2,\cdots,y_k$. 由(3),

$x_i\neq y_j(1\leqslant i\leqslant h,1\leqslant j\leqslant k)$.

由(2),$x_i\neq y$,且 x_i 不认识 $z(1\leqslant i\leqslant h)$. 由(3),$x_i$ 与 y 恰有一个公共朋友,记为 $f(x_i)$. 则 f 是映射:

$\{x_i\mid i=1,2,\cdots,h\}\to\{y_j\mid j=1,2,\cdots,k\}$.

$x_{i_1},x_{i_2}(i_1\neq i_2)$ 只有一个公共朋友 x,所以 $f(x_{i_1})\neq f(x_{i_2})$,即 f 为单射,$h\leqslant k$. 同理,$k\leqslant h$,所以 $k=h$.

若 x 与 z 相识,由(1),存在 y 与 x 不相识,x_1 与 z 不相识. 若 y 与 z 也不相识,则由上面所证,y 与 x、y 与 z 认识的人都一样多,从而 x 与 z 认识的人一样多. 因此,设 y 与 z 相识. 同样,设 x_1 与 x 相识. 于是由(3),y 与 x_1 不相识. x 与 y 认识的人一样多,y 与 x_1 认识的人一样多,x_1 与 z 认识的人一样多,所以 x 与 z 认识的人一样多.

36. (i) 若 $f(n_1)=f(n_2)$,则

$$g(n_1)+a=f(f(n_1))=f(f(n_2))=g(n_2)+a,$$
$$g(n_1)=g(n_2).$$

因为 g 是一一对应,所以 $n_1=n_2$. 因此 f 是单射.

全体自然数分为若干条轨道. 在每条轨道上,n 的后面紧跟着 $f(n)$. 由于 f 是单射,这些轨道没有公共点,可能有些轨道是圈.

当 a 为正整数时,含有 $1,2,\cdots,a$ 中任一个数的轨道不会是圈,而且这些数只能是链(不是圈的轨道)上的前两个数(因为 $f(f(n))=g(n)+a>a$).

另一方面,链上的前两个数一定在 $1,2,\cdots,a$ 中.因为当 $b>a$ 时,存在 n 满足 $g(n)=b-a$,从而 $b=a+g(n)=f(f(n))$,即 b 不在前两个数中.

因此各条链上前两个数的集合 $=\{1,2,\cdots,a\}$,从而 $a=2k$,k 为链的条数.与 a 为正奇数矛盾.

(ii) 当 a 为正偶数 $2k$ 时,f 存在.可先作链,n 的后面为 $g(n)+a$.再将每两条链编为一条.链首为 $1,2,\cdots,a$ 的链编为 k 条.

当 $a=0$ 时,f 可能存在,例如 $g(n)=n$,令 $f(n)=n$ 即可.f 也可能不存在,例如
$$g(1)=2, g(2)=1, g(n)=n (n>2).$$
这时,若 $f(1)=2$,则 $f(2)=f(f(1))=g(1)=2$,与上面所说 f 应为单射矛盾.若 $f(1)=1$,则与 $f(1)=f(f(1))=g(1)=2$,矛盾.若 $f(1)=k>2$,则 $f(k)=f(f(1))=g(1)=2, f(2)=f(f(k))=k=f(1)$,矛盾.

37. 以每个非平方数 a 为链首,作出链
$$a \mapsto a^2 \mapsto a^4 \mapsto \cdots$$
再将任两条链编在一起,即设另一条链为
$$b \mapsto b^2 \mapsto b^4 \mapsto \cdots$$
作链
$$a \mapsto b \mapsto a^2 \mapsto b^2 \mapsto a^4 \mapsto b^4 \mapsto \cdots,$$
然后令 $f(n)$ 为 n 所在链上紧跟在 n 后面的数,则 $f(f(n))=n^2$.

38. (i) 不难验证
$$(y-z)^2+4yz=(y+z)^2\neq p, (2y)^2+4yz=4y(y+z)\neq p,$$
并且
$$(x+2z)^2+4z(y-x-z)=(2y-x)^2+4y(x-y+z)=x^2+4yz=p.$$
所以 f 是 $S\to S$ 的映射.

f 的不动点必满足 $x=2y-x$,即 $x=y$.代入 $x^2+4yz=p$ 得 $x|p$,从而 $x=y=1, z=k$.

(ii) f 是对合(即 $f(f(x))=x$).事实上,因为 $x+2z>2\cdot z$,
$$(x+2z, z, y-x-z)\to(x, y, z).$$
因为 $y-(x-y+z)<2y-x<2\cdot y$,

$$(2y-x, y, x-y+z) \to (x,y,z).$$

因为 $x-2y<(x-y+z)-y$,

$$(x-2y, x-y+z, y) \to (x,y,z).$$

由 $x^2+4yz=p$ 知 x,y,z 均有界,所以 S 为有限集.因为 f 为对合,所以可将 $a \in S$ 与 $f(a)$ 两两配对,只有不动点 $(1,1,k)$ 与自身配对.从而 $|S|$ 为奇数.

(iii) $(x,y,z) \to (x,z,y)$ 显然是 S 上的对合,因而由 $|S|$ 为奇数,该对合必有不动点(否则将 $a \in S$ 与它的像两两配对,得出 $|S|$ 为偶数),设它为 (x,y,y),则 $x^2+4y^2=p$.

39. 令 $y=0$ 得

$$f(x^2)=xf(x), \tag{6}$$

再令 $x=0$ 得

$$f(-y^2)=-yf(y)=-f(y^2),$$

因此 $f(x)$ 是奇函数,只需考虑 $x>0$ 的情况.

改记 $a=x^2, b=y^2$,则由已知及(6),

$$f(a-b)=f(a)-f(b). \tag{7}$$

用通常的柯西方法可知,当 $x \in \mathbf{Q}$ 时,

$$f(x)=kx, \tag{8}$$

其中 $k=f(1)$.

对任意正实数 x,取有理数 y,则由(6),

$$f((x-y)^2)=(x-y)f(x-y)=(x-y)(f(x)-ky).$$

另一方面,

$$f((x-y)^2)=f(x^2-2xy+y^2)=f(x^2)-2f(xy)+f(y^2).$$

由(8)易知,对 $y \in \mathbf{Q}, f(xy)=yf(x)$,所以

$$f((x-y)^2)=xf(x)-2yf(x)+ky^2.$$

比较上面 $f((x-y)^2)$ 的两种表示得

$$f(x)=kx.$$

于是对一切实数 $x, f(x)=kx$.

显然 $f(x)=kx$ 满足要求.

40. S 可以看作 9 元有序数组 $(x_1, x_2, \cdots, x_9)$ 的集合,其中 $x_i \in \{1,2,3\}$, $1 \leqslant i \leqslant 9$.

令 S_j 为 S 中映射成 $j(j=1,2,3)$ 的元所成的集,则 S_1, S_2, S_3 是 S 的分拆,并且 S_j 中任意两个元 x,y,至少有一个分量相同.问题即求这种分拆的

个数.

不妨设$(1,1,\cdots,1)\in S_1,(2,2,\cdots,2)\in S_2,(3,3,\cdots,3)\in S_3$. (9)

设有$x\in S_1$,并且x的第一个分量为1.记x为$1+y$,其中y是x的后8位所成向量(数组).

如果$2+y\in S_2$,我们往证一切以2为第一分量的数组均在S_2中.设$2+u$为以2为第一分量的数组,则有一个8元数组v,每一位与y不同,与u也不同,从而$3+v\notin S_1,3+v\notin S_2,3+v\notin S_3,2+u\notin S_3$.又$1+v\notin S_2$.而且有一个8元数组$w$,每一位与$y$不同,也与$v$不同.显然$3+w\in S_3$,从而$1+v\in S_1,2+u\notin S_1$,所以必有$2+u\in S_2$.

对任一首位不为2的9元数组$1+y$或$3+y$,因为S_2中有$2+u$,其中u与y的每一位都不相同,所以$1+y,3+y$均$\notin S_2$.即S_2中的数均以2为首位.

同理,因为$(2,1,\cdots,1)\in S_2,(1,1,\cdots,1)\in S_1$,所以$S_1$由所有首位为1的数组组成.$S_3$由所有首位为3的数组组成.

因此,若$(2,1,\cdots,1)\in S_2$,则S_j由首位为j的数组组成$(j=1,2,3)$.若$(2,1,\cdots,1)\in S_1$,同理若$(2,2,1,\cdots,1)\in S_2$,则S_j由所有第二位为j的数组组成$(j=1,2,3)$.依此类推,直至$(2,2,\cdots,2,1)\in S_1$.但这时$(2,2,\cdots,2,2)\in S_2$,所以S_j由末位为j的数组组成$(j=1,2,3)$.

以上推导表明必有
$$S_j=\{\text{第 }k\text{ 位为 }j\text{ 的数组}\},\quad(j=1,2,3)$$
其中$1\leqslant k\leqslant 9$.

因为(9)中S_1,S_2,S_3可以任意交换下标,所以所求映射(分拆)共有
$$9\times 3!=54$$
个.